Jacob Burckhardt

Cartas

Jacob Burckhardt

Cartas

Seleção e edição
Alexander Dru

Introdução à edição brasileira
Luiz Costa Lima

Tradução
Renato Rezende

Copyright © Liberty Fund, 2003

Editor
José Mario Pereira

Editora assistente
Christine Ajuz

Projeto gráfico e capa
Victor Burton

Revisão
Clara Diament

Índice remissivo
Joubert de Oliveira Brízida

Editoração e fotolitos
Eduardo Santos

Ilustrações
Os desenhos das pp. 149, 173, 174,
226 e 227 são de Burckhardt

*Gerente do programa editorial em
português do Liberty Fund, Inc.*
Leônidas Zelmanovitz

Todos os direitos reservados pela
TOPBOOKS EDITORA E DISTRIBUIDORA DE LIVROS LTDA.
Rua Visconde de Inhaúma, 58 / gr. 203 — Rio de Janeiro — RJ
CEP: 20091-000 Telefax: (21) 2233-8718 e 2283-1039
www.topbooks.com.br / topbooks@topbooks.com.br

Impresso no Brasil

Sumário

Introdução à edição brasileira – Luiz Costa Lima 9
Introdução à edição do Liberty Fund 35
Prefácio 45
Introdução 49

AS CARTAS DE JACOB BURCKHARDT 103

Notas biográficas 411
Principais edições das cartas de Burckhardt 417
Índice remissivo 419

Introdução à edição brasileira

Alguém para ser conhecido: Jacob Burckhardt

Luiz Costa Lima

Pela introdução biográfica da seleção norte-americana das cartas de Burckhardt constata-se que a cidade da Basiléia foi o lugar quase obrigatório na vida do historiador. Salvo o período relativamente largo em que estuda em Berlim (outubro de 1839 a março de 1843, com um semestre em Bonn) e os períodos curtos de viagem e pesquisa (Paris, cidades italianas, Londres, rápidos retornos à Alemanha), Burckhardt optara por estar na cidade em que nascera. Pois, como assinalaria Heger-Étienvre, de sua longa vida (1818-1897), sessenta e oito anos são passados na Basiléia (Heger-Étienvre, M.-J.: 1996, 134).

Que ímã para aí o atraía a ponto de recusar, em 1872, substituir Leopold von Ranke, em sua cátedra berlinense, assim como já rejeitara a cátedra noutra cidade alemã, para a qual fora indicado por seu famoso mestre? Em um pequeno mas brilhante ensaio, Carl Schorske enseja a possibilidade de compreendê-lo: em um mundo de potências que se expandiam, "a Basiléia aprendeu a viver com uma combinação paradoxal de cosmopolitismo sofisticado e provincianismo tacanho. Aberta no comércio e na cultura, a cidade-estado era fechada e arredia em sua autodefinição cívica. O acesso à cidadania era estritamente controlado, exigindo amiúde gerações de residência da família, por interesse das corporações e de uma pequena oligarquia que mantinha o poder das guildas" (Schorske, C.: 1998, 74). Membro de seu patriciado, acrescentava Schorske, Burckhardt, ao declarar que "o Estado pequeno existe para que haja um pequeno ponto sobre a terra onde a maior proporção possível dos habitantes seja cidadão no sentido mais pleno da palavra", exprimia a visão do estrato social dominante.

De posse da peça analítica de Schorske, alguém mais apressado poderá tirar a conclusão: Burckhardt era um conservador cioso de preservar seus privilégios. Mas a inferência só conteria uma meia-verdade. É certo que o historiador suíço, como tantos de seus contemporâneos, temia a "rebelião das massas" – "nenhum de vocês, dizia em carta de 5 de maio de 1846, sabe ainda o que o povo é, e quão facilmente ele se transforma em uma horda de bárbaros" (Burckhardt, J.: 1846, 174)[1] –; via com preocupação e pessimismo a multiplicação das democracias – "(...) a democracia pode apenas usar homens medíocres como ferramentas, e o carreirista comum lhe dá todas as garantias que ela pode desejar de um sentimento comum" (idem, carta de 17 de março de 1888, 355) –; aceitava haver sido necessário um homem forte para unificar a Alemanha mas, depois de 1871, receava a presença do poder alemão no tabuleiro político europeu; e viveu uma relação dilemática com os liberais. Pode-se ir adiante: como participante das classes cultas européias, Burckhardt endossa a dominação das populações

---

[1] Indicaremos as cartas sempre por sua data, remetendo contudo à mesma edição que aqui se prefacia, a saber: Burckhardt, J.: *Cartas*.

árabes pela França e pela Itália, ao mesmo tempo que prenuncia que o estado de agitação, agravado desde a Comuna de Paris e a derrota da França em 1871, conduziria a um governo forte e prepotente. Em mais de uma ocasião, reitera o que diz em carta de 1 de maio de 1881, a Friedrich von Preen:

> Sinto bem no fundo que alguma coisa vai explodir no ocidente, já que a Rússia, por meio de atos de violência, foi reduzida a um estado de confusão. Esse será o início do período no qual teremos de passar por cada estágio da confusão até que, finalmente, um verdadeiro poder venha à tona, baseado na pura, ilimitada violência, e esse poder pouco levará em conta o direito do voto, a soberania do povo, a prosperidade material, a indústria, etc (Burckhardt, J.: 1881, 335).

Tudo isso fazia parte de seu explicitamente declarado conservadorismo. Acrescente-se a respeito: ainda bastante jovem, quando a imagem da catástrofe européia já o obsedava, declara-se convicto de seu partido (cf. carta citada de 5 de maio de 1846). Por mais que buscássemos, o historiador não se afasta da posição.

No entanto, há conservadores e conservadores. O conservadorismo de Burckhardt contém um traço que, se não for considerado, destruirá o sentido de sua obra: ele concerne nada menos que à sua própria concepção da História. Mesmo porque é avesso tanto à ideologia do progresso — o que o aproximará de Schopenhauer e de seu eventual companheiro de ensino na Basiléia, Nietzsche — quanto às explicações deterministas, Burckhardt crê na reativação constante da História, i.e., de que a História não conhece retas, conduzam elas para um bem ou um mal inexorável. Essa concepção não se alimenta de algum pano de fundo romântico-sentimental. É todo o contrário: seu ceticismo torna mais nítido um sólido realismo. Um e outro lhe impedem tanto de endossar o otimismo dos contemporâneos, como o negativismo sistemático. A respeito, recomenda-se especialmente a leitura intensa da última aula, a que nos referiremos de passagem, do conjunto de textos que constituirá seu póstumo *Reflexões sobre a História Universal*. Em seu lugar, contudo, darei preferência a atestações mais pontuais. Por exemplo, quando começava a freqüentar os cursos berlineneses, em carta de 13 de junho de 1842, referindo-se às agitações políticas que presenciava, observava:

> Restaurações, por mais bem-intencionadas que sejam, e por mais que pareçam ser a única saída, não podem obscurecer o fato de que o século XIX começou como uma *tabula rasa* em relação a tudo (Burckhardt, J.: 1842, 133).

Pode-se supor que nessa aversão à eficácia das políticas restauradoras, fosse o missivista influenciado por seus amigos liberais. É mais coerente com sua longa correspondência, contudo, entender que sua reflexão se sustenta sobre o osso realista que aprendia a cultivar. Daí, como se saísse de seu próprio corpo e falasse independente de suas aspirações pessoais, acrescentava à mesma carta: "Antevejo, ainda, assustadoras crises, mas a humanidade sobreviverá a elas (...)" (idem, 134).

O mesmo tipo de pensamento reaparece cinqüenta anos depois. Quando o século e a vida se aproximam do fim, escreve, em 26 de dezembro de 1892, para Von Preen:

> Em relação à produção espiritual dos dias de hoje, na qual você, meu querido amigo, sente falta dos grandes indivíduos do pas-

sado, o século vinte provavelmente mostrará que, uma vez que a era do empobrecimento e simplificação tenha chegado, e que a produção tenha cessado de ser orientada inteiramente de acordo com o desejo das grandes cidades e de sua imprensa, poderão existir poderes realmente originais e grandiosos, capazes de evitar e de sobreviver à falsificação universal! (ibidem, 374).

Em síntese, suas cartas são preciosas em mostrar uma visão da História como uma linha extremamente irregular, que beira e evita a catástrofe definitiva. A essa concepção, nada intelectualizada, corresponde a imagem de um homem comum, fiel às raízes de sua cidade, pequena, dirigida por uma oligarquia ameaçada por conflitos internos e pressões externas, sequiosa de manter-se livre, ciosa da importância de conservar sua velha Universidade não sujeita ao serviço do Estado (cf. Heger-Étienvre, M.-J.: 1996, 138, Schorske, C.: 1998, 76-9), em consonância, portanto, com o modelo de Wilhelm von Humboldt, que privilegiava a *Bildung*, o cultivo individual, sobre a modelagem do *Beamter*, o funcionário. Burckhardt aparece então como um conservador agradável, amigo da inteligência e sem ganância por posições e dinheiro. Por certo, não é essa a imagem que mais importa senão a do *scholar*, a do historiador na interminável busca de resgatar o passado, pois, afinal, são seus livros e idéias que passarão além de nós. Mas está certo separar o homem da obra? Será correto deixarmos o destaque de seus traços individualizados para conversas descomprometidas e reservarmos o exame sério a seus livros? A formulação de Schorske é exemplar exatamente porque não faz essa separação:

> Cético em relação ao progresso, evitava também um pessimismo determinista, aceitando a abertura da história como uma cena

cambiante de criatividade e realização espiritual ironicamente ligada à malevolência, à estupidez, ao terror e ao sofrimento (Schorske, C.: 1998, 85).

Burckhardt descrê que a História tenha leis ou esteja investida de um fim, mas, para ele, tampouco se confunde com uma arena em que se entredevoram lobos que falam. Em vez de ser isso ou aquilo, a História é a residência de um animal contraditório, capaz de atrocidades, de promover e suportar dores incríveis e de criação.

Vejamos um pouco mais desta figura nada ambiciosa, modesta, cética por certo, mas não menos alerta à vida.

* * *

Parta-se da informação sobre sua produção intelectual. De volta à Basiléia, depois de estudar sobretudo com Ranke — também se referia ao curso que fizera com Droysen, lamentando que logo houvesse se transferido para Kiel — e de um estágio de pesquisa na Biblioteca Nacional de Paris (maio a junho de 1843), Burckhardt ganha a vida como redator da *Basler Zeitung*, "órgão oficial do governo conservador local" (Heger-Étienvre, M.-J.: op. cit., 139). Aí permaneceu durante dezenove meses, desde junho de 1844; a atividade de jornalista aumentou sua alergia à vida contemporânea. Mais longa foi sua atividade de redator dos verbetes sobre arte, escritos para a enciclopédia Brockhaus, entre 1843 e março de 1846. Seu primeiro curso na Universidade da Basiléia só será dado no semestre de verão de 1851 — *Einleitung in das Studium der Geschichte* (*Introdução ao Estudo da História*). Mas, como a designação para professor regular da Universidade só se dará em fevereiro de 1858, será obrigado, em 1856, a aceitar o posto de professor de arqueologia no Polytechnikum, de Zurique. Ainda na Basiléia, entretanto, publicara seu primeiro livro de expressão, *Die Zeit Constantins des Großens* (*O Tempo de Constantino, o Grande*), em dezembro de 1853. A seu respeito, contentemo-nos em registrar o comentário de Felix Gilbert:

> O tema dominante em *O Tempo de Constantino* – a vitória do cristianismo sobre o paganismo – tinha interesse e significado porque parecia uma imagem especular do passado alemão recente, quando uma nova atitude face à vida e à ética, fundada na filosofia e no neoclassicismo, corroía a validade das doutrinas tradicionais da Igreja. Os tempos em que os velhos deuses decaíam eram atraentes em um período em que estavam de volta (Gilbert, F.: 1990, 53).

Pois, embora Burckhardt fosse fiel ao rigor da pesquisa nos arquivos, aprendida de seus mestres, longe de cultivar uma suposta neutralidade e sem recair no que chamará de "ilusão de ótica", seu interesse no passado sempre se relacionava com o presente. Para falar com Koselleck, era o "futuro do passado" que guiava sua escolha.

Já o seu livro seguinte, *Der Cicerone. Anleitung zum Genuß der Kunstwerke Italiens* (*O Cicerone. Guia para a apreciação das obras de arte na Itália*), lançado em 1855, embora fosse produto de suas constantes pesquisas em cidades italianas e consistisse em uma verdadeira história da arte desde a Antigüidade até o fim do século XVIII, não pretendia o nível de sua obra de estréia, nem tampouco de sua obra seguinte, *Die Cultur der Renaissance in Italien, ein Versuch*[2] (*A Cultura do Renascimento na Itália. Uma pesquisa*) (1860). Este é por certo

---

[2] Nas edições recentes, atualiza-se a ortografia (*Kultur*, em vez de *Cultur*) e desaparece o aposto, *ein Versuch*.

seu livro mais renomado e discutido. Sendo impossível oferecer uma síntese adequada, limitemo-nos a acentuar sua tese central para então nos determos em uma importante peça analítica sua. Antes de empreendê-lo, contudo, acentue-se uma curiosidade um tanto estranha.

Embora *A Cultura* não tenha tido um êxito imediato — "a segunda edição apareceu somente em 1869, a terceira, oito anos depois, em 1877, e a quarta, em 1885. Só depois da quinta edição, de 1896, a corrente começou a jorrar: 1897, 1899, 1901, 1904, 1908, 1913, 1919" (Huizinga, J.:1920, 256) — seu autor ainda teria muita vida para saber de sua consagração. Sua fama, entretanto, não o impediu de, depois de compô-lo, afastar-se por completo da cena editorial. A estranheza de sua decisão não se explicaria simplesmente pelos encargos de aulas que se acumulavam — além do curso na Universidade, tem as aulas no *Pädagogium* (uma instituição só existente na Basiléia, posta entre o liceu e a universidade, destinada aos que quisessem se cultivar sem profissionalização), além das conferências para o público em geral. Muito menos parece legítimo pensar-se em frustração com a carreira docente, pois continua a escrever seus cursos. Antes seria correto cogitar-se em seu desencanto com a própria cena editorial. Já em 1864, em carta a Paul Heyse, de 6 de dezembro, escreve, com toda a simplicidade: "Meus deveres, como passei a concebê-los desde 1858, me absorvem completamente e, de ano para ano, cada vez mais, *assim como meu desprazer em publicar*" (Burckhardt, J.: 1858, 228, grifo meu).

Não lhe parece que o fato mereça maior justificativa. Que se poderia dizer além de suas palavras? Talvez que sua decisão fosse sobredeterminada pelo contato com os colegas de profissão, aos quais ironiza por sua empáfia, por se detestarem mutuamente, além de que não primem pelo caráter, a exemplo do que percebia em seu admirado Ranke (cf. carta a Louise Burckhardt, de 16 de julho, 1840). Mas a justificativa seria débil. Talvez seja menos improcedente pensar-se em um desencanto progressivo com a sociedade. Com efeito, depois de um fracasso amoroso, coincidente com sua chegada a Berlim, Burckhardt opta pela vida reclusa. Mas nada tinha de misantropo. Ao contrário, correspondia-se com freqüência com os amigos — a edição de sua seleção de cartas por Max Burckhardt anunciava que sua edição completa cobriria dez volumes (cf. Burckhardt, M: s/d) —, apreciava um bom prato, um bom vinho e não raro anunciava saborear um bom tabaco. Mas em suas viagens, preferia rever os monumentos, freqüentar os museus, estar em tranqüilidade e, sobretudo na Itália, o contato com as pessoas comuns. Em troca, detesta a agitação das grandes cidades. Daí a decepção que lhe causa Paris. Dirá a seu respeito, em carta de 1843:

> Apesar do tolo amor que a arte francesa e a sociedade parisiense demonstram pela Idade Média e pelo Renascimento, todo mundo está ansiosamente à procura daquilo que é mais moderno, e uma centena de enormes anúncios em todos os pontos clássicos das cidade deprecia cada memória do passado. [...] Paris está mais absorvida por uma preocupação ansiosa em relação ao futuro do que pelas lembranças de seu passado, apesar dos numerosos monumentos individuais (Burckhardt, J.: 1843, 151).

Por certo, o moderno é o primeiro sinal do que o incomoda. Mas seria só isso? Uma das palavras mais constantes em sua correspondência é "resignação". Embora aí menos freqüente, o propósito de "amar os homens" — expressão que hoje nos provoca caretas — tem a vantagem de relacionar-se com sua visão da História. É como se a perda de sua vocação religiosa — antes de se decidir pela História pensara em estudar teologia — não houvesse rompido ou mesmo houvesse intensificado o sentimento de comiseração por estes seres desarvorados.

Bem sei que as explicações intentadas para a decisão de não mais publicar permanecem insuficientes. Temos de nos contentar em apenas constatá-lo. Assim como que continua a escrever, seguindo planos e demoradas pesquisas. Felix Gilbert não só refere que, logo depois de editar *A Cultura do Renascimento*, o autor se empenhou por uma década na pesquisa sobre o "espírito grego", como, havendo lido sua edição póstuma, anota a seu propósito a íntima ligação entre a antiga sociedade grega e o mundo contemporâneo:

> A cultura grega e o mundo moderno exemplificam que, ao menos por um certo tempo, a cultura pode escapar do abraço do Estado e da religião e desenvolver-se livremente" (Gilbert, F.: op. cit., 71).

Neste sentido, *O Tempo de Constantino*, *A Cultura do Renascimento* e *Griechische Kulkturgeschichte* (*História da Cultura Grega*) (1898-1902) formavam uma trilogia, enquanto momentos de tensão e passagem que anunciavam os tempos modernos. No entanto, apesar da importância que a Grécia tinha em sua consideração da História, nunca converteu seu plano de trabalho em texto para publicação. Muito menos o faria com o também póstumo *Weltgeschichtliche Betrachtungen* (*Considerações sobre a História Universal*) (1905). E isso porque destacamos apenas os inéditos recuperados pouco depois de sua morte. Eles eram tantos que sua edição completa hoje compreende vinte e sete tomos.

Terminada essa breve apresentação, venhamos ao que se anunciara a propósito de *A Cultura*: reiterada sua tese básica, viremos a uma das mais brilhantes análises que dela se fez. Para darmos conta da formulação de sua tese, lancemos mão de algumas passagens iniciais da segunda parte do livro de 1860.

> É na natureza desses Estados, tanto das repúblicas quanto das tiranias, que se encontra decerto não a única porém a mais poderosa razão do desenvolvimento precoce do italiano em direção ao homem moderno. Decorre daí que tivesse de ser ele o primogênito dentre os filhos da Europa atual. – Na Idade Média, ambas as faces da consciência – aquela voltada para o mundo exterior e a outra, para o interior do próprio homem – jaziam, sonhando ou em estado de semivigília, como que envoltas em um véu comum. [...] O homem reconhecia-se a si próprio apenas enquanto raça, povo, partido, corporação, família ou sob qualquer outra das demais formas de coletivo. Na Itália, pela primeira vez, tal véu dispersa-se ao vento; desperta ali uma contemplação e um tratamento *objetivo* do estado e de todas as coisas deste mundo. Paralelamente a isso, no entanto, ergue-se também, na plenitude de seus poderes, o *subjetivo*: o homem torna-se um *indivíduo* espiritual e se reconhece enquanto tal (Burckhardt, J.: 1860, parte 2, III).

> Fora da Itália, as diferentes camadas sociais viviam cada uma por si, com suas respectivas noções de honra remanescentes das castas medievais (idem, 119).

> Inicialmente, [...] o despotismo desenvolve em alto grau a individualidade do tirano, do próprio *condottiere*; em seguida, porém, desenvolve também aquela do talento que é objeto não só de sua proteção, mas igualmente de sua inescrupulosa exploração: a do

secretário particular, do funcionário, do poeta, daquele que priva de sua companhia. Premido pela necessidade, o espírito dessas pessoas aprende a conhecer todos os seus mananciais interiores [...] (ibidem, 112-3).

O homem privado, politicamente indiferente, com suas preocupações em parte sérias, em parte diletantes, surgiu possivelmente pela primeira vez já plenamente desenvolvido nesses Estados despóticos do século XIV (ib., 113).

Nossa escolha recai sobre passagens capitais tanto para Burckhardt como para seu intérprete. Elas destacam: (a) ser nas cidades renascentistas italianas que se desenvolve a disposição psíquica do indivíduo moderno, (b) que, enquanto época específica, o Renascimento se afasta do medievo e se aproxima dos tempos modernos, (c) que o indivíduo moderno é autodirigido e tem uma situação multifacetada, abrangendo desde o tirano até seus auxiliares, ainda compreendendo o homem privado, sem um empenho político particular. Acrescente-se a esses traços da afirmação central, um outro, que, título da primeira parte de *A Cultura*, dispensa comprovação extra: "O Estado como obra de arte".

Embora sumaríssimos, estes elementos são suficientes para acompanharmos a análise realizada por Johan Huizinga, em "O problema do Renascimento". Sendo impossível o desejado exame minucioso, contento-me em acentuar que este, embora escrito ainda em 1920, quando a "história do conceito", enquanto instrumento de indagação historiográfico ainda não estava formulado, é o melhor exemplo de *Begriffsgeschichte* do conceito de Renascimento que conheço. Assinalem-se seus pontos básicos:

> O conceito de 'homem do Renascimento' era associado com as noções de aceitação impetuosa da vida e seu domínio. Imaginava-se que a cultura do Renascimento como tipo havia de ser vista na livre personalidade do gênio, a sobrepairar sobre doutrinas e moral, no homem arrogante, frívolo, entregue ao prazer, que, em uma paixão pagã pela beleza, se apossava do poder para que vivesse de acordo com suas próprias normas. O esteticismo do século XIX declinante detectava um eco de seu próprio desejo naquela imagem fantasiada da vida histórica (Huizinga, J.: 1920, 259).

Embora o próprio Burckhardt não fosse culpado pelo simplismo, conforme o próprio Huizinga o adverte, é entretanto evidente que sua figuração do Renascimento tinha como ponto de partida e motivação o sentimento derivado da vida contemporânea. Mas não pareceria estranho que a projeção retrospectiva e resgatadora do Renascimento viesse de alguém que ainda muito jovem escrevia contra o individualismo de seus dias: "A assustadora ênfase nos direitos do indivíduo consiste nisso: *cogito* (seja correta ou falsamente, não importa) *ergo regno*" (Burckhardt, J.: 1842, 134)? O erro da leitura estaria em ver a imagem burckhardtiana do Renascimento como uma *projeção retrospectiva*. Era verdade que ele encontrava nas cidades italianas de três séculos antes o germe do espírito que via grassar em seu próprio tempo. Mas não estabelecia entre os dois tempos uma relação de continuidade. A leitura comparada de *A Cultura* com suas cartas nos permite verificar que, em sua mente, a individualidade renascentista e a contemporânea tinham direções divergentes: nas cidades italianas, a valorização de si próprio se fazia em termos de liberdade intelectual e de ação. Daí seu favorecimento das artes, o capital dispendido na construção de suntuosos palácios e igrejas, ao passo que o censurado *cogito ergo regno* supunha um empenho material, monetário, pragmático. Como bem dirá em "Von den drei Potenzen", capítulo do *Betrachtungen*: "Nossa vida é um negócio; outrora era uma existência (*Dasein*) (Burckhardt, J.: 1905, 66). Noutras palavras: o homem renascentista de Burckhardt era concebido sob a clave da *Bildung* — como vimos, prezada na Basiléia, mesmo depois que a *gebildete Universität* humboldtiana tinha sido abandonada na Prússia —, em nítida oposição à febre mercantil. Conquanto Huizinga não faça a distinção entre os dois individualismos, seu questionamento era correto. Para facilidade de seu entendimento, emprestemo-lhe a diferenciação.

Dirigido pelo ideal da *Bildung*, Burckhardt prezava na individualidade livre da Renascença a abertura para a riqueza e a movimentação do espírito. Estas, de sua parte, encaminhavam para a estetização da vida, da qual, diga-se de passagem, Burckhardt, apesar da frugalidade de sua existência, não se afastara. Ele próprio, em carta de 14 de janeiro de 1844, compreendia que seu modo de encarar a religião podia ser acusado de "cristianismo estético" (Burckhardt, J.: 1844, 162). Por conta do molde que destacamos, onde ressaltam o ideal da formação individual e o esteticismo do Estado, estabelecera ele, segundo Huizinga, uma divisão rígida e artificial entre a vida nas cidades italianas e a que se processava na França e nos países germânicos:

> Estabelecera um contraste demasiado agudo entre a vida no medievo tardio italiano e a processada algures. Escapava-lhe que, debaixo da glória do Renascimento, a vida popular genuinamente medieval continuava na Itália nas mesmas formas que na França e nos países germânicos, assim como deixava de ver que a vida

nova cujo advento saudava na Itália também emergia noutras terras em que não podia detectar senão a velha repressão e a barbárie (Huizinga, J.: op. cit., 260).

Em dois outros pontos, a crítica de Huizinga é notável: (a) à medida que Burckhardt não estabelecia uma nítida linha demarcatória para o Renascimento, dava-se o direito de ter por "precursores" figuras como Dante e Petrarca. Em conseqüência, deixava o caminho aberto para o que já se havia concretizado com o Michelet da *Histoire de la France*: "que todo despertar de uma nova vida intelectual, de novas concepções de vida e de mundo na Idade Média fosse considerado um começo do Renascimento" (idem, 261); (b) que se tomasse o homem renascentista como a primeira encarnação do homem moderno. E aí a oposição do historiador holandês é radical. Por isso não devemos prescindir de sua formulação:

> O espírito do Renascimento é, na verdade, *muito menos moderno do que se é levado a crer*. Um contraste fundado entre as culturas medieval e moderna consiste em que a medieval estabelece uma autoridade obrigatória e normas autoritárias para toda a atividade intelectual – não só para a religião, com a filosofia e a erudição em seu cotejo, mas para o direito, a arte, a etiqueta, os divertimentos. O período moderno, por outro lado, reinvidica o direito do indivíduo em determinar seu próprio modo de vida, suas convicções, seu gosto. Isso posto, então, onde está o Renascimento? *Por certo, não do lado moderno*. Não só sua reverência obtusa pela autoridade perpétua e a qualidade exemplar do antigo qualificam o Renascimento como uma cultura da autoridade; todo seu espírito é extremamente normativo, procurando critérios eternamente válidos de beleza, de governo, de virtude ou de verdade (Huizinga, J.: op. cit. 271, grifos meus).

Por suas incisivas objeções, Huizinga não pretendia senão complexificar o que permanecera esquemático em *A Cultura do Renascimento*. É assim que o individualismo renascentista é tomado "no melhor dos casos, como um entre muitos traços, paralelo a outros, por completo contraditórios" (idem, 281). Pois o engano da tese básica de Burckhardt — explicável porque era o início de uma pesquisa que Huizinga sabia que continuava em seu começo — consistira em considerar "uma única fórmula como explicativa de todo o Renascimento" (ibidem, 281).

Pouco dissemos dessa análise excepcional. Mas já será recompensador se houvermos guardado sua última advertência: mesmo porque os tempos históricos não são homogêneos, não cabe caracterizá-los por um único traço.

Lancemos por fim uma última vista sobre três das abordagens presentes no *Considerações sobre a História Universal* (que compreende o curso dado no inverno de 1870-1, com o acréscimo do texto sobre "A Felicidade e a desgraça na história universal", objeto de conferência pública, em novembro de 1871). Sua escrita em linguagem comum criava uma armadilha para o próprio autor. Em sua correspondência, ele assinalava com freqüência sua inaptidão e falta de preparo para a filosofia da história. Não é que algo agora o force a praticá-la, mas o próprio caráter geral dos temas o obriga a uma reflexão teórica sobre sua disciplina. O primeiro dos textos, bem mais leve, ainda não é arriscado. Em "Unsere Aufgabe" (Nossa tarefa), o autor afirma que sua pretensão não é introduzir o ouvinte no estudo especializado da História, mas assinalar os diversos campos que a história compreende. Trata-se sobretudo, acrescenta, de evitar uma filosofia da história. "Negamo-nos, ademais, a toda sistemática" (Burckhardt, J.: 1905, 4). Dito o que, no entanto, precisava justificar-se teoricamente. É o que busca pela frase: a filosofia da história "é um centauro, uma *contradictio in adjecto*; pois a História, ou seja a coordenação, é não filosofia, e a filosofia, i.e., a subordinação, é não história" (idem, ibidem). A distinção parecia ter um alvo preciso: o pensamento hegeliano. É com ele então que exemplificará para mostrar a especificidade do trabalho do historiador:

> (No começo da *Filosofia da História*, Hegel) diz que o único pensamento que a filosofia acrescenta (à História) é o da razão: que a razão comanda o universo;, que, portanto, a História universal deve ser racional (*vernünftig*) e que a conseqüência (*Ergebnis*) da História universal deve (*sic!*) necessariamente corresponder ao curso racional do espírito universal; tudo o que, em suma, devia antes demonstrar do que 'acrescentar'. [...] Sua idéia fundamental é a de que a história universal expõe como o espírito emerge à consciência da História, devendo realizar-se em um desenvolvimento crescente da liberdade (idem, 4-5).

A ironia de Burckhardt é bem patente. Ela ainda mais se evidencia no parágrafo seguinte: "Não estamos iniciados na sabedoria eterna e dela nada sabemos. Esta ousada antecipação de um plano universal conduz ao erro pois que parte de premissas equivocadas" (ibidem, 5). Em contraposição, a que visariam os historiadores? "As filosofias da história consideram o passado como oposto e preparação para nosso estágio desenvolvido (*zu uns als Entwickelten*); nós consideramos o que se repete, o constante, o típico, o que nos soa e é por nós compreendido" (ib., 6). E mais: ao historiador, ao contrário doutros especialistas, o começo está interditado: "O que podemos crer testemunhar como começo já são, na verdade, estágios bastante avançados" (ib., 7).

As atestações apresentadas são bastantes para cobrir a introdução do curso de 1870-1. Assinale-se, em primeiro lugar, que Hegel é tão explicitamente rejeitado porque, em sua *Filosofia da História*, Burckhardt devia reencontrar a forte manifestação de uma teologia racional semelhante a que o levara ao abandono da religião e à renúncia à carreira de pastor. Pois que significava caracterizar a filosofia como o que subordina, *das Subordieren*, senão a reconhecer movida por um princípio uno e supra-sensível? Conquanto se mantivesse um homem religioso, ainda que sem pertencer a alguma fé precisa[3], a Burckhardt devia parecer escandaloso emprestar o otimismo de uma fé racional a um objeto, a História, que ele sabia feito por vaivéns desordenados e caóticos. Por isso, embora antes por insinuações do que por demonstrações, Burckhardt preparava seu ouvinte para pensar no objeto anárquico mas fascinante a que dedicara sua vida.

Tais considerações servem de porta de entrada para o segundo texto escolhido. De forma aparentemente neutra, ele se intitula "Os três fatores" ("Von den drei Potenzen"). Por sua exposição esquemática, procuraremos enlaçá-lo ao terceiro e último texto. Para Burckhardt, o Estado, a religião e a cultura são as três potências decisivas no andamento da História. A origem do Estado, logo declara, não o preocupa, pois "deriva da desigualdade das capacidades (*Anlagen*) humanas"; ou seja, "a violência é seu princí-

---

[3] O organizador da seleção em italiano de suas cartas bem formula a posição religiosa do autor na seguinte passagem: "[...] Abandonando toda Igreja, (Burckhardt) conserva porém, ao mesmo tempo, um profundo sentimento de livre religiosidade, que por certo o põe em uma zona limite da tradição cristã, mas sempre dentro desta" (Farulli, L.: 1993, 15).

pio". Disso decorre não ser ele, muitas vezes, senão a sistematização da violência ou o resultado da mistura de fortes e fracos (cf. idem, 32). Com esse estigma de nascença, o Estado supõe "o direito ao egoísmo que se nega ao indivíduo" (ibidem, 36).

Presumo que, ao assim tratar o Estado, Burckhardt não pretendia qualquer originalidade. Nem por isso ela deixa de se insinuar em um comentário aparentemente marginal: "Mesmo o Estado fundado no anátema mais cabal, há de desenvolver com o tempo uma espécie de direito e moralidade, pois os justos e decentes acabam por dominá-lo" (ib., 37). A frase é intrigante e não sei se passaria por um teste empírico. Importa-me contudo como testemunho do misto de realismo e resignação que preside sua concepção da História. Se Burckhardt execra a ideologia do progresso e o determinismo "científico", por outro lado afirma a plasticidade da História: se a Idade de Ouro sempre foi um mito, a afirmação de que o pior sempre pode piorar tem um limite. Até por defesa biológica dos homens, mesmo o mais terrível dos Estados precisa, em certo momento de sua existência, ceder a um certo direito e moralidade (*eine Art von Recht und Gesettung*).

De todo modo, a primeira potência tem uma clara feição negativa. Também a negativa marca o segundo fator. A religião é igualmente produto de uma espécie de violência. Nela, "é decisivo o sentimento de dependência de uma entidade superior, aterrorizante e brutal", que o culto de fetiches e demônios procurará aplacar (ib., 43). Curiosamente, o desenvolvimento que destacamos é carregado de um *pathos* de que não se suspeitava na caracterização de abertura. "As religiões, dizia então, são a expressão da necessidade metafísica eterna e indestrutível da natureza humana" (ib.,

39). Para que as duas formulações não sejam discordantes será preciso que "necessidade metafísica" envolva ou provoque o sentimento de terror. Burckhardt, contudo, ou não sente o problema ou deixa que ele deslize. Seja como for, a caracterização seguinte da cultura flui noutra direção. "Suma das manifestações do espírito" a cultura é a instância crítica das duas anteriores, "o relógio que marca a hora em que a forma e a substância já não coincidem" (ib., 57), ou seja, a potência crítica que revela o desajuste do Estado, da religião ou dos dois entre si.

É ao tratar da cultura que Burckhardt sente-se à vontade. Por isso é, no interior de seu desenvolvimento, que avança sua crítica à contemporaneidade:

> [...] Nossa presunção de vivermos em uma época de progresso moral (*im Zeitalter des sittlichen Fortschritts*) é altamente ridícula. [...] Nossa vida é um negócio; outrora era uma existência (ib., 65-6)

A tal ponto chega a discordância entre o terceiro fator frente aos dois primeiros que um intérprete de agora não hesitou em comparar o processo histórico segundo Burckhardt com o esquema hegeliano: "A exposição de Burckhardt da relação entre os três fatores sugere (*nahelegen*) a analogia com a relação de Hegel entre tese, antítese e síntese" (Rüsen, J.: 1978, 199). Ainda que seja plausível interpretar-se a religião como instância antitética do Estado – "contra a positividade do Estado, reproduzindo seu caráter coativo, ela põe a negatividade do espiritual" (idem, ibidem) – é difícil de aceitar, mesmo sabendo-se que se trata de uma "analogia", o papel que o intérprete concede à cultura: "A cultura, por fim, nega a negatividade imperativa (*Zwanghaft*) da religião. Por ela, a antítese entre as ações material e espiritualmente orientadas se dissolve na unidade de ambas" (idem, ibidem). Embora se observe que o intérprete refere o terceiro termo da tríade hegeliana como *Synthese* e não *Aufheben*, a comparação não parece apropriada. A dialética hegeliana assume sua plena força com o advento da *Aufheben*, que, como se sabe, supõe a superação de um conflito que, entretanto, conserva algo do estado anterior, ao passo que a cultura em Burckhardt não tem força movente.

Se, por este aspecto, Rüsen parece arbitrário, por outro, entretanto, oferece uma explicação valiosa. Como, em cada ação humana, os três fatores são efetivos – desde que, é claro, não se conteste a constância da presença do Estado ou que se restrinja a aplicação das "drei Potenzen" às sociedades com Estado – eles se mantêm em relação recíproca. Em conseqüência, diz Rüsen, em vez de uma "filosofia da História que procede cronologicamente", abrem-se para o pesquisador "alternativas antropológicas", que agem "como espaços de relação diferenciais da interpretação histórica" (idem, 200). Daí, à semelhança do que Schorske formulará, o perfil próprio de *A Cultura no Renascimento*:

> Não é a literatura narrativa, e sim a dramaturgia que parece oferecer a ele a linguagem formal para seus *tableaux vivants* históricos. Numa série de grandes painéis dedicados à natureza e à estrutura da política, da vida intelectual, dos costumes e das práticas religiosas, ele nos mostra a Renascença, como diz, não em movimento (*Verlauf*), mas em seus estados de ser (*Zustände*). O sentido de espaço histórico desbanca o de tempo histórico (Schorske, C.: op. cit., 86)

Não é através da razão direcional de Hegel e sim pelas relações entre constantes antropológicas – em suas próprias palavras, "pelo que se repete, o constante, o típico" — que se esclarece o processo histórico para o historiador suíço.

Terminemos com duas brevíssimas referências a textos que foram aqui economizados. A conferência pública de novembro de 1871, "Sobre a felicidade e a desgraça na história universal" ("Über Glück und Unglück in der Weltgeschichte"), que o editor do póstumo *Considerações sobre a História Universal* selecionou como último capítulo, parte de um verdadeiro mote: "Aquilo que cada um vive plenamente, os desejos que antes lhe foram tão prezados, depois lhe parecem loucura" (Burckhardt, J.: 1905, 251). O mesmo engano que persegue cada homem se repete na apreciação histórica: "Uma ilusão de ótica nos leva a crer na felicidade de certas épocas e de certos tempos [...]" (idem, 252). De onde deriva tão poderosa e funesta ilusão (*Täuschung*)? De termos "por felizes as épocas e povos em que dominava particularmente o elemento que nos é mais caro" (ibidem, 256-7). Pois o primeiro erro dos julgamentos históricos resulta de projetarmos no passado o que admiramos no presente; de sermos vítimas de "nosso profundo e muito risível egoísmo" (ib., 259), de nossa "impaciência retrospectiva" (ib., 254). Tais erros se multiplicam especialmente entre seus contemporâneos, que se julgam beneficiários de um tempo evoluído.

Sem mais delongas, a "ilusão de ótica" contra a qual o historiador há de se defender resulta de que a História não tem *telos*, não conhece leis e as instituições que examina nunca são encontradas em seu estágio de origem. Daí, como dizia de modo lapidar na introdução à *História da Cultura Grega*: "Na exposição assim como na pesquisa (*Studium*), pergunta-se temeroso o historiador: por onde se deve *começar*? A resposta será: *em qualquer dos casos, por alguma parte (jedenfalls irgendwo)*" (Burckhardt, J.: 1898-1902).

Estaria assim Burckhardt ecoando algo do que ouvira no apreciado curso de Gustav Droysen? É evidente a semelhança de sua reflexão com o que hoje se conhece como presente na versão do curso de 1857 de seu ex-mestre. Mas é também evidente que Droysen conseguira uma formulação teórica que, nas palavras do aluno eventual, parece apenas ecoar à distância:

> (Em nossa ciência) a indução não conduz a um cálculo cósmico sobre causa e efeito; [...] limitamo-nos a buscar o fim de fins, a causa de causas. — Aí entretanto termina a força de nossa indução e de todas as induções, pois a compreensão humana capta apenas o meio, não o começo, nem o fim (Droysen, G.: 1857, 30)

Seres de trânsito, estamos sempre no meio. No meio começamos e no meio findamos. Ao reduzirmos a existência a lógica e pensamento, criamos a linha imaginária da origem e da meta. Burckhardt ou não esquecera do que ouvira de Droysen ou o redescobrira. Mas, porque confundia filosofia com teoria da História, não o formulava com sua força. Algum dia, disporá o leitor brasileiro da tradução do *Historik*? Mas não há o que lamentar: as cartas contidas neste volume nos preparam para a distinção entre filosofia e teoria. Mais do que isso: nos dão o vinco humano, modesto e rico, de uma figura de que só conhecíamos o pensamento.

Rio de Janeiro, agosto de 2003

Referências bibliográficas

Burckhardt, J.: *Die Kultur der Renaissance in Italien* (1860), trad. de Sérgio Tellaroli: *A Cultura do Renascimento na Itália*, Companhia das Letras, São Paulo, 1991.

Burckhardt, J.: "Enleitung" a *Griechische Kulturgeschichte* (1898-1902), em *Gesammelte Werke*, vol. V, Deutsche Verlagsanstalt, Stutttggart, 1931, pp. I-12.

Burckhardt, J.: *Weltgeschichtliche Betrachtungen* (1905), ed. cit.: Alfred Kröner Verlag, Stuttgart, 1978.

Burckhardt, J.: *Cartas*, trad. por Renato Rezende da seleção do Liberty Fund, Topbooks, Rio de Janeiro, 2003.

Burckhardt, M.: *Briefe. Ausgewählt und herausgegeben von Max Burckhardt*, Verlag Schibli-Doppler, Birsfelden – Badel, s. d.

Droysen, G.: *Historik. Rekonstruktion der ersten vollständigen Fassung der Vorlesungen (1857)*, organização do texto de Peter Leyh, Fromann – Holsboog, Stuttgart – Bad Cannstatt, 1977.

Farulli, L.: "Introduzione" às *Lettere (1838-1896). Con l'epistolario Burckhardt – Nietzsche*, Sellerio editore, Palermo, 1993.

Gilbert, F.: "Burckhardt's concept of cultural history", cap. IV de *History: politics or culture? Reflections on Ranke and Burckhardt*, Princeton University Press, Princeton, 1990.

Heger-Étienvre, M.-J.: "Jacob Burckhardt et la vie intelectuelle bâloise", em *Relire Burckhardt*, Maurizio Ghelardi, Marie-Jeanne Heger-Étienvre et alii, École Nationale Supérieure des Beaux-Arts, Paris, 1996, pp. 133-169.

Huizinga, J.: "Het probleem der Renaissance" (1920), trad. do holandês de James S. Holmes e Hans van Marle: "The Problem of renaissance", em *Men and ideas. Essays on History, the Middles Ages, the Renaissance*, Harper Torchbooks, New York, 1970, pp. 243-287.

Rüsen, J.: "Die Uhr, der die Stunde schlägt. Geschichte als Prozesse der Kultur bei Jacob Burkhardt", em *Theorie der Geschichte. Historische Prozesse*, Karl-Georg Faber e Christian Meier (organizs.), dtv, Wissenschaftliche Reihe, Munique, 1978, pp. 186-217.

Schorske, C. E.: *Thinking with history: explorations in the passage to modernism* (1998), trad. de Pedro Maia Soares: *Pensando com a História. Indagações na Passagem para o Modernismo*, Companhia das Letras, São Paulo, 2000.

Introdução à edição do Liberty Fund

Alberto R. Coll

No início do século vinte e um, por que alguém deveria dar-se o trabalho de ler as cartas de um professor de história da arte do final do século dezenove? Seja qual for a resposta, a razão tem algo a ver com as virtudes da mente de Jacob Burckhardt e sua capacidade de iluminar algumas das melhores e mais belas realizações da civilização ocidental. Para o leitor contemporâneo, Burckhardt fala sobre o valor da beleza, da contemplação e da liberdade de maneira tão convincente quanto falou para sua conturbada época. De muitas maneiras, precisamos de sua voz hoje com urgência ainda maior do que então.

A essência da vida de Burckhardt foi seu amor pela beleza. Na verdade, uma de suas significativas contribuições à tradição de liberdade na civilização ocidental, e ao pensamento conservador, foi a linha que ele traçou entre liberdade e beleza. Assim como outro grande conservador contemporâneo, Fiodor Dostoiévski, Burckhardt reconheceu que o amor do homem pela beleza e seu impulso em direção a ela são uma força poderosa que acaba conduzindo o homem a afirmar o valor de seu espírito, sua individualidade e a necessidade existencial de liberdade. As mais vigorosas raízes da liberdade, e da independência humana, são espirituais.

A vida de Burckhardt abarcou o século dezenove (1818-1897). Após um cuidadoso estudo de todo o corpo da extensa correspondência de Burckhardt, o professor Alexander Dru publicou em 1955 esta seleção, cobrindo sua vida dos 20 anos de idade até poucos meses antes de sua morte. Estas cartas selecionadas dão ao leitor uma ampla visão da vida de Burckhardt, a evolução de seu pensamento e suas principais preocupações. Ao lê-las, ficamos impressionados com a notável coesão dos pontos de vista de Burckhardt e com os coerentes temas que permeiam esses pontos de vista.

Ele era, por natureza, profundamente conservador. Mesmo em sua juventude, quando, juntamente com os amigos, foi cativado pelas poderosas correntes do romantismo e do idealismo, nunca sucumbiu ao liberalismo democrático ou à moderna crença no progresso. Enquanto estudava para o ministério, ele deixou de ser um cristão ortodoxo. Mas, no fim de sua vida, manteve o apego à mensagem cristã do pecado original mesclado a um profundo desprezo por teólogos liberais que continuavam ensinando em seminários e liderando congregações muito tempo depois de terem perdido a fé. Burckhardt orgulhava-se de ser, como ele mesmo dizia, "um herege honesto". Sua principal disputa com a Igreja ao longo da vida advinha do fato de que, assim como todo mundo, ele havia sucumbido às ilusões otimistas do século dezenove.

O conservadorismo de Burckhardt, contudo, não era nem ideológico, nem extremo. Ele desprezava todo tipo de extremismo. Quando lhe pediram para ser o editor de um jornal conservador local, aceitou o trabalho para, segundo suas próprias palavras, "exterminar gradualmente a odiosa simpatia que a camarilha que está no poder aqui sente por todo tipo de absolutismo (por exemplo, os russos) e, por outro lado, para tomar uma posição contra nossos roucos radicais suíços, que considero tão repelentes quanto o grupo anterior". Ao demonstrar seu desapreço por abstrações e ideologias, escreveu a um amigo que queria manter-se longe de "istas" e "ismos" de todo tipo.

Seu conservadorismo com freqüência escorregava para o pessimismo, o que fez com que Burckhardt fosse muitas vezes descrito, mesmo por seus muitos admiradores, como um dos grandes "pessimistas" da moderna tradição ocidental. Essa caracterização, que deve ser aplicada a ele com cuidado, não é de todo exagerada. É verdade que ele desfrutava da vida, especialmente dos prazeres da contemplação estética. Havia poucas coisas que ele amava mais do que seus longos passeios nos bosques e nas montanhas da Suíça e da Alemanha; suas recorrentes peregrinações pela Itália, onde se deliciava explorando a arquitetura antiga e as glórias artísticas; e uma substanciosa refeição acompanhada por um bom vinho e seguida por seu charuto favorito. Apesar de nunca ter se casado, era afetuoso com os sobrinhos e sobrinhas e com os filhos deles, mantendo a crença de que, apesar da crise que estava a ponto de sacudir a civilização européia, as gerações mais jovens iriam sobreviver e criar uma nova ordem.

Ao discutir política, porém, Burckhardt mostrava-se descaradamente pessimista e sem a menor disposição de conceder à modernidade ou ao moderno liberalismo o crédito por qualquer coisa positiva. Opunha-se visceralmente ao sufrágio universal, à moderna educação pública, às mulheres estudando e ao seguro de saúde pública, além de não se preocupar com alternativas para lidar com os maciços problemas sociais que surgiam na segunda metade do século dezenove. À medida que envelhecia, Burckhardt alarmava-se cada vez mais com a catástrofe que, segundo previa, iria despontar em um futuro não muito distante. Ao contrário do pró-iluminista Edward Gibbon, para quem o colapso do Império Romano coincidia com o "triunfo do barbarismo e da religião", Burckhardt acreditava que o declínio da civilização européia seria acompanhado pelo triunfo do barbarismo, do comércio e da ciência.

Se, por um lado, a desconfiança de Burckhardt em relação ao liberalismo moderno foi longe demais, por outro seu pessimismo geral quanto ao futuro da civilização ocidental e às conseqüências da moderna sociedade de massa não era injustificado. Ele acreditava que a combinação de políticas de massa, o crescimento da democracia e do igualitarismo, o colapso da autoridade da Igreja e o domínio que exercem sobre a vida moderna as demandas econômicas, científicas e tecnológicas acabariam por produzir, ao longo do tempo, uma bárbara e brutal tirania que deteria um horripilante controle do poder político. E, de fato, apenas quatro breves décadas separavam a existência de Burckhardt da construção de Auschwitz, Bergen-Belsen e Dachau no coração da civilização européia.

Por mais irritantes que as persistentes críticas de Burckhardt ao igualitarismo, à democracia liberal e ao progresso industrial sejam para muitos leitores, seu legado fundamenta-se na tradição de liberdade ordenada e liberalismo aristocrático que associamos a nomes como Edmund Burke, Alexis de Tocqueville, José Ortega y Gasset e Wilhelm Roepke. Ele desconfiava das massas, achando-as inerentemente intolerantes à grandeza individual e hostis à cultura. E observou que os desdobramentos históricos mais significativos do fim do século dezoito foram o advento da política de massa e a crença de que a opinião de cada homem tinha igual valor. A longo prazo, os resultados disso seriam a destruição de cada vestígio de autoridade tradicional, o barateamento da cultura, a entronização da mediocridade em todos os níveis da vida pública e, por fim, a ascensão dos *terribles simplificateurs*: os impiedosos demagogos que conduziriam as ondas de política de massa e a cultura para instalar uma tirania armada com todos os instrumentos fornecidos pelo capitalismo industrial de larga escala, pela ciência e pela tecnologia.

Burckhardt também desconfiava de grandes instituições de toda espécie, considerando-as inerentemente desumanizadoras e hostis à liberdade individual. Qualquer instituição, fosse religiosa ou secular, que se tornasse grande e poderosa, cedo ou tarde cairia no domínio do que ele chamava de uma das mais medonhas *idées fixes* da história: o desejo pela unidade e pela conformidade. Burckhardt amava pequenas cidades, pequenas repúblicas e livres associações privadas como estímulos ao pluralismo e à liberdade. Seu amor pelo pluralismo era guiado por seu reconhecimento estético da beleza intrínseca e da maravilha da diversidade, e pela crença de que a liberdade poderia grassar mais facilmente no solo da diversidade e da descentralização do que no da uniformidade.

Burckhardt chocara-se com a devastação que a industrialização, a moderna tecnologia e o progresso econômico infligiram à ordem estabelecida. Ele acreditava que, desde o século dezessete, a civilização ocidental havia sido dominada pela ganância, e que essa ganância era a força por trás da terrível espoliação das florestas, rios e antigas cidades da Europa. As novas cidades, com suas dimensões enormes e impessoais, miséria e alto custo de vida, eram a antítese de um modo de vida humano. Por último, ele nutria sentimentos nostálgicos por um mundo em extinção, no qual a beleza dominaria tanto a paisagem natural quanto a feita pelo homem.

Solteirão por toda a vida, inerentemente tímido com as mulheres, Burckhardt considerava-se um "monge secular". Ele amava e glorificava a vida contemplativa em um tempo no qual a sociedade moderna começava a tornar-se inóspita para esse tipo de existência. Uma de suas rixas com a modernidade era o fato de que sua emergente sociedade de massas e seu ganancioso sistema econômico centrado na eficiência e na velocidade estavam restringindo as oportunidades de contemplação e solidão. Ele traçou uma contundente distinção entre filosofia racional ou "especulação", conectada com pensamentos sobre idéias abstratas, e contemplação, derivada do amor e da maravilha diante da beleza e da complexidade dos seres humanos e seus feitos. Burckhardt via-se a si próprio como um historiador contemplativo em vez de filosófico. Aos vinte e quatro anos, confidenciou a um amigo:

> Você deve ter reconhecido há muito tempo a inclinação unilateral de minha natureza em direção à contemplação. Em toda a minha vida, nunca pensei filosoficamente, e nunca tive nenhum pensamento sequer que não fosse conectado a algo externo. Não posso fazer coisa alguma a menos que comece a partir da contemplação... O que construí historicamente não é o resultado de crítica e especulação, mas, ao contrário, da imaginação que preenche a lacuna da contemplação.

Ao contrário de muitos de seus colegas, Burckhardt não via a si mesmo como sendo, principalmente, um técnico. Sob seu ponto de vista, o historiador precisava aprimorar os fundamentos técnicos da pesquisa histórica e ser um especialista em pelo menos um campo em particular. Mas ele também gostava de desenvolver uma visão mais abrangente das coisas, ainda que sob o risco de ser acusado de "amadorismo". Como viria a admoestar seus alunos nas aulas que mais tarde seriam publicadas como *Reflexões sobre a História*, "[um homem] deve ser um amador em tantos aspectos quantos forem possíveis... De outra forma permanecerá ignorante em qualquer campo situado fora de sua própria especialidade e, talvez, como homem, permaneça um bárbaro". Muitas dessas cartas refletem essa compreensão e revelam uma mente ampla, que, apesar dos preconceitos do tempo e do lugar (Burckhardt nunca viajou além da Europa Ocidental), era capaz de ter *insights* perspicazes sobre tempos e lugares por demais afastados de seus próprios. Ao fim das contas, todos esses *insights* fluíam de seu amor pela liberdade e beleza e de seu apreço profundamente humanístico pelo mistério da grandeza humana e pelo valor dos indivíduos.

Apesar de ter criado a disciplina de história da arte, e de seu *Cultura do Renascimento* ainda ser considerado um trabalho dos mais perceptivos, Burckhardt é pouco popular entre os historiadores da arte atuais e seus colegas desconstrutivistas. Ele acreditava que nem toda arte é igual, que a grande arte é capaz de expressar verdades válidas universalmente e que arte e beleza são companheiras. Em vez de simplesmente despejar seus sentimentos, o artista poderia almejar "a transformação de todo o sofrimento, de toda a excitação, em pura beleza", mesmo que devotasse "toda sua força para fazê-lo". Em última análise, o maior impulso do artista era o amor. Como aconselhou a um jovem amigo, "atenha-se à velha linha idealista; somente uma cena que tenha sido, de uma maneira ou de outra, amada por um artista poderá, no fim das contas, ganhar a afeição dos outros".

No curso dessas cartas, à medida que a vida de Burckhardt segue adiante, a leitor o acompanha em suas sucessivas peregrinações à Itália, que ele amava tão intensamente, concebendo dessa forma o mal-estar que afetava a civilização européia. Ao longo de meio século as cidades cresceram em riqueza e tamanho, as estradas ficaram mais movimentadas, muitos belos prédios antigos foram demolidos para dar lugar a outros mais novos, e os socialistas tornaram-se mais numerosos e radicais. Isso dificilmente parecia ser uma melhoria, mas, conforme observou Burckhardt, a maioria dos europeus — tanto capitalistas quanto socialistas — estava ansiosa por sacrificar os intangíveis bens culturais e estéticos da velha civilização em troca dos "trens-dormitórios". Em meio a essas tumultuadas mudanças na sociedade, Burckhardt buscava uma âncora, "um ponto de Arquimedes" de imparcialidade existencial e serenidade, e isso ele encontrou nos tesouros artísticos e culturais do passado. Ele não estava certo a respeito de como muitos desses tesouros iriam sobreviver às guerras cataclísmicas e sublevações que antevia no horizonte, mas acreditava que o bastante seria poupado para inspirar o espírito humano a construir mais uma vez.

Sendo assim, o que se deve pensar de Jacob Burckhardt e como se deve ler suas cartas hoje? Apesar das calamidades da guerra mundial, revoluções e todos os outros levantes que, como temia Burckhardt, aconteceriam na primeira metade do século vinte, no início do século seguinte o Ocidente experimenta outro de seus periódicos surtos de otimismo desenfreado. A queda do comunismo, a globalização, a revolução da informação e os avanços sem paralelo na pesquisa científica e genética prometem o surgimento de uma nova era de contínua paz e prosperidade. Em meio às nossas elevadas expectativas, desejamos considerar duas questões, propostas por Burckhardt através dessas cartas. Primeira, pode o homem algum dia encontrar permanente descanso e equilíbrio na história? E, segunda, como duas das qualidades fundamentais da existência humana, a beleza e a liberdade, podem ser preservadas em meio à democracia de massa, ao igualitarismo e ao culto ao crescimento econômico? Seja qual for nossa perspectiva sobre essas duas questões, os escritos de Burckhardt irão nos ajudar a mantê-las constantemente à nossa frente, a fim de que não nos esqueçamos de sua importância vital.

Naval War College, 2000

Prefácio

Ao fazer esta seleção e tradução, tive a sorte de poder contar com o primeiro volume da nova e completa edição das cartas de J. Burckhardt. Graças ao trabalho do Dr. Max Burckhardt, auxiliado pela impressão de Benno Schwabe & Co., tive o prazer e o conforto de lê-las. Para os anos que faltavam, usei as edições originais, exceto nos casos em que as cartas eram praticamente inacessíveis nas atuais condições — muitas delas foram publicadas em revistas —, e aqui, novamente, tive a sorte de ter à disposição a excelente seleção do Dr. Fritz Kaphahn, publicada pela Kröner Verlag. O volume do Dr. Kaphahn contém muito mais cartas do que eu teria sido capaz de incluir, e raras vezes me foi possível divergir de suas escolhas, exceto, é claro, nos intervalos em que material novo vinha à luz, ou quando determinadas cartas pareciam ser de especial interesse para o público de língua inglesa. A edição do Dr. Kaphahn deve ter introduzido tantos leitores a Burckhardt que é um prazer para alguém poder ao menos reconhecer tão agradável dívida.

Ao fazer a seleção e preparar a Introdução, porém, meu principal apoio e guia foram os volumes I e 2 de *Jacob Burckhardt: eine Biographie*, do professor Werner Kaegi, publicados por Benno

Schwabe na Basiléia. Tal foi o uso contínuo que fiz das inestimáveis citações, das criteriosas interpretações e, em particular, da visão completa do pano de fundo da vida de Burckhardt – o que em nenhuma outra parte pode ser encontrado de maneira tão completa nem tão refinadamente descrito –, que tive de desistir de fornecer referências e contentar-me em enfatizar a extensão da minha dívida. Naturalmente, a ênfase dada na Introdução é minha; mas, descontando-se sua natureza incompleta, devo dizer que, de modo geral, está de acordo com o competente trabalho do professor Kaegi.

Esta seleção de cartas foi feita para mostrar Burckhardt como o homem que seus amigos conheciam, o "arquidiletante" com todos os seus interesses, fraquezas e entusiasmos. Isso, de fato, restringe a abordagem a seu lado profissional, e tem como objetivo apenas revelar a personalidade que concede valor e charme a seu trabalho como historiador e historiador da arte. Mais do que isso dificilmente poderia ser obtido em tão diminuto espaço, tampouco teria uma abordagem acadêmica servido a um propósito maior até que seus trabalhos – aos quais suas cartas muitas vezes acrescentam um útil polimento ou explanação – venham a ser traduzidos.

As notas foram limitadas ao mínimo. Um asterisco após o nome do destinatário das cartas reporta às breves notas biográficas na página 411.

As ilustrações, de igual maneira, devo ao apoio do professor Kaegi, que me possibilitou o uso de alguns esboços não-publicados feitos por Burckhardt em Roma, em 1848, e que obteve todas as fotografias para mim. E, para concluir meus agradecimentos, gostaria de evocar a repetida hospitalidade de que desfrutei em Münsterplatz, na Basiléia.

JACOB BURCKHARDT

Resta-me apenas dizer que, apesar de ir muito além dos limites para ela estabelecidos, a Introdução não é completa em nenhum aspecto. Aspectos referentes às atividades de Burckhardt, tais como a história da arte, foram simplesmente omitidos. Meu desejo é prover informações suficientes sobre sua vida e um esboço bem nítido de seus pontos de vista, a fim de habilitar o leitor a desfrutar de suas cartas como cartas – não meramente como fontes interessantes, mas como cartas de uma personalidade já conhecida em um período genericamente familiar. Exceto quando as próprias cartas parecem requerê-lo, pouco acrescentei a respeito da personalidade de Burckhardt, pois acredito que elas falam de maneira convincente por si mesmas, desde que possam ser lidas e desfrutadas sem muitos obstáculos e impedimentos.

E, finalmente, tenho de agradecer ao tradutor e aos editores (Srs. Allen & Unwin, Londres, e Pantheon Books Inc., Nova York) de *Reflections on History [Reflexões sobre a História]* pela permissão de extrair longas citações da versão para o inglês do mais importante trabalho de Burckhardt.

Introdução

Alexander Dru

*C*ivilization of the Renaissance in Italy *[A Cultura do Renascimento na Itália]*, de Burckhardt, foi publicado em 1860 e traduzido para o inglês em 1878. Trinta anos depois de sua primeira aparição, Lord Acton o descreveu em uma bem-intencionada frase como "o mais instrutivo de todos os livros sobre o Renascimento". Desde então, Burckhardt tem permanecido em um estado de animação suspensa, aprisionado em seu livro bem-sucedido mas de maneira alguma representativo.

Em 1943, *Weltgeschichtliche Betrachtungen [Reflexões sobre a História Univerval]* surgiu em excelente tradução, a ser seguida, nos anos vindouros, por *The Age of Constantine the Great [O Tempo de Constantino, o Grande]* e *Recollections of Rubens [Reminiscências de Rubens]*. Não se pode dizer que essas traduções modificaram substancialmente a avaliação que se tinha da importância de Burckhardt, mas podem ter sido as precursoras de um novo interesse por seu trabalho e personalidade. Não é de todo impossível que, nos países de língua inglesa, a reputação de Burckhardt tivesse de se submeter à mesma metamorfose pela qual ele passou postumamente em seu próprio país e na Alemanha.

À primeira vista, uma mudança tão completa soa improvável: Burckhardt parece fazer parte dos historiadores que Acton certa vez resumiu definindo como "vivendo tranqüilamente de uma maneira limitada, com um obscuro *background* político". Sua carreira foi monótona e convencional, e ele repeliu deliberadamente o sucesso. Seus *Cicerone* e *Renascimento*, após um moroso começo, tiveram diversas edições; sua reputação como historiador da arte rendeu-lhe mais de uma oferta para ensinar em universidades alemãs, mas ele nunca deu uma única aula fora da Basiléia. Em 1874, por ocasião da aposentadoria de Ranke, foi convidado para substituir seu mestre na cadeira onde ele ocupara a mais distinta posição do mundo acadêmico alemão. Burckhardt não pensou duas vezes ao recusar: "Na Basiléia", argumentou, "posso dizer o que me agrada". O salário foi, então, ligeiramente reduzido, e o posto aceito por Treitschke.

Embora as aulas de Burckhardt na universidade — onde ele era atormentado pela presença de acadêmicos visitantes —, bem como suas conferências para o público em geral, fossem vistas como notáveis realizações, ele nunca permitiu que as publicassem, sob a alegação de que iriam parecer "tapetes com o lado errado voltado para cima". No fim, porém, acabou consentindo que seu sobrinho, Jakob Oeri, as editasse após sua morte. Oeri publicou o mais extenso trabalho de Burckhardt, *Griechische Kulturgeschichte*, em três volumes (1902), e *Reflexões sobre a História Universal* em 1906.

As cartas de Burckhardt começaram a aparecer na década seguinte. Porém, as mais interessantes — em particular as remetidas a Von Preen — não foram publicadas até 1924. Uma reunião de seus trabalhos, *Gesamtausgabe*, editada por Wölfflin, Emil Dürr e outros, foi lançada entre 1929 e 1934. Esta coleção foi seguida por uma edição barata de seus principais escritos e pela seleção de suas cartas preparada pelo Dr. Kaphahn.

O trabalho de Burckhardt demorou para amadurecer, demorou para aparecer e demorou para ser entendido. O estágio final do processo de sua inclusão no cânone do pensamento e da literatura alemã ocorreu movido pelas circunstâncias. À luz da revolução nazista, quando seus livros começaram a se tornar fáceis de serem obtidos, um elemento em seu trabalho que antes havia sido negligenciado repentinamente ganhou profundo significado. O "elemento prático e, conseqüentemente, político", que Acton — conhecendo apenas o *Renascimento* — via como o mais fraco, despontou como sua principal alegação a ser ouvida. As profecias que seus primeiros editores acharam mais prudente deixar de lado ou encobrir vieram a cumprir-se no curso dos acontecimentos e foram seguidas por catástrofes. Burckhardt passou a ser visto como um dos maiores representantes e guardiães da tradição européia, não apenas porque previu a ameaça que punha em risco sua continuidade, mas também porque os termos de sua previsão pareciam profundamente relevantes e indicavam esperança para o futuro.

A chave para essa súbita aceitação de suas conferências e cartas e o contínuo interesse por sua personalidade e seus pensamentos é sua fé no homem e na tradição, jamais falsificada ou encorajada por nenhum tipo de otimismo — mistura que, a seus olhos, era o componente mais desintegrador dos pensamentos e sentimentos produzidos pelos pensadores do século dezoito. Nesse particular ele tem muito em comum com Lord Acton, cuja reputação foi elevada e consolidada pelas mesmas razões e sob auspícios similares. Em todo o resto — temperamento, opiniões e dons — eles divergiam sobremaneira, embora ambos fossem liberais, no sentido que Acton dava à palavra. Com o colapso do "liberalismo", suas perspectivas pareciam oferecer um novo ponto de partida.

As cartas de Burckhardt podem ser qualquer coisa menos a extensão de suas aulas – como as de Acton geralmente são. Elas permitem uma volta à fonte e revelam uma outra dimensão de Burckhardt, inclusive os pensamentos que Nietzsche, não de todo sem razão, acusou-o de ocultar. As cartas fizeram isso de maneira indireta, simplesmente por meio de sua forma, estilo e acabamento – num certo sentido, são o seu trabalho mais bem-acabado. Ele parece ter adotado essa forma quase que deliberadamente em seus últimos anos, escrevendo a um correspondente sobre a situação européia e para outro sobre arte e arquitetura, da mesma forma com que Horace Walpole selecionou seus correspondentes. Infelizmente, Burckhardt destruiu todas as cartas que foram parar em suas mãos, e certamente nunca sonhou em aparecer no *cortège* de Madame de Sévigné – o tema de sua última conferência pública. Mesmo depois de ter "desistido de qualquer pretensão de sucesso literário" e publicado seu último pequeno volume de poesia, ele reconheceu que não podia abandonar a caneta, e continuou a expressar a si mesmo e a seus pensamentos do modo que lhe era mais conveniente. Com sua atenção sempre centrada no mundo exterior, nos homens e nas coisas, na política e na moral – ele era, por temperamento, avesso às especulações filosóficas e à introspecção –, Burckhardt teve seus melhores e mais felizes momentos nas cartas, em uma forma que se situa a meio-caminho entre um diário e as circunstâncias do trabalho histórico formal que frustrava seus escritos.

As cartas inserem-se, *grosso modo*, em dois grupos: o das que foram escritas durante sua juventude e no período de incerteza antes de seu retorno à Basiléia; e o das cartas nas quais ele já se mostra plenamente amadurecido. "Originalidade", diz Burckhardt em *Reflexões*, "deve ser possuída, não adquirida", mas, ainda que ele não fosse uma fênix, tinha, como dizia, aquilo que Nietzsche chama de *Oberfläche*, "uma pele natural para sua essência e profundidade", e as cartas, que se movem com tanta leveza e facilidade na superfície, revelam tanto sobre ele e seus pensamentos quanto a mais iluminada e penetrante preleção.

* * *

Jacob Burckhardt nasceu em 25 de maio de 1818 e morreu em 1897. Pouco antes de sua morte ele preparou, como era de costume, um breve histórico de sua vida para ser lido em seu funeral. "O círculo familiar no qual cresceu", diz nesse escrito, "era, de modo geral, feliz; apesar de, enquanto ainda era muito jovem, ter se deparado com seu primeiro infortúnio, a morte de sua avó em 17 de março de 1830... Desse modo, muito cedo na vida, não obstante um temperamento que de outra forma seria alegre, com toda probabilidade herdado de sua mãe, ele recebeu uma impressão indelével da grande fragilidade e incerteza de todas as coisas terrenas, e isso determinou o modo como veria a vida".

Os Burckhardt e os Schorndorff — a família de sua mãe — tinham se estabelecido na Basiléia no fim do século quinze. Os Burckhardt, em particular, mostraram-se capazes e merecedores das posições de liderança que tão constantemente ocuparam, dando a impressão de que a Basiléia era uma cidade aristocrática, como Berna ou Veneza. Eles eram talentosos, diligentes, prolíficos e bem-sucedidos, e sua proeminência é adequadamente expressa pelo fato de que, por mais de um século e meio, um em cada dois burgomestres era um Burckhardt. Como mercadores, doutores e sacerdotes, ou em cargos públicos, eles contribuíram enormemente para a prosperidade da Basiléia e para a continuidade que marca seu crescimento. Na época do nascimento de Burckhardt, a cidade era ainda, em muitos aspectos, a mesma na qual o Conselho Ecumênico havia se reunido no século quinze: ainda mantinha seus muros, suas corporações, sua estrutura democrática e até os exércitos de seus antigos governantes episcopais. Durante o período de vida de Burckhardt, a região ao redor, a terra da Basiléia, reivindicou e ganhou sua independência, enquanto a cidade, em parte por causa das ferrovias, quadruplicou em tamanho e riqueza. A tentação de pensar na Basiléia como um lugar atrasado a partir do qual Burckhardt vislumbrou o mundo moderno tem pouco respaldo nos fatos: quando ele foi para a universidade, ela tinha menos membros do que os que assistiram às suas aulas em seus últimos anos de vida.

O pai de Burckhardt veio de um ramo menor e mais pobre do clã – alguns deles viviam com estilo, o estilo sóbrio de uma cidade livre, enquanto outros fizeram votos religiosos. Seu pai estudou teologia em Heidelberg quando a influência de Schleiermacher ainda era ascendente, e nunca se afastou do ensinamento humano e tolerante do "Segundo Reformista". Ele era ligado à Igreja na época em que seu filho nasceu, e era tão apreciado como homem e como pregador que a congregação o elegeu antiste, posição correspondente a deão, e *primus inter pares*. Ao que tudo indica, ele era uma pessoal agradável, convencional, autor de um ou dois modestos livros de história e teologia, cujo talento para desenhar talvez tenha inspirado seu filho. Infelizmente, Burckhardt destruiu todas as cartas que escreveu ao pai, e essa ausência cria um falso ar de isolamento na vida de Burckhardt, tão solidamente enraizada na Basiléia.

Houve ocasiões em que ele achou isso sufocante, mas no fim Burckhardt encontrava genuína satisfação em ser conhecido como *"ce vieux monsieur au portefeuille"*, carregando um vasto portfólio de suas aulas sobre arte — até que a idade o obrigou a contratar um empregado. Não havia nele nada de *déraciné*. De maneira automática, Burckhardt fazia parte da fechadíssima sociedade em que nascera, participando naturalmente do legado do passado, das responsabilidades do presente e esperanças para o futuro. Ele via com apreensão as muitas mudanças que ocorreram enquanto viveu, e percebia claramente o quanto do que para ele parecia ser de inestimável valor seria sacrificado a um mundo utilitário. Porém, escreveu Burckhardt, "quanto mais vital e desenvolvido é o sentimento de alguém pela profunda inadequação do homem, menor é a tentação de tomar partido: uma vez que se sabe que nunca houve nem nunca haverá uma Idade de Ouro, sob nenhuma fantástica perspectiva, fica-se livre do tolo desejo de supervalorizar algum período do passado, desesperar-se com o presente ou nutrir absurdas esperanças para o futuro". Naturalmente, acrescenta ele, "devemos manter nossas preferências, pois essas são questão de gosto" — e Burckhardt fez pleno uso dessa ressalva, sem a qual a imparcialidade tende a reclamar os privilégios de um espírito desencarnado, se não de um Espírito do Mundo.

O "ponto de Arquimedes externo aos acontecimentos" de Burckhardt era o tradicional modo de vida que ele descreve como tendo sido determinado por sua criação, por uma harmonia interna e segurança sustentadas por seu senso de "fragilidade das coisas terrenas", e um maduro sentimento pela insuficiência do homem em todas as coisas. A Basiléia era o solo no qual a concepção de tradição de Burckhardt cresceu e se desenvolveu.

* * *

A carta com a qual esta seleção tem início fornece uma espécie de resumo dos interesses e entusiasmos que Burckhardt entrelaçou à sua vida, sem dissipar suas energias ou restringir suas simpatias. Na escola, conta ele em seu *curriculum vitae*, adquiriu o conhecimento dos clássicos que "lhe possibilitaram, a qualquer momento, conviver em termos de familiaridade com a antigüidade", ainda que, como não lhe fizeram trabalhar duramente, "não tomou gosto pelo aprendizado". Entre a saída da escola e a ida à universidade ele passou nove meses em Neuchâtel, cidade de língua francesa, onde descobriu na literatura francesa (que lhe havia sido ensinada na Basiléia por Alexandre Vinet) "um segundo lar espiritual". Na volta, trouxe consigo um ensaio quase completo sobre algumas igrejas góticas suíças, um livro de esboços no qual registrou aspectos arquitetônicos ou decorativos que despertaram seu interesse ou que foram de seu agrado, seus primeiros poemas, *Compositione di Jacopo Bucardo*, e as memórias de uma visita à Itália.

Na mesma carta, escrita em agosto de 1838, Burckhardt confessa com alguma emoção ter sido conduzido por seu professor de teologia, Dewette, ao ponto no qual também ele só poderia ver a vida de Cristo como um mito. A carta era endereçada a Johannes Riggenbach, que, juntamente com Alois Biedermann e, mais tarde, Von Tschudi, eram seus amigos mais íntimos nesse período. Todos os três estudavam para tomar votos religiosos, e foi com eles que Burckhardt deu prosseguimento aos argumentos que começaram a se desenvolver com as opiniões de Dewette. Ele não discutia a questão com sua família, exceto em uma ocasião em que, segundo admite, deixou-se levar em uma conversação com a irmã mais velha. A carta que ela lhe enviou no dia seguinte o tocou profundamente, mas, com exceção desse incidente, suas relações com a família não foram perturbadas; as disputas teológicas nas quais ele tão desafortunadamente se envolvia mantinham-se apartadas das profundas convicções que compartilhava com os familiares. Quando Burckhardt abandonou a teologia, diz o professor Kaegi, ele não abandonou o cristianismo em seu sentido mais profundo. Nem tampouco isso o fez sentir que houvesse rompido com a tradição ou se rebelado contra o passado. E uma vez que atingiu a clara compreensão de seu posicionamento em relação à teologia e à Igreja, e começou a considerar suas posições e disposições religiosas, foi à sua irmã Louise que confidenciou sua crença na Providência e "na soma dos ensinamentos de Cristo... a lei do amor e do sacrifício pelos outros". O *ressentimento* de homens como Nietzsche e Overbeck lhe era inteiramente estranho.

A maioria dos amigos de Burckhardt encontrava-se, a princípio, entre os "ortodoxos", mas logo foram envolvidos pela primazia do racionalismo, embora posteriormente alguns deles voltassem a adotar pontos de vista mais conservadores. Burckhardt não se alinhava com partido algum, e, ao mesmo tempo em que admitia a força da crítica racionalista à posição "ortodoxa", nunca aceitou a reinterpretação do cristianismo que se seguiu, e uma das conseqüências duradouras de suas discussões nessa época foi uma vitalícia aversão por teólogos liberais e desprezo por suas filosofias hegelianas da fé.[1] É em oposição a elas que Burckhardt fala sobre permanecer um herege "honesto". A honestidade intelectual de suas posições, que o deixou livre para o futuro, é remanescente da rejeição de Kierkegaard pelos "ortodoxos" e racionalistas, objetos de tantos de seus primeiros comentários em seu *Diário*.

Em pouco mais de um ano, enquanto Burckhardt terminava os estudos teológicos na Basiléia, acontecimentos em Zurique finalmente lhe confirmaram a justeza de sua atitude. David Friedrich Strauss, o autor da *Vida de Jesus*, recebeu uma nomeação para Zurique, local onde seus pontos de vista radicais tanto haviam ofendido a opinião pública que o insulto que sua presença como professor representava para o cristianismo acabou em levante. Os conservadores obtiveram um êxito temporário ao anular a nomeação, mas não sem que mortos e feridos contribuíssem para aprofundar ainda mais o conflito entre a *intelligentsia* liberal e o partido da Igreja. Biederman era, então, ardoroso defensor de Strauss, e Riggenbach, um convertido a Hegel. A partir daí, as relações de Burckhardt com seus amigos suíços tornaram-se difíceis. Para Burckhardt, o *Züriputsch* proclamava o início de uma longa e amarga disputa entre a *intelligentsia* e a Igreja, como que uma extensão do argumento teológico no mundo da política, onde questões teológicas muitas vezes não passavam de *slogans* partidários. Ele não tinha o menor desejo de se envolver nesse conflito, que lhe parecia um elemento desagregador da tradição, nem tampouco de aliar-se aos racionalistas ou aos "ortodoxos".

---

[1] Ver a carta a Von Preen escrita em 1878, p. 297-298.

O cristianismo, acreditava Burckhardt, pelo menos em suas formas teológicas e institucionais, já tivera dias melhores. As controvérsias e conflitos simbolizados pelo caso Strauss pareciam-lhe profundamente maldirigidos e contrários aos interesses da própria religião — apesar do fato de que a forma na qual a religião iria novamente aparecer era algo que só o futuro poderia dizer. "Burckhardt", escreveu Biedermann não muito depois, "às vezes liga-se a nós [a ele e a Riggenbach], às vezes a um, às vezes a outro, quase sempre perturbando nossas relações com seu ciúme afetado, que parece a ponto de tornar-se quase natural... Mas ele realmente não é um de nós, e gradualmente se afasta". As amizades de Burckhardt naqueles anos flutuavam com seus humores, com as demandas que fazia a seus correspondentes, com seu desejo de ajustar-se aos outros. Ele talvez tivesse consciência dessa crítica, e falava de sua resolução de "deixar de lado todo sentimento" — resolução que reaparece mais tarde em sua vida, quando suas relações com os outros foram canalizadas e receberam algo como um molde formal. As mais duradouras amizades de sua vida eram formais, e o pouco que diz a respeito de si mesmo induz à idéia de que a razão que o levou a nunca se casar pode estar ligada à mesma limitação de temperamento que perturbava suas amizades. Quando sua irmã Louise escreveu em 1841 para dar a notícia de que Maria Oser, por quem ele havia se apaixonado, ficara noiva em sua ausência, Burckhardt respondeu que, conhecendo o homem com quem ela iria se casar, restava-lhe apenas resignar-se, e que sentia-se obrigado a reconhecer que possuía um caráter "por demais apaixonado" para fazê-la feliz. Isso era mais do que uma frase convencional, e o tom emocional de muitas de suas primeiras cartas —

fazendo-se as devidas concessões ao exacerbado romantismo da época – era excessivo e controlado apenas muito gradualmente para que sua espontaneidade natural e originalidade pudessem encontrar expressão.

"O que aconteceu anteontem em Zurique", escreve ele para Schreiber, "faz-me lembrar uma vez mais o quão perigoso e pecaminoso seria em tempos como esses, quando a posição da Igreja é tão instável, dedicar a vida à teologia sem um inequívoco chamado interior". Foi Schreiber, ele próprio, um "desertor *ex theologorum castris*", que, no fim, estendeu a Burckhardt uma mão amiga e lhe indicou o caminho para fora da floresta. Heinrich Schreiber era um respeitável historiador para quem Burckhardt fizera alguns trabalhos nos arquivos da Basiléia. Ele nasceu em 1792 em Freiburg im Breisgau, estudou para o sacerdócio em Meersburg, no lago Constança, e retornou a Freiburg como professor de teologia moral. Em Meersburg encontrou Dalberg, o primaz, e aprendeu sua teologia na escola onde o catolicismo foi mais profundamente afetado pelas doutrinas do Iluminismo, principalmente por causa de Dalberg e Wessenberg. A religião que era ensinada e que, por sua vez, ele passou a ensinar como professor de teologia moral era uma ética e diluída versão dos Evangelhos, sem os milagres e mistérios e almejando libertar-se de Roma e do voto clerical de celibato. Seus pontos de vista encontraram considerável oposição em Freiburg, mas o sábio vigário Savoyard reteve sua nomeação por dez anos antes de empurrá-lo para a faculdade de filosofia da universidade, onde ensinou história. Finalmente, em 1844, quando aderiu formalmente à "Igreja Católica Alemã", de Ronge, retirou-se para uma vida privada, casou-se e viveu pacificamente até 1872, trabalhando em suas historiografias. Schreiber era uma figura roliça, alegre e diligente, um filósofo à maneira do século dezoito, que acoplava o ponto de vista iluminista ao entusiasmo romântico da Idade Média. Ele parece ter sido uma pessoa sem ambições, exceto a de reformar a Igreja. Foi o exemplo de Schreiber que ajudou Burckhardt a achar a solução prática para suas dificuldades e encontrar no estudo da história uma alternativa à "devoção de sua vida à teologia".

Burckhardt não interrompeu seus estudos teológicos, e formou-se no ano seguinte. Quando o pai concordou que ele ensinasse história, o procedimento natural seria ir para Berlim e trabalhar sob a supervisão de Ranke.

Ele deixou a Basiléia no fim do verão de 1839 com Jakob Oeri, o mesmo companheiro de viagem que o acompanhara à Itália três anos antes e que mais tarde desposaria sua irmã Louise. Eles passaram cinco semanas viajando, parando em Munique, Regensburg, Nuremberg e Bamberg, deixando apenas poucas horas para a galeria em Dresden e ignorando a cidade de Augusto, o Forte, que dois anos depois iria impressionar Burckhardt de maneira tão favorável: "era o tempo certo para estar em Berlim". Mas, quando ele chegou lá, a cidade pareceu-lhe quase tão desinteressante quanto a planície arenosa na qual se situava, onde as "*soit-disant* colinas" serviam apenas para lembrar-lhe do cenário que poderia estar desfrutando nos Alpes e além deles. Berlim, contudo, foi redimida pelos museus e pela excelência de sua ópera. Cinqüenta anos depois, ele recordou-se de *Armide* e da música polifônica que ouvira pela primeira vez em Berlim. Sua mais profunda impressão e seu ganho mais duradouro, porém, foi a "escola histórica", onde ele sentou-se com os olhos arregalados de espanto com as primeiras conferências de Ranke e a concepção de história, de método histórico e de apresentação que elas lhe revelaram.

Entre a meia dúzia de nomes que fizeram Berlim famosa – Ranke, Grimm, Böckh e outros – Ranke era o que ele mais admirava, e de quem menos gostava. Burckhardt nunca perdia a chance de contar uma história que lhe fosse desfavorável. Droysen também era por ele classificado como um dos grandes, mas Droysen logo partiu para Kiel. Entretanto, a influência dos dois – em particular a de Ranke – foi inteiramente passada por meio do intelecto, conforme disse Burckhardt, e ele começou a sentir a falta de um "amigo paternal", como Schreiber. *Viri doctissimi*, descobriu ele, eram ciumentos e dados a intrigas a fim de se promoverem.

Quase ao mesmo tempo em que expressava suas queixas a Schreiber e lamentava a distância que o separava de Freiburg, ele conheceu Franz Kugler, que viria a se tornar para Burckhardt tudo e ainda mais do que Schreiber jamais poderia ter sido. Como professor de história da arte – um assunto novo que o deixava livre do interesse excessivo de seus colegas –, Franz Kugler podia mover-se à vontade à sua própria maneira. Quando jovem, levara uma existência boêmia, e somente se estabeleceu, formou-se e passou a fazer parte da universidade quando seu casamento o forçou a ter rendimentos estáveis. E, quando Burckhardt recorreu a ele, encontrou o que queria: um guia que mantinha o frescor das opiniões e o entusiasmo de um amador, e que partilhava de seus principais interesses. Em pouco tempo, Burckhardt já estava acompanhando seu gordo amigo em seus passeios e ao piano, e aprendia com ele a "manter-se em seus próprios pés". Foi Kugler que lhe deu a coragem de abraçar seu amor pelas artes e pela história, de reconhecer sua "enorme sede pela contemplação" como o traço fundamental de sua constituição espiritual, e o introduziu à história como "a mais elevada forma de poesia".

Ao longo do inverno de 1840, Burckhardt afastou-se gradualmente de seus amigos suíços e encontrou-se, enfim, em meio a um grupo de jovens que não mais questionavam a cor de seu patriotismo ou de sua teologia. A "maravilhosa camarilha" à qual ele teve acesso inflamava-se com os últimos raios do romantismo, ainda literário e estético no tom, mas com o embrião de um interesse político que iria crescer e, por fim, semear dúvidas entre eles. A "camarilha" reverenciava o passado e deleitava-se com a Idade Média, suas catedrais, sagas e poesias, mas seu amor pela "Teutschland" tinha uma pequena âncora no presente e oscilava entre um passado distante e um glorioso futuro, quando ela iria realizar seu destino cultural e ressuscitar sua prosperidade nacional e sua unidade sobre a firme fundação das liberdades constitucionais. Seus pontos de vista eram um último eco do estado de espírito de 1813, com sua literatura política e sua política literária. Nacionalismo e socialismo andavam lado a lado com facilidade.

Todo esse "entusiasmo" e os laços emocionais que os faziam prosseguir juntos deram a Burckhardt um novo senso de liberdade, o de penetrar no grande mundo. Apenas dois de seus novos conhecidos estudavam teologia; Eduard Schauenburg, que se tornou diretor de escola, e Siegfried Nagel, eram estudiosos clássicos; Hermann Schauenburg ensinava medicina em Leipzig, e a postura de ambos era liberal. Por algum tempo, Burckhardt, sem dúvida tendo em mente as aulas de Ranke, "teve a coragem de ser conservador", mas, apesar de vir a falar de seus princípios liberais, não o fazia no sentido estritamente político. Além disso, concordava-se que Burckhardt tinha *eine künstlerische, goethesche Natur*, e sua superioridade goethiana o autorizava a manter opiniões conservadoras afinadas com as do poeta e sábio.

* * *

O centro do novo universo de Burckhardt era Gottfried Kinkel, que se impôs sobre os demais por sua presença, sua energia, sua fluência e uma inteligência errante que se mantinha na superfície das coisas. Quando Burckhardt deixou Berlim no início do verão de 1841, o fez, para seu próprio espanto, com pesar. Ele se destinava a Bonn, e levava uma carta para o irmão de Eduard Schauenburg em Leipzig e outra para Kinkel. Burckhardt havia escolhido Bonn para que pudesse estar perto de Colônia, local que precisava visitar por conta de um ensaio que escrevia para o seminário de Ranke, e pelas conferências de Wolter sobre lei canônica. No caminho visitou Hildesheim, Leipzig e Frankfurt, fez uma pausa para estudar e desenhar as igrejas "bizantinas" enquanto descia o Reno e, após um fantástico dia em Colônia, refez o caminho para Bonn em um estado de entusiasmo por tudo o que fosse alemão que suprimiu as preocupações com os deveres acadêmicos e o preparou para o encontro com Kinkel.

Gottfried Kinkel foi o primeiro habitante do Reno na universidade que o governo prussiano instalara em Bonn para que pudesse manter o controle sobre a educação universitária, evitando assim que caísse nas mãos do arcebispo de Colônia. Kinkel era luterano por nascimento e teólogo por treinamento, mas suas simpatias estavam com a população católica, de cujos sentimentos antiprussianos compartilhava. Ele "já era um socialista sem que o soubesse", como confessa em sua autobiografia, e sua indignação, açulada pela desastrada administração da província, ecoava o espírito de rebelião que crescia entre as pessoas.

Dois anos antes, Kinkel encontrara Johanna Matthieux em Colônia e ambos apaixonaram-se à primeira vista. O romântico relacionamento foi o início da tragicomédia que envolveu os dois. Johanna havia sido casada por um breve período com um editor católico em Colônia, do qual divorciou-se sob a alegação de crueldade. Sua posição após o divórcio foi facilitada pela generosidade de Bettina von Arnim, a "benfeitora" de Burckhardt em Berlim. A fama e as conexões de Bettina eram suficientes — ao passo que as de Johanna não eram — para permitir-lhe que tratasse com indiferença as convenções de uma sociedade católica já em atrito com a Prússia acerca das leis de casamento. Quando jovem, Bettina Brentano insinuara-se para Goethe, e o velho respondeu com cartas que ela reuniu em um livro, com certos trechos que horrorizaram seu irmão Clemens, o poeta, agora convertido e reformado, e surpreenderam até mesmo Sainte-Beuve. O sucesso de seu livro repetiu-se quando ela fez o mesmo com as cartas de sua amiga Karoline Günderode, que pôs um fim em seu caso de amor sem esperanças com o historiador Creuzer ao jogar-se no Reno. Pouco depois, Bettina mudou-se para Berlim e foi viver com a irmã, viúva de Friedrich von Savigny, perto de Ranke, a jóia rara da escola histórica.

Quando Bettina voltou para Berlim, Johanna seguiu Kinkel para Bonn, onde passou a viver com a mãe e a ganhar a vida dando aulas de música, organizando e regendo concertos (nas cartas ela é chamada de Diretora) e até mesmo, em uma ocasião, uma ópera de Handel. Ela era divertida e uma bem-vinda distração na sociedade de Bonn, mas a falta de tato de Kinkel ao anunciar sua união, enquanto Johanna ainda não estava apta a casar-se legalmente, os colocou em dificuldades, pois, naquela época, ele ainda dava aulas de teologia em Bonn, pregava em uma igreja em Colônia e ensinava em uma escola para moças. Mas, apesar de Kinkel não poder se dar o luxo de perder suas funções, tanto ele quanto Johanna cederam à compulsão de forçar sua relação garganta abaixo de amigos e colegas. Eles fundaram um clube de poesia – o *Maikäferbund* das letras –, organizavam saraus musicais e expedições pelos arredores, onde faziam piqueniques, cantavam suas canções, recitavam seus poemas e declamavam suas peças teatrais. Quando retornavam de um de seus passeios, o barco no qual o grupo cruzava o Reno foi abalroado e afundado por um vapor propelido por rodas, cuja proximidade a escuridão os impediu de ver. Kinkel conseguiu ajudar Johanna a chegar até margem, e o restante do grupo também foi salvo. Na tensão emocional que seguiu a experiência de terem escapado por um triz, o casal decidiu anunciar o noivado. O fato de Johanna ser concomitantemente divorciada e católica desagradou profundamente aos superiores de Kinkel. Ele foi demitido de forma peremptória por sua congregação e pela escola onde ensinava, e somente prolongadas negociações evitaram que ele renunciasse à universidade. No fim, o caso foi resolvido: Kinkel obteve permissão para se transferir para a Faculdade de Filosofia e chamar suas aulas pelo que elas haviam sido nos últimos tempos, aulas de história da arte. Johanna facilitou sua situação tornando-se protestante, mas continuou sentindo-se perseguida pelos "filisteus", desejando ao mesmo tempo ser emancipada e não cair no ostracismo.

Foi nesse ponto da carreira de Kinkel que Burckhardt chegou a Bonn. Naquele momento eles tinham, ou pareciam ter, tudo em comum, e Burckhardt podia encontrar em seu conhecido uma versão dramatizada de alguns de seus conflitos intelectuais e morais, levado pela ilusão de que eles estavam seguindo na mesma direção. Sua amizade foi selada pela admiração mútua, e Kinkel, que começara a pensar em si mesmo como o poeta de um renascimento nacional — antes de se tornar o porta-voz da revolução —, encontrou em Burckhardt todos os dons e talentos que ansiava possuir. Burckhardt, escreveu Kinkel poucos anos depois, "era um virtuose em desfrutar da vida, um *connoisseur* de todos os assuntos estéticos que havia saqueado a cultura do mundo para seu próprio enriquecimento. Ele sabe tudo; onde crescem as uvas mais doces nas margens do lago Como, e pode indicar-lhe, de maneira casual, as melhores fontes para uma biografia de Nostradamus... Então se joga em um sofá, fuma meia dúzia dos melhores charutos de Manilha e escreve para você uma fantasia sobre o amor de um dos príncipes bispos de Colônia pela filha de um alquimista". Contudo, na época em que compôs um retrato um tanto extravagante de Burckhardt, Kinkel estava na prisão em Spandau por suas atividades revolucionárias, e a conclusão de sua carta oferece uma generosa interpretação de seu rompimento. "Quem poderia pedir que uma vida tão prazerosa fosse voluntariamente jogada de encontro às baionetas da história moderna?"

Burckhardt passou o verão em Bonn e retornou na primavera de 1844 para ser o padrinho do casamento de Kinkel. Quando eles se encontraram novamente, no outono de 1847, Kinkel já havia se lançado inteiramente em suas escapadas políticas. Em 1848, Kinkel ficou ao lado dos republicanos e, após tomar parte em diversos levantes, uniu-se à revolução no Palatinato, onde foi ferido e feito prisioneiro em 29 de junho de 1849. A sentença de morte, após um apelo feito por H. Schauenburg, foi comutada para prisão perpétua.

Kinkel tinha a habilidade de ser a pessoa da qual as outras falavam, e mantinha uma concepção simples e pessoal da técnica da revolução que exasperava Karl Marx. Resgatado da prisão por sua esposa e por Carl Schütz, fugiu para a Inglaterra com Johanna e seus três filhos. Lá, tornou-se o líder, conforme observa Herzen, de "uma das centenas de seitas alemãs". Sempre, de alguma maneira, um clérigo, complacente e satisfeito consigo mesmo, ele lembrava a Herzer um mordomo em uma grande mansão: "a cabeça de Júpiter nos ombros de um professor alemão". Sua vaidade era, aparentemente, a única desculpa para o crescente ciúme de Johanna, apesar de Herzen também ter percebido sua absurda submissão à mulher. Subjugada pela tensão do exílio e do empobrecimento, Johanna, por fim, perdeu a razão e jogou-se da janela de sua casa em Londres.

Oito ou nove anos depois, quando Kinkel dava aulas de história da Arte na Politécnica de Zurique, visitou Burckhardt na Basiléia. Apesar de a visita nunca ter sido admitida, ele referiu-se a Burckhardt nos melhores termos em sua autobiografia, citando-o como o homem mais talentoso que jamais conhecera, e mencionando sua amizade como a maior perda que o exílio lhe causara – demonstrando uma generosidade que Herzen não conseguiu detectar. Burckhardt, por sua vez, havia certamente admirado Kinkel da mesma maneira indiscriminada, até que ele provou ser tudo o que Burckhardt mais detestava, um esquerdista presunçoso que se intrometia na política sem um conhecimento elementar das questões práticas nem a compreensão real dos problemas mais profundos que ela envolvia.

* * *

Burckhardt assistiu ao casamento de Kinkel em maio de 1844 e passou seis meses em Paris antes de retornar a Basiléia. Depois da liberdade de sua vida na Alemanha, achou suas obrigações sociais enfadonhas e seus companheiros esnobes, filisteus e dados à fofoca. Johanna escreveu aconselhando-o a alardear suas opiniões e a esnobar os filisteus, como ela e Kinkel teriam feito, mas Burckhardt respondeu que desejava somente viver e deixar viver: ele não era uma fênix, escreveu, para impor suas opiniões aos outros, e estabeleceu-se ensinando na universidade (sem um cargo oficial) e complementando seus rendimentos revisando artigos da *Brockhaus Encyclopaedia*, que Kugler lhe passava, e escrevendo no *Kölnische Zeitung*. Quanto ao resto, vivia tão reservadamente quanto podia. Johanna teria gostado de ouvir que ele estava apaixonado. Mas Burckhardt limitou-se a responder que não tinha intenções de "prender-se às bolsas cheias de dinheiro dos industriais" fazendo um *mariage de convenance*, e intuía que o casamento não era para ele. Esse era o preço, acrescentou Burckardt, que o destino lhe cobrava pelos dons e pela boa sorte que lhe dera em abundância em outros aspectos de sua vida.

Os dons de Burckhardt, na verdade, não haviam passado despercebidos. No início do ano seguinte, o proprietário e editor de um dos mais importantes jornais conservadores, o *Basler Zeitung*, Andreas

Heusler, pediu-lhe que editasse o jornal sob sua direção. Heusler era advogado, um homem rico e de consideráveis realizações, envolvido em tudo o que acontecia na Basiléia, e em uma posição de grande influência na Suíça. Ele acreditava que um jovem promissor deveria ser encorajado e introduzido gentilmente na carreira que sua posição e seus talentos pediam. As inegáveis realizações acadêmicas de Burckhardt precisavam ser amparadas por experiências práticas na política e na administração, de modo que, com o tempo, ele iria sujeitar-se a se moldar e a desempenhar seu papel em cargos administrativos e na universidade. Burckhardt aceitou sem entusiasmo, movido principalmente pelas vantagens financeiras que o cargo oferecia, ainda que agora isso pareça pouco. Ele já estava poupando para uma viagem à Itália e não tinha intenção de ficar preso pelo Estado tanto quanto não tinha intenção de ficar preso pela Igreja.

Os dezoito meses durante os quais Burckhardt editou o *Basler Zeitung* renderam-lhe mais do que esperava. Ele foi jogado de cabeça no conflito cuja chegada anteviu em 1839 e impelido a seguir de perto os debates, os agitadores e os eventos que, três anos depois, levariam à eclosão de uma guerra civil. Foi um amplo corretivo para as opiniões rarefeitas de Kinkel que por quatro anos ele ouvira no salão de Bettina, na Alemanha. As razões aparentes da disputa entre os radicais, os conservadores e os cantões católicos era o retorno dos jesuítas para ensinar nas escolas. Os radicais agarraram-se à questão jesuíta, para desconforto de seus oponentes protestantes, e o *Basler Zeitung*, por exemplo, tinha de combater os radicais sem apoiar os jesuítas, permanecer fervorosamente conservador sem levar a pecha de pró-clerical. Nem sempre Burckhardt era bem-sucedido em suas tentativas de seguir o caminho do meio, e sua expectativa de dar uma lição tanto aos radicais quanto aos absolutistas não se concretizou.

Contudo, se em algumas ocasiões ele fracassou ao lidar com circunstâncias difíceis, a experiência teve um valor inestimável e cristalizou sua postura de uma maneira que nenhuma outra situação poderia ter feito. Seu conhecimento do passado foi, a partir daí, apoiado por sua familiaridade com a técnica da demagogia, da agitação e do uso de *slogans* idealistas e de meias-verdades. A experiência de Burckhardt com clérigos e anticlericais e com a confusão de religião e política que acabou levando ao *Sonderbundkrieg* poderia ser comparada à experiência de Péguy com o caso Dreyfus: ele aprendeu a olhar para os líderes por trás das idéias e frases, e a ver o que o poder significava.

Apesar de suas reclamações de que o *Basler Zeitung* lhe ocupava todo o tempo, Burckhardt continuou ensinando, e em 1844 ganhou o título honorário de professor da universidade, na qual ainda não havia vaga para ele. À parte o "fastidioso ofício" de jornalista, ele começou a apreciar o lado agradável da vida na Basiléia, que tinha a única universidade, dizia ele, onde ainda havia algum tipo de vida acadêmica e os professores não brigavam feito cães e gatos.

Em 1845, ele anunciou uma série de conferências sobre história da pintura e, encorajado pelo sucesso de seu empreendimento, decidiu dar-lhe seqüência com uma segunda série. Porém, quando tentou retomar o assunto, descobriu que suas críticas à escola de pintura "cristã" dos Nazarenos tinham ofendido parte de sua audiência, e que os "pietistas", como ele os chamava, estavam se valendo de intrigas para impedi-lo de continuar com a mesma veia "mundana". Burckhardt também suspeitava de que Heusler era co-responsável pelo conluio. Contudo, apesar das dificuldades, ele perseverou, fez sua segunda série "ainda mais mundana", e, após ter se demitido do jornal com suficiente dinheiro poupado, preparou-se para partir para Roma. Burckhardt mal podia esperar para deixar todos os "ismos" e "istas" da política e das ideologias para trás e mergulhar no passado. Ele sabia que seus amigos alemães o acusariam de estar fugindo, e iriam querer que ele tomasse parte na revolução. A carta para Schaunburg datada de 5 de maio de 1846, quase uma das últimas escritas na Basiléia, fornece sua resposta e termina com um sinal da visão prática do futuro trabalho que ele já tinha em mente, sua esperança de retornar à Basiléia "para ensinar a velha cultura da Europa durante os inevitáveis períodos de calmaria no processo revolucionário".

* * *

"Nunca serei feliz longe de Roma", escreveu ele a Kinkel logo após sua chegada. Burckhardt sentia-se feliz como somente se sentira em Bonn, o que era inexplicável, pois não estava apaixonado nem cercado de amigos. A única coisa que podia dizer era que "sentia a harmonia de cada sentido", de uma maneira nunca antes experimentada, e que era assolado pela sensação de felicidade, por nenhuma razão externa aparente, na primeira plataforma das escadarias do Palazzo Farnese, por exemplo, ou postando-se junto à Fontana de Trevi. Mas seu arrebatamento mal havia começado quando ele teve notícias de Kugler, que lhe oferecia um bem-remunerado emprego na Academia de Arte em Berlim. Em parte por causa de Kugler, mas principalmente porque tinha que pensar em sua carreira, Burckhardt aceitou e deixou Roma. Após uma semana ou duas em Nápoles, Florença e Veneza, refez o caminho através dos Alpes para a Basiléia. Viajou via Bonn para ver os Kinkel e foi direto para Berlim.

Não há indicações de que Burckhardt tenha tentado retomar sua antiga vida em Berlim. Ele não menciona sua "benfeitora" Bettina e garante a Kinkel que não viu ninguém além de Kugler e dos poetas Paul Heyse e Geiger, amigos de Kugler, cuja poesia superava de tal forma a sua própria que o fez sentir-se desencorajado. Normalmente, porém, o trabalho não impedia Burckhardt de ver os amigos. Por isso, é mais do que provável que ele tenha evitado deliberadamente os círculos nos quais antes se movera. Sabia-se que tanto Kinkel quanto Schauenburg tinham opiniões perigosas, e suas próprias opiniões eram agora demasiado definitivas para permitir-lhe fazer todas as concessões que antes consentira fazer. Tão logo seu trabalho acabou, foi novamente para o sul, viajando via Viena e Trieste e margeando a Suíça, onde a guerra civil dificultava as viagens. Burckhardt retornou à Basiléia somente no início do verão de 1848.

Durante a década seguinte, a vida de Burckhardt oscilou entre a Basiléia, onde permaneceu até que não mais conseguisse suportar a cidade, e a Itália, onde viveu tanto quanto seu dinheiro permitiu. Mas mesmo na Basiléia não se sacrificou inteiramente a uma carreira e recusou o convite para ser o curador do museu, a fim de que pudesse ter tempo para seu próprio trabalho. Ele já estava pensando em *O Tempo de Constantino, o Grande*.

Foi na Basiléia, em 1849, que Burckhardt soube da prisão de Kinkel. A notícia, que estava longe de ser inesperada, significou o rompimento definitivo de sua amizade. Kinkel nunca mais foi mencionado. Burckhardt imediatamente enviou algum dinheiro para Johanna e as crianças, pensando que deveriam estar em dificuldades. Kinkel nunca ganhara muito dinheiro. Com exceção de Eduard Schauenburg, todos os seus amigos alemães se afastaram. Ele não fez nenhuma tentativa de impedir o rompimento, mas confessou a Schauenburg que nunca poderia substituir os amigos de sua juventude, e que jamais teria acreditado quão solitária a vida pode ser aos trinta. Schauenburg acabara de noivar, e Burckhardt estava apaixonado, mas os pais da jovem não achavam que sua união fosse adequada. O volume de poesia anônima que ele publicou no fim do ano no dialeto da Basiléia, *E Hämpfeli Lieder*, refere-se com genuínos sentimentos ao seu infeliz caso de amor. Foi a última vez, e talvez a única, em que Burckhardt esqueceu, ou tentou esquecer, que não estava destinado a se casar. Uma nota de melancolia entremeia-se a suas cartas, e, apesar de ele ocultar seu estado de espírito, levou algum tempo para que retomasse sua alegria natural.

Burckhardt permaneceu na Basiléia ensinando e dando conferências até 1852, quando, em um momento de irritação, renunciou ao cargo na escola e, ignorando o conselho de Schreiber, escapou para a Itália. A reorganização do currículo lhe deu algum trabalho adicional, e, sem nenhuma perspectiva de um serviço imediato na universidade, sentiu que precisava de uma mudança. O resultado de sua viagem foi o *Cicerone*, "um guia para desfrutar da arte na Itália", compilado e concluído em pouco mais de um ano. Mais tarde ele fingiu horrorizar-se com a rapidez e *insouciance* com que realizou o trabalho, cobrindo toda a história da pintura, escultura e arquitetura na Itália. Na verdade, Burckhardt orgulhava-se do "Tchitch", e deixou que outros se debatessem com a tarefa de corrigir seus erros ou omissões, porém retendo seu charme, até que os editores descobriram que o livro de Burckhardt transmitia muito melhor seus gostos e desgostos na forma original. Nietzsche o recomendou como um bom substituto a uma viagem a Roma.

Graças, principalmente, à força do "Tchitch", Burckhardt estava entre os convidados para a inauguração da nova Politécnica, aberta em Zurique em 1855. Zurique oferecia duas vantagens: suas livrarias eram particularmente ricas em material para o trabalho sobre o Renascimento que ele desejava escrever para aquietar a "queixa" que trouxera da Itália; e porque Burckhardt achava que a equipe da nova escola iria empenhar-se em fazer-se conhecida na sociedade, de modo que sua presença não se perderia na multidão. Tudo ocorreu conforme esperava. Burckhardt encontrou companhia adequada, podia ir para o belo interior do país em cinco minutos e achou tempo suficiente, em meio às suas aulas sobre história da arte, para preparar o *Renascimento*.

A vida de Burckhardt começou a tomar forma em Zurique, e as cartas para um de seus pupilos, Albert Brenner, escritas naquela época, estão entre as que ele mais se aproxima de falar de si mesmo. Isso não significa que as cartas se aprofundem nos bastidores por um instante que seja, nem que explorem "as fendas e brechas que jazem tão perto, sob a superfície", e que ele adverte Brennen a não explorar. Ao contrário, Burckhardt não se deixaria encurralar pelo mundo da necessidade e do acaso, à exceção daquele "excelente pão de cada dia, bom e mau". Os pequenos sermões – do tipo que o próprio Burckhardt, admite ele, jamais ouviria – tornam-se o tema de suas cartas à irmã Louise escritas em 1842, e expressam a tradicional filosofia de vida de Burckhardt da maneira mais simples possível. Ao mesmo tempo, revelam claramente por que ele rompeu com tantos de seus "amigos de juventude".

Nem sempre ele foi feliz em suas escolhas, e um temperamento naturalmente alegre e sociável o levou a ver suas relações com os outros em termos simples, o que não contribuía para fazê-las durar. Kinkel não era o único exemplo. Burckhardt encorajou e socorreu financeiramente Böcklin, um pintor da Basiléia, que havia conhecido em Roma em 1848. Pouco depois, Böcklin acusou Burckhardt de lançar mão de intrigas para impedi-lo de obter um trabalho em seu país. O relacionamento de Burckhardt com Paul Heyse também foi interrompido, para ser retomado apenas em bases formais. O fato de que sua tentativa de casar-se não deu em nada — e de ele ter permitido que isso acontecesse — sugere que Burckhardt estava, naquela época, incerto quanto a si mesmo e a seu futuro, apesar de que nada ou quase nada jamais tenha sido publicado a respeito desse episódio de sua vida. Suas instruções de que os *Literaten* não deveriam ter permissão de vasculhar seus papéis após sua morte têm sido respeitadas, e, até que mais fatos estejam disponíveis, as explicações são inúteis. Ao que parece, a característica que Nietzsche observou em Burkhardt, sua tendência não a falsificar, mas, com certeza, a ocultar a verdade, estende-se também às suas relações com os outros. E o tom socrático que irritava alguns de seus críticos como Dilthey e Overbeck deu às suas relações pessoais uma certa inconseqüência. Ele exigia demais ou muito pouco. Na velhice, Burckhardt censurou-se por não fazer tudo o que poderia ter feito por seus pupilos. Ele não era mesquinho com seu tempo, dinheiro ou livros, mas talvez o fosse consigo mesmo, e a certa altura, "não se preocupar com o que os outros dizem" acabou virando não se preocupar com os outros. Quando a ilusão de sua amizade com Kinkel foi exposta, assustou-se, e, a partir daí, para sempre manteria uma certa distância dos outros. Timidez, reserva, modéstia e constrangimento mesclavam-se à repulsa à intimidade e aos jogos de sentimentos e emoções que no passado haviam acabado mal.

Houve uma mudança concreta entre o Burckhardt do primeiro período, de 1850 para trás, e o personagem que emerge na Basiléia, e é significativo que o rompimento deliberado com o passado, que ocorreu então, se refletisse em sua aparência externa. Na fotografia tirada no Palais Royal em 1844, Burckhardt veste-se conforme a moda de 1830, com o cabelo longo como Gautier, gravata frouxa, anel no dedo indicador, em marcante contraste com a reprimida, pouco chamativa figura do último período, bastante contemporânea na aparência, com o cabelo *en brosse*, um alinhado terno preto e chapéu mole preto. Quando jovem ele pensava em si mesmo como um poeta. Em uma das cartas do período intermediário, Burckhardt refere-se a si próprio e a seus companheiros — essa é a impressão que ele desejava transmitir — como alegres filisteus. No fim, porém, quando se encontra entre os *viri doctissimi*, ele se vê como um "arquidiletante", cuja vocação era ensinar. "A palavra amador", diz na introdução de *Reflexões*, "deve sua detestável reputação às artes. Um artista deve ser um mestre ou nada... Por outro lado, no que diz respeito à aprendizagem, um homem pode ser um mestre somente em determinado campo, o que é chamado de especialista, e em alguns campos ele *deve* ser um especialista. Mas se ele não quiser negligenciar sua capacidade de ter opiniões genéricas, ou mesmo seu respeito por opiniões genéricas, então deveria ser um amador em tantos aspectos quantos forem possíveis... De outra forma permanecerá ignorante em qualquer campo que se situe fora de sua especialidade e, talvez, como homem, permaneça um bárbaro".

* * *

Em 1858, a cadeira de história ficou vaga na Basiléia e Burckhardt rapidamente aceitou o posto, feliz por ter sido reintegrado ao lugar ao qual sentia pertencer enquanto seu pai ainda estava vivo. "As décadas que passou em seu escritório", escreve em seu *curriculum vitae*, "seriam as mais felizes de sua vida. Uma sólida constituição permitiu que se devotasse, imperturbável, à sua tarefa, sem ter que adiar uma única aula, até ter sido obrigado a fazê-lo por conta de um acidente ocorrido em maio de 1881. Também em outros aspectos sua existência fluiu de maneira quase que imperturbável. Durante os primeiros anos após sua chegada deu os retoques finais a trabalhos que já estavam em andamento,[2] e, subseqüentemente, viveu apenas para seu trabalho como professor, no qual o constante esforço era mais do que equilibrado por um verdadeiro sentimento de felicidade. De acordo com os requerimentos de uma pequena universidade, via sua função de professor de história como um encorajamento genérico em direção à visão histórica, mais do que como a comunicação de um conhecimento especial. Uma segunda ocupação, ensinar na escola (primeiro nas duas classes superiores, depois apenas na classe superior), tornou-se igualmente para ele uma fonte de contínuo prazer. Isso foi abandonado — contra a

---

[2] Os dois livros sobre o Renascimento começaram a ser escritos em Zurique.

vontade –, a princípio em parte, e mais tarde por inteiro, para que pudesse ocupar-se de um curso tão completo quanto possível de história da arte, simultaneamente às suas aulas de história. Assim, durante os anos de 1882 a 1886, seus deveres acadêmicos somavam dez horas semanais. E, finalmente, o autor das palavras abaixo muitas vezes dava palestras ao público em geral, primeiro com seu próprio ciclo de palestras e depois tomando parte em uma série desse tipo organizada pela universidade.

"Possa a amigável lembrança de seus antigos alunos na universidade, dos pupilos da escola e do público de suas palestras de inverno lhe estar assegurada no além-túmulo. Ele sempre deu elevado valor a todos os aspectos de seu ofício, e desistiu, de todo coração, de qualquer pensamento relativo ao sucesso literário. Uma modesta competência o preservou de ter de escrever por dinheiro na velhice e de viver na servidão das aventuras editoriais.

"Os sinais da idade avançada que se aproximava o obrigaram a requisitar às autoridades que o dispensassem da cadeira de história em 1885; por sua própria vontade, ele ainda manteve a cadeira de história da arte. Problemas asmáticos finalmente o impeliram a aposentar-se por completo em abril de 1893".

Durante quase todo esse período, Burckhardt viveu em dois quartos acima de uma padaria na parte velha da cidade, não muito longe de Minster. Quando Heinrich Wölfflin, seu pupilo e sucessor, o visitou pela primeira vez, espantou-se com a simplicidade e despojamento dos quartos. A maioria dos visitantes mostrava-se igualmente chocada, e mencionava a mesa nua, as gravuras de Piranesi e o piano vertical. Wilhelm Bode, que veio da Alemanha para demonstrar seu apreço a Burckhardt, foi pego de surpresa pela inesperada moradia e confundiu o professor com o padeiro. "Se você deve falar com Jacob Burckhardt", lhe foi dito, "deve tratar comigo". Ele foi inteiramente bem-sucedido em não se parecer com os professores pelos quais nutria pouca simpatia, e o fotógrafo cujo estúdio o persuadiram, por fim, a visitar (Burckhardt tinha total aversão a ser fotografado) o dispensou educadamente, dizendo-lhe que estava esperando um famoso professor.

Burckhardt assumiu relativamente cedo um *voulu* modo de vida, próprio de um idoso, observando com ligeiro interesse clínico a lenta desintegração da "máquina" e adaptando-se resignadamente de maneira a poder prosseguir com seu trabalho. Ele gostava de atribuir sua excelente saúde às caminhadas que fazia nos fins de semana nos arredores da Basiléia e aos colarinhos baixos que sempre ostentava. Além disso, assegurava ele, ensinar era uma das mais saudáveis ocupações, enquanto "aprender a profissão de autor" estava entre as menos saudáveis: ele nem sequer admitia que os *viri doctissimi* tivessem boa saúde, e observava que cada revisão do *Cicerone* custara ao editor sua vida.

A partir de 1864, quando Burckhardt fez arranjos para sua ausência no período do verão, sua vida passou a ser regulada pelo ritmo do ano acadêmico e pontuada por viagens ao exterior, onde renovava e prosseguia seu trabalho nas galerias e cidades da Itália, Alemanha ou França e, em duas ocasiões, em Londres. No fim da década de 1860, ele havia começado a desfrutar da vida como nunca antes. As cartas para Von Geymüller têm início em 1867; as destinadas a Von Preen e Max Alioth, apesar de uma ou duas de uma data anterior, começam em 1870, e entre seu novo círculo de correspondentes alguns, como Von Salis, eram ex-pupilos.

Geymüller era um arquiteto austríaco educado na França e na Inglaterra, cujo trabalho na catedral de São Pedro os aproximou. Von Preen, que ele conhecera em 1864 em uma de suas caminhadas pelas redondezas de Lörrach, na Floresta Negra, era prefeito do distrito, um *Beamter* da velha escola, correto e rígido na aparência, e sua compreensão sobre a administração pública numa nova Alemanha e as implicações futuras em outras mãos que não as de Bismarck evidentemente fascinavam Burckhardt, cuja contribuição complementar ao mesmo tema é assunto de tantas de suas cartas. Nas férias, porém, escrevendo em um café e descrevendo seu dia, Burckhardt, na maioria das vezes, voltava sua atenção para Max Alioth, um velho *bâlois* (que nascera na Basiléia) de rosto redondo e pincenê ligeiramente oblíquo, o exato oposto de Von Preen, alegre, fútil, incapaz de perseverar em coisa alguma, afeito à comida, ao vinho e a brincadeiras do tipo que não podiam ser feitas com Preen.

Poucos de seus correspondentes viviam na Basiléia, e esses, com exceção de sua família, formavam o núcleo de amigos que ele encontrava regularmente no café ou no *Weinstube*. Burckhardt sempre punha sua caneta de lado às oito da noite, apesar do fato de que, à medida que envelhecia, se tornava mais apegado à sua solidão e a seu piano, "como os velhos costumam fazer". Os amigos que o visitavam eram calorosamente bem-vindos e convidados a partilhar de seu vinho favorito, *Château-neuf*, e, se ele estivesse disposto, ofereceria uma *performance* ao vivo de uma ópera ou opereta, ou de uma missa de Haydn ou Mozart, nas quais Burckhardt executava todas as partes com tamanho sentimento pela música que Geymüller ficava arrebatado, a ponto de esquecer inteiramente as imperfeições técnicas. Richard Wagner nunca era mencionado. Mais tarde, ele começou a freqüentar novamente concertos e óperas na Basiléia, como fazia no exterior, mas tratava um virtuose visitante da mesma maneira fria com que tratava os *viri doctissimi*.

✻ ✻ ✻

O único interlúdio nesses quase imperturbáveis anos foi a chegada do novo professor de filologia clássica, o jovem Friedrich Nietzsche. Muito tem se falado desse encontro, mas o fato é que seu aspecto inesperado realçou as características morais e intelectuais de Burckhardt de um modo que as tranqüilas circunstâncias de sua vida na Basiléia não conseguiram fazer. Além disso, Nietzsche passou a representar tão fundamentalmente a moda do niilismo da época que sua presença na vida de Burckhardt evidencia o caráter tradicional do pensamento deste e, num certo sentido, fornece a escala para medir sua importância.

Na velhice, Burckhardt teria gostado, suponho, que lhe deixassem esquecer Nietzsche, já que sua tendência foi a de encobrir os laços que os uniram. Quando Von Pastor se propôs a contradizer a sugestão de que o seu *Renascimento* expressava a mesma visão de tiranos e do poder expressa em *Zaratustra*, de Nietzsche, Burckhardt respondeu que ele sempre vira tais temas como *flagella Dei*, que nunca falara com Nietzsche sobre o assunto e que, de qualquer forma, Nietzsche havia se tornado um "golpe de publicidade" — nas mãos de sua irmã, quis dizer ele. Frau Förster-Nietzsche tinha, de fato, visitado Burckhardt com a intenção de aproximá-lo da mistificação que estava sendo preparada sobre a vida de seu irmão. Burckhardt, porém, adivinhou suas intenções e fez o papel, segundo Wölfflin, de um velho cavalheiro senil. Frau Förster-Nietzsche foi embora de mãos vazias.[3]

Burckhardt e Nietzsche há muito deixaram de ter qualquer coisa em comum. Mas logo que Nietzsche chegou à Basiléia — ele tinha vinte e quatro anos — Burckhardt reconheceu de imediato a originalidade de seu talento, enquanto Nietzsche encontrou no homem mais velho a harmonia de qualidades que despertou sua admiração duradoura.

"Ontem à noite", escreveu ele a Von Geersdorff em 1870, "tive o prazer, que gostaria de ter compartilhado com você acima de todos, de ouvir uma palestra de Jacob Burckhardt. Ele deu uma palestra sem anotações sobre a grandeza histórica que se situa inteiramente dentro de nossos pensamentos e sentimentos. Esse incomum homem de meia-idade realmente não tenta falsificar a verdade, mas encobri-la, apesar de que, em nossos passeios e conversas confidenciais, ele chama Schopenhauer de 'nosso filósofo'. Estou assistindo a suas aulas semanais na universidade sobre o estudo da história,[4] e acredito que sou o único de seus sessenta ouvintes que entende sua profunda linha de pensamento, com todos os seus estranhos circunlóquios e interrupções abruptas sempre que o assunto toca sua problemática. Pela primeira vez em minha vida gostei de uma palestra: e mais, é o tipo de palestra que devo ser capaz de dar quando for mais velho".

A habilidade de Burckhardt de manter as pessoas à distância impediu que a admiração de Nietzsche azedasse e o colocasse con-

---

[3] A versão que ela conta da entrevista está no volume III das cartas de Nietzsche.
[4] *Reflexões sobre a História Universal.*

tra Burckhardt — como ocorreu com Wagner —, e ele continuou enviando seus livros a Burckhardt, esperando por uma palavra de encorajamento, apesar do fato de que as respostas foram se tornando mais formais à medida que Nietzsche passara a obter mais do que aquele "excelente pão de cada dia, bom e mau". Foi sugerido que há traços de "nosso grande professor" Burckhardt no *Zaratustra*. Ele, porém, estava mais próximo do "oponente perfeito" pelo qual Nietzsche procurou em vão entre seus contemporâneos e encontrou em Pascal e Fénelon — uma das muitas passagens reveladoras de *Sanctus Januarius* que Burckhardt prontamente reconheceu como uma das obras mais pessoais de Nietzsche.

No período em que eles se encontraram, porém, não raro as idéias que mais tarde os separavam estavam apenas roçando a mente de Nietzsche. Schopenhauer, a Grécia e a situação européia forneceram muitas opiniões em comum. Ambos eram atormentados pelo medo da guerra, ou melhor, pela era das guerras que os dois anteviam, trazendo em seu bojo a destruição de monumentos e da arte do passado em uma escala capaz de igualar e superar a desintegração espiritual que eles sentiam disseminar-se a seu redor. Durante a Comuna, espalhou-se na Basiléia o rumor de que o Louvre e todo o seu conteúdo haviam ardido em chamas. Ambos correram à procura um do outro, Burckhardt ao encontro de Nietzsche e Nietzsche ao encontro de Burckhardt, e quando enfim se avistaram na rua, retornaram, incapazes de falar, aos aposentos de Nietzsche no outro lado da cidade.

De fato, eles concordavam sobre os perigos à espreita, e, em grande parte, na análise que ambos faziam das causas da enfermidade da Europa. Mas quando Nietzsche começou a revelar a cura,[5] Burckhardt retirou-se para as polidas generalidades – você já pensou sobre o drama? – que faziam Nietzsche sorrir. Pois, por mais que Nietzsche desse voltas e mais voltas ao longo de seu caleidoscópico vôo para sair do desespero, seu desespero era constante: ele acreditava somente em seu mundo, *Diesseits*, e nas multifárias curas que poderiam advir dessa suposição, e que são apenas superficialmente contraditórias. E talvez quando ele se queixa dos circunlóquios de Burckhardt é porque Burckhardt observava uma restrição socrática toda vez que seu pensamento tocava "a questão problemática" da imortalidade. Pois, ainda que seu trabalho como um todo, bem como sua vida, conduzam à crença na imortalidade – e certamente demandam essa doutrina para sua realização –, ele tomava o cuidado de "nunca falar além de seus recursos", pondo lado a lado o tato e as convicções. Já no fim da vida, por exemplo, em uma carta para Von Geymüller, que algumas vezes deve ter procurado, se não insistido, por uma resposta, Burckhardt explica a seu amigo católico que ele não dispõe de bases para acreditar – as bases oferecidas pela revelação – mas que, ainda assim, encarava a morte sem medo ou horror, e que "esperava pelo não-merecido". Novamente, *Griechische Kulturgeschichte*, uma apreciação de Sócrates um tanto crítica e irônica, encerra-se com a reflexão de que, quaisquer que fossem seus defeitos, ele acreditava na imortalidade da alma, "a única base da verdadeira moralidade", e em *Constantino* a força e o poder criativo da cristandade naquele período são vistos como frutos do cerne da convicção cristã, a revelação da vida eterna.

---
[5] Nietzsche esperava que uma Rússia poderosa e ameaçadora fosse unir a Europa.

"O verdadeiro ceticismo", diz ele em *Reflexões*, "tem seu lugar indiscutível em um mundo onde o começo e o fim são desconhecidos, o meio é um fluxo constante, e a melhoria oferecida pela religião [Revelação?][6] está além de nosso alcance. Em certas épocas, o mundo é assolado pelo falso ceticismo, o que não é nossa culpa; e então, de repente, isso já está novamente fora de moda. Mas o verdadeiro ceticismo nunca será demais".

No fim, Nietzsche acreditava que a tranqüila vida acadêmica de Burckhardt na Basiléia era uma máscara. Ele era incapaz de conciliar a aceitação de Burckhardt da realidade cotidiana com seu pessimismo; ele não podia entender a visão tradicional e cristã que Burckhardt descrevera como tendo sido determinada por sua feliz vida familiar e por sua indelével impressão da fragilidade e da incerteza das coisas terrenas, coisas que, reunidas, formavam a base de seu "verdadeiro ceticismo".

Nietzsche não estava sozinho ao achar que a forma de expressão de Burckhardt era fugaz; Dilthey[7] também queixava-se de sua recusa em "seguir o nexo casual em termos abstratos", um "capricho" que, segundo lhe parecia, poderia servir apenas para desper-

---

[6] Em outra parte da introdução às conferências sobre o estudo de história, Burckhardt diz que "história do ponto de vista religioso tem direitos especiais. Seu grande modelo é *Cidade de Deus*, de Santo Agostinho". Ele usa a palavra religião em diversos sentidos, mas parece claro que, nesse caso, o começo e o fim são desconhecidos e incognoscíveis, exceto por meio da revelação. O ponto de vista de Burckhardt me parece próximo ao de Vico, que fala da história como uma "nova ciência" porque, como em Burckhardt, trata-se de conhecimento do homem sobre o homem, ao passo que o conhecimento do homem quanto à natureza, enquanto criação de Deus, é imperfeito e não pode ser completo.

[7] Em sua crítica ao *Renascimento, Ges. Schr.*, vol. xi.

tar oposição e dúvidas. Do princípio ao fim Burckhardt reconhece sua incapacidade de especular, e escrevendo a Karl Fresenius ("apesar de você ser um filósofo") pergunta-lhe se, no final das contas, não seria justificável que ele esclarecesse as questões mais importantes de sua vida e de seus estudos "da maneira como naturalmente me ocorre". "Meu substituto", conclui ele, "é *Anschauung, contemplação*", palavra que é mais facilmente entendida do que definida, que Goethe havia usado com o mesmo sentido genérico, e que significa procurando, vendo, visão, *insight*, intuição, contemplação, e não é nem racionalista nem irracionalista. Por essa razão, Burckhardt nega que tenha qualquer filosofia ou história a oferecer, uma vez que o alfa e o ômega são mistérios e nunca poderemos saber a origem ou o começo de coisa alguma, do Estado, da Religião, da Cultura. O que ele tem a dizer é a respeito do homem, "como ele é, e foi, e para sempre será", uma vez que, sendo homem, o homem nunca lhe será inteiramente estranho. É com esta abertura humanista, que o aproxima de Vico mais do que de seus contemporâneos, que Burckhardt começa o seu *Reflexões sobre a História Universal*.

* * *

No verão de 1868, Burckhardt passou três semanas no lago de Constança para escapar do calor da Basiléia e preparar suas aulas de história. Do início da manhã até o fim da tarde, com uma pausa para a *siesta*, o café e os charutos, Burckhardt trabalhava em sua mesa, lendo e tomando notas. Ao cair da noite, andava até uma taverna a cerca de uma hora de seu hotel, onde bebia um copo de vinho e desfrutava da vista. Foi numa dessas caminhadas, disse ele mais tarde a Heinrich Wölfflin, que todas as suas idéias se encaixaram, e a partir daí Burckhardt passou a dizer que as melhores idéias tornam-se uma única no fim da tarde, quando o trabalho do dia fora feito. Há, na verdade, um eco dessa experiência nas páginas iniciais de *Reflexões*, onde ele diz que "além do trabalho gasto com as fontes, o prêmio nos acena naqueles grandes momentos e horas decisivas quando, das coisas que por muito tempo imaginávamos ser familiares, uma súbita intuição nasce".

Reflexões (as conferências sobre o estudo da história) não representa uma filosofia da história, nem um método, nem tampouco, como Burckhardt finge ser, um mero meio de "relacionar certo número de observações históricas e investigar uma série de linhas de pensamento meio ao acaso". A modéstia da proposta mantém-se apenas no tom e no modo. As conferências são vistas como o *insight* ou a visão que seus estudos de história revelaram, e podem ser ligadas a seus primeiros pensamentos morais e intelectuais quando, após desistir da teologia, ele começou a ver na história a forma na qual sua poesia (sua filosofia de vida) seria expressa.

Foi somente um ano ou dois depois de ter desistido formalmente da teologia que Burckhardt começou a ponderar sobre sua relação "com Deus e com o mundo", distraído que estivera tanto pela descoberta de sua "nova ciência" quanto por seus novos amigos e conhecidos. Quando enfim o fez, escreveu que, para ele, a escolha estava entre "o total mundanismo na maneira de ver e fazer cada coisa" e, como dizia à sua irmã, "a soma dos ensinamentos de Cristo, a lei do amor e do sacrifício". Os termos tradicionais com os quais expressou sua escolha, a alternativa entre mundanismo e não-mundanismo, desaparecem por algum tempo de suas cartas para reaparecerem com toda clareza em seu trabalho. Silenciosamente, e talvez de maneira quase despercebida para ele, a opção se torna a matéria de seus pensamentos e os dois pólos pelos quais sua vida e seu trabalho eram orientados — a base comum a ambos. E para entender as cartas, tanto quanto os trabalhos, é necessário compreender o que Burckhardt quer dizer com mundanismo e não-mundanismo, e como seu ponto de vista ilumina tanto o passado quanto o presente.

"Vamos começar", escreve no *Renascimento*, "dizendo umas poucas palavras sobre a força moral que era, então, o mais poderoso baluarte contra o mal. Os homens extremamente talentosos daquela época pensavam encontrá-la em um sentimento: o de honra. Esse sentimento era uma enigmática mistura de consciência e egoísmo que muitas vezes sobreviveu no homem moderno após ele ter perdido — seja por sua própria culpa ou não — a fé, o amor e a esperança. Esse senso de honra é compatível com alto grau de egoísmo e grandes vícios, e pode ser vítima de surpreendentes ilusões; ainda assim, todos os nobres elementos que sobram na ruína de um caráter talvez possam se aglutinar ao redor dele, e tirar forças dessa fonte".

Essa moralidade "mundana", prossegue ele, tornar-se-ia, no tempo certo, a fé na bondade da natureza humana, a otimista doutrina que inspirou os homens na segunda metade do século dezoito, e que ajudou a preparar o caminho para a Revolução Francesa.

Mais ou menos dez anos depois, em *Reflexões*, que é permeado do começo ao fim pelo temor que Burckhardt sentia por uma Europa inteiramente entregue a "assuntos mundanos", ele retoma a função do sentimento de honra em sua própria época. "Nós podemos nos perguntar", escreve em uma observação adicionada às suas conferências de 1871, "por quanto tempo 'a última poderosa represa' irá resistir ao dilúvio geral." O "mais poderoso baluarte contra o mal" transformou-se, nesse intervalo, na "última poderosa represa", e o sentimento de honra não mais é capaz de oferecer muitas esperanças. O verdadeiro caráter da "crise atual", que então apenas emergia, é indicado por uma questão adicional. "Estamos nós no início de uma crise religiosa? Quem poderá nos dizer? Devemos estar conscientes muito em breve das ondulações na superfície, mas muitos anos terão se passado antes que saibamos se uma mudança fundamental ocorreu".

Essa "mudança fundamental" é comparada, a certa altura de *Reflexões*, à mudança que ocorreu nos séculos três e quatro, e os subterrâneos dos pensamentos de Burckhardt são revelados se nos voltarmos para a análise da transformação apresentada em *O Tempo de Constantino*, escrito em 1852. O *Renascimento* foi, na verdade, uma espécie de apêndice a *Constantino*, e Burckhardt pretendia originalmente ligar os dois a uma série de estudos sobre a Idade Média. Mais precisamente, a descrição da força moral, que desempenhou um papel preponderante na cultura pós-renascentista, é equilibrada em *Constantino* por uma descrição da força espiritual que então passou a agir como uma influência ativa, e é tamanha a importância disso para o trabalho de Burckhardt que convém citá-la em detalhes.

"O modo de vida dos anacoretas tem como premissa o estado não inteiramente saudável da sociedade e do indivíduo, mas insere-se, preferivelmente, em períodos de crise, quando muitos espíritos devastados procuram a calma e, ao mesmo tempo, muitos corações fortes ficam perplexos com todo o aparato da vida e devem iniciar sua luta com Deus distantes do mundo. Porém, se qualquer homem possuído pela preocupação moderna sobre a atividade e sua excessivamente subjetiva visão de vida desejasse instalar os anacoretas em alguma instituição de trabalho forçado, que ele não se veja como particularmente saudável do ponto de vista mental; mas ele não seria mais saudável do que as multidões do século quatro, que eram muito fracas ou muito superficiais para ter qualquer compreensão das forças espirituais que conduziram essas personalidades altaneiras ao deserto... Foram esses anacoretas que comunicaram à ordem clerical dos séculos seguintes a mais elevada atitude ascética em relação à vida ou, pelo menos, a reivindicação a tal atitude; sem seu exemplo, a Igreja, que era o único pilar de todos os interesses espirituais, teria se tornado inteiramente secularizada e, necessariamente, teria sucumbido ao crasso poder material".[8]

A importância dessa passagem está no fato de que ela traz à tona o ponto de vista de Burckhardt de maneira tão clara, a opção entre interesses espirituais e o crasso poder material que é o tema recorrente de *Reflexões* e das cartas a Von Preen. É nesse ponto que a postura de Burckhardt separa-se de modo tão marcante de tantos tipos de humanismo e, mais particularmente, daqueles que derivam, como preceitos intencionais, do Renascimento. E uma vez que sua ênfase no ascetismo e nos interesses espirituais pode sugerir que o "não-mundanismo" de Burckhardt está sujeito às habituais críticas de que uma religião pura reage ou em desespero diante de questões práticas e políticas ou em completa indiferença, mais uma citação do mesmo notável capítulo seria oportuna.

---

[8] Citei a tradução americana de *The Age of Constantine the Great*, p. 323, publicada por Routledge & Kegan Paul (Londres) e Pantheon Books, Inc. (Nova York).

"Para as necessidades de um mundo antigo, cujo domínio pela força dos romanos levara ao desespero na política, o cristianismo oferecia um novo Estado, uma nova democracia e mesmo uma nova sociedade urbana, caso pudesse ter-se mantido puro"[9] – puro do mundanismo.

A relação entre ascetismo e espírito criativo que esta citação implica, e que se estende por todo o trabalho de Burckhardt, é explicada de forma simples e clara pela palestra sobre Pitágoras que integra o *Griechische Kulturgeschichte*. Nessa palestra, ele discute o significado da eclosão espontânea do comunismo entre os seguidores do sábio. O paralelo óbvio, diz Burckhardt, é "o *grande capítulo quatro dos Atos*", no qual o primeiro grupo de cristãos vende tudo o que possui e deposita o que apurou aos pés do apóstolo: "Havia um só coração e alma em todo o grupo de crentes; nenhum deles dizia que suas posses lhe pertenciam, tudo era igualmente partilhado". Porém, em vez desse exemplo, Burckhardt escolhe outro, da Idade Média, na Suíça, extraindo certas conclusões que iluminam toda a sua postura. Em ambos os casos, ele conclui, os homens dividiram entre si suas posses:

"... não com o objetivo de atingir certos fins, não como conseqüência do ódio que a idéia helênica de Estado reservava ao indivíduo; tampouco tal desejo veio de idéias políticas teóricas e muito menos expressava uma invejosa equalização do usufruto da vida – mas surgiu por causa de uma mais elevada e exaltada *Stimmung* (estado de espírito)".

A expressão que Burckhardt usa aqui, "por causa de um mais elevado e exaltado estado de espírito", possui, penso eu, duas ca-

---
[9] Ibidem, p. 127.

madas de significado. Significa que partilhar os bens é uma expressão do estado de espírito na qual há um só coração e uma só alma na comunidade, e que, ao mesmo tempo, esse estado de espírito é encorajado e preservado quando se dispensam as possessões mundanas. A própria *Stimmung* libera a espontaneidade que para Burckhardt parece estar em falta em sua época e que, em certa ocasião, ao escrever de Londres, ele chama de "lazer, a mãe da contemplação e da inspiração que dela emana". Pois um dos pontos nos quais ele concorda com Nietzsche é que o "trabalho duro", como doutrina, era algo destrutivo ao instinto religioso. Mas o lazer, acrescenta ele, tornou-se o privilégio de "alguns poucos felizardos", tomados pelo luxo e igualados pelo ócio, de modo que deixou de ser a oportunidade de que um espírito exaltado necessitava para libertar-se, por meio do ascetismo, do opressivo emaranhado de uma sociedade mundana. Tudo o que Burckhardt escreve contra a segurança e a favor da guerra e a ênfase que coloca nas "crises da história" devem ser entendidos à luz da fé no espírito criativo. Essa é a fé que, em última análise, o separa de Nietzsche e dos pontos de vista deterministas de tantos de seus contemporâneos. Sua visão pessimista do futuro imediato é iluminada e esclarecida por sua esperança.

"A respeito do fracasso da espontaneidade na Alemanha", escreveu ele a Preen em 1872, "as coisas apenas podem ser mudadas pelos ascetas, por homens que são independentes da vida terrivelmente cara das grandes cidades, que estão bem distantes da atmosfera que promove a convivência e a horrível exuberância que está vitimando e a arte a literatura oficiais, por homens que serão capazes de ajudar o espírito nacional e a alma popular a se expressarem". E em outra carta, escrita em 1871, ele diz a Preen que isso só poderá acontecer por meio de "uma nova arte, uma nova sociedade, uma nova religião – digo religião porque, sem uma *Übernatürliches Wollen*, uma vontade sobrenatural, as coisas não podem ser mudadas".

A expressão *Übernatürliches Wollen* significa não mais do que aquele grau de "um elemento além do mundo" sem o qual as faculdades criativas do homem sucumbem ao utilitarismo e ficam cada vez mais ressecadas, incapazes de produzir uma nova arte, uma nova sociedade ou uma nova religião. É também nesse sentido que Burckhardt afirma que a característica de todas as civilizações elevadas é a capacidade de renascimentos. A única parte do mundo em que essa capacidade foi plenamente desenvolvida até os dias de hoje é o Ocidente, e o Ocidente é, por essa razão, o tema central da história.

O Ocidente, diz Burckhardt,[10] é uma unidade viva, ao mesmo tempo mais ou menos coextensiva ao Império Romano quando ele abarcava também o Oriente Médio.[11] "É somente ali", continua

---

[10] Ver os trechos de abertura de *Historische Fragmente*.
[11] A passagem sobre Roma em *Reflexões* é característica dessa atitude e dá o exemplo da ênfase de Burckhardt sobre o espírito das instituições.
"Roma, então, *salvou* todas as culturas do mundo antigo, desde que elas ainda existissem e estivessem em condições de ser salvas. Roma foi, primeiramente, um Estado, e o estudo disso dispensa recomendações, pois aqui, enfim, o πόλις foi criado não apenas para governar, como a Atenas do século cinco, uma clientela de quinze ou vinte milhões de almas, mas que ao longo do tempo dominou o mundo, e não pela virtude da *forma* do Estado (que era pobre o suficiente no século que precedeu César), mas pela virtude do *espírito* do Estado, e o esmagador preconceito contra o indivíduo e a favor da cidadania de um poder mundial. O assunto em questão aqui não é se as monarquias do mundo são instituições desejáveis, mas se o Império Romano de fato atingiu seu próprio propósito, a dizer, agrupar as antigas culturas e propagar o cristianismo, a única instituição pela qual os principais elementos podiam ser salvos da destruição por mãos dos teutônicos".

Burckhardt, "que os postulados do espírito foram realizados; somente ali o desenvolvimento e a transição tornaram-se regra, em vez de declínio absoluto". A história das culturas que contribuíram pouco – ou em nada contribuíram – para essa unidade está além de seu alcance; pois, por mais valiosas que sejam por si mesmas, não são o grande tema central da história. Era apenas uma questão de tempo, garantia ele, para que as "culturas passivas" fossem penetradas e transformadas pela cultura mais vital e espiritual, uma vez que é apenas no Ocidente que o caráter essencial das culturas mais elevadas foi plenamente desenvolvido, e os "renascimentos" tornaram-se regra.

É desnecessário dizer que, para Burckhardt, progresso material não era o mesmo que "atividade". Ao contrário, o aspecto material, o aspecto técnico, pode até se tornar a forma específica da decadência no Ocidente, a fonte da esclerose espiritual, o ensejo para um materialismo crasso que reprime a fonte da espontaneidade – e então somente os "ascetas", homens que não sucumbiram à exuberância material do período, poderiam conduzi-lo de volta à "contemplação".

* * *

Em 1893, Burckhardt foi enfim impelido a abandonar suas aulas de história da arte, e seu pupilo Heinrich Wölfflin chegou, sem avisar com muita antecedência, para continuar com o curso.

A primeira impressão de Wölfflin não foi favorável. A simplicidade do quarto de Burckhardt o surpreendeu, e a simplicidade de suas aulas, a ausência de uma filosofia sistemática o desapontaram. *Das viele Schauen ermüdet*, queixa-se em seu diário, *Anschauungsunterricht*, não fazer nada além de olhar para as coisas era cansativo; a aula era simplesmente uma lição de contemplação. Um ano depois, porém, mostrava-se mais disposto a ouvir, e admitiu que Burckhardt talvez estivesse certo ao recusar-se a considerar a história uma ciência. Gradualmente ele se acostumou à perspectiva pouco familiar e começou a anotar suas conversações com um grau de aprovação cada vez maior.

"Ouvir o segredo das coisas. A disposição contemplativa". Ou, novamente: "O que tem gosto bom *é* bom". "Como o coletor de inscrições encontrará tempo para o trabalho contemplativo? Eles nem sequer sabem seu Tucídides! Não se preocupe com os outros". O que realmente importa é ensinar, e isso poderia ser feito de uma forma melhor permanecendo-se em uma pequena universidade, e não se movendo de lá para cá de trabalho em trabalho e indo em assembléias de eruditos, "onde eles vão farejar uns aos outros, como cães". E, acima de tudo, cuidado com os especialistas que passam a vida corrigindo atribuições de quadros, os *Attributzler*. "Um professor não pode esperar dar muito. Mas, em primeiro lugar, ele pode manter viva a crença no valor espiritual das coisas. E, em segundo lugar, pode despertar a convicção de que existe uma verdadeira felicidade em encontrar tais coisas".

Wölfflin havia se rendido ao encanto de Burckhardt e eles concordavam em tudo, exceto em um aspecto. "Comecei a absorver sua filosofia de vida de modo quase que imperceptível e estou começando a pensar no trabalho e nas relações com os colegas e amigos como ele faz. Ele ainda não fez confissões a respeito de mulheres, mas gosta de colecionar exemplos de casamentos infelizes. E neste ponto pretendo manter o que sobrou de minha liberdade de escolha". Mas em todo o resto as conversações que Wölfflin registrou fornecem um atraente retrato da serena e feliz velhice de Burckhardt.

Porém, mesmo em sua aposentadoria, ele não poderia, a princípio, resignar-se a uma leitura sem objetivo. Continuou retocando suas conferências, e então, apesar de já terem se passado trinta anos desde que pensou em escrever um livro, escreveu *Reminiscências de Rubens*, um pequeno ensaio cheio de lembranças da felicidade que a pintura lhe dera, reunindo a personalidade e o trabalho de Rubens, por quem ele sempre se sentira particularmente atraído. "É uma divertida tarefa evocar a vida e a personalidade de Rubens", começa ele, e sua admiração e apreciação afloram até a última sentença, descrevendo "uma das mais esplêndidas pinturas do Palácio Pitti" (a Paisagem, com Ulisses e Nausícaa) tão espontaneamente como se fosse seu primeiro livro: "e então eles se encontraram, o grego e o flamengo, os dois maiores contadores de história que nosso planeta jamais conheceu – Homero e Rubens".

Ninguém que lesse *Rubens* ou as cartas dos últimos anos descreveria Burckhardt como um pessimista, e se ele próprio fez isso foi por sua impaciência com o otimismo, que via como uma das maiores ameaças ao futuro. "Felicidade", escreve em *Reflexões*, "é a mera ausência da dor, quando muito associada com um ligeiro sentimento de crescimento" – um eco de Schopenhauer que não apresenta nenhuma relação com sua vida e trabalho. O pessimismo de Burckhardt era de um tipo diferente:

"De acordo com a doutrina cristã, o príncipe deste mundo é Satã. Não há nada mais não-cristão do que prometer à virtude um reinado durável, uma recompensa material aqui embaixo, como os escritores do início da história da Igreja fizeram aos imperadores cristãos. Porém o mal, como Senhor, é de suprema importância; é a única condição para o bem abnegado. Seria uma horrível visão se, como resultado da sistemática recompensa ao bem e punição do mal nesta terra, todos os homens se comportassem bem por motivos ulteriores, pois continuariam sendo homens maus e alimentariam o mal em seus corações. Deverá vir o tempo em que os homens rezarão por um pouco de impunidade para os malfeitores, simplesmente para que possam mostrar suas verdadeiras naturezas uma vez mais. Já existe suficiente hipocrisia neste mundo do jeito que ele é".

A palestra da qual essa passagem foi retirada, a última de *Reflexões*, "Da Fortuna e do Infortúnio na História", compõe a conclusão do trabalho de Burckhardt. Ele começa excluindo a possibilidade de uma explicação filosófica para a história, uma vez que começo e fim são desconhecidos, e prossegue rejeitando as categorias fortuna e infortúnio, que implicam um conhecimento do fim. Em uma das cartas escritas de Berlim em 1840, Burckhardt fala de "seu novo assunto *de história*" como o choque que derrubou seu fatalismo e a visão mundana da vida que começou a construir em cima disso. Seu fatalismo de curta duração lhe deu uma renovada crença na Providência e ele "encontrou-se de volta à velha e malentendida máxima segunda a qual o Senhor é o poeta supremo".

A forma na qual sua crença na Providência sobreviveu é marcada pelo distanciamento e pela esperança daquela palestra sobre fortuna e infortúnio, pela crença de que há um sentido na história mesmo que não esteja inteiramente dentro de nossa compreensão, e que a melhor forma de chegar a essa compreensão é por meio da disposição contemplativa.

"Tudo depende de como nossa geração resiste ao teste. É possível que tempos assustadores se aproximem, e uma era de profunda miséria. Nós gostaríamos de saber em que tipo de movimento avançamos – apenas somos parte disso. Mas a humanidade não está destinada a perecer ainda, e a natureza cria de maneira tão liberal quanto antes. Mas se há felicidade a ser encontrada nas brumas de nossos infortúnios, só pode ser do tipo espiritual: voltar-se e encarar o passado de maneira a salvar a cultura de outros tempos, e encarar o futuro de modo a dar exemplo do espiritual em uma era que, de outra forma, pode sucumbir inteiramente ao material".

Esta é a felicidade que ressoa através de todo o "pessimismo" das cartas, e que fez de Burckhardt, mesmo aos olhos de Nietzsche, "nosso grande professor".

As cartas de
Jacob Burckhardt

*Para Johannes Riggenbach**

BASILÉIA, 28 DE AGOSTO DE 1838. À TARDE

Para marcar o aniversário da morte de Goethe,[1] estou anexando uma cópia de *Wanderers Nachtlied*. Ocorre que Alois[2] leu para mim sua carta, que chegou ontem, e, ao ouvir a menção que você fez do poema, pensei em enviar-lhe minha interpretação. Deixe-me dizer algumas palavras a respeito (críticas, não elogios). Sinto muito por saber que você está se sentindo tão solitário, mas não há nada melhor para fortalecer o caráter de alguém e dar-lhe independência do que ter de contar com seus próprios recursos. E, quem sabe, logo eu esteja com você. Sua carta me deixou extremamente envergonhado, pois, enquanto me lançava ao mais elevado de todos os gozos concretos, o gozo da Itália, você estava sofrendo e debatendo-se com suas convicções. Nada, realmente nada no mundo oferece maior apelo ao preguiçoso do que a ortodoxia, e, desde que um homem mantenha ouvidos, olhos e boca fechados, poderá estar certo de que terá um sono tranqüilo. Além disso, a recente reação dentro da teologia tem sido em direção à ortodoxia, e advém, em parte, do fato de que poucas pessoas

---
* Ver notas na pág. 411.
[1] Burckhardt queria dizer do nascimento de Goethe.
[2] Biedermann, ver nota, pág. 411.

sensíveis tiveram a coragem de acompanhar os passos gigantescos que a teologia deu no último século, e que continua a dar. Com convicções como as minhas (se assim posso chamá-las), nunca, de maneira alguma, poderia trabalhar com a consciência tranqüila, pelo menos não enquanto os atuais pontos de vista sobre a revelação prevalecerem — e é pouco provável que venham a mudar a curto prazo. Por isso minha decisão final de tornar-me um professor. Aquele miserável *juste-milieu*, supernaturalista e racionalista de forma distorcida, "o Profeta",[3] é um terrível exemplo da posição a que os teólogos às vezes chegam quando tentam ser iluminados e ortodoxos ao mesmo tempo. (Eu não vou rir disso, nem sequer pensar em sua estupidez; eles são tão freqüente e indistintamente crassos; ele tagarela em toda a parte sobre o novo trabalho que lhe ofereceram em Göttingen, explicando por que não o aceitou, e de que forma, caso houvesse aceitado, haveria de dar um jeito nesses assuntos com o Pai.)

Se vou aceitar responsabilidades, quero, então, ao menos suportá-las por mim mesmo, sozinho, não pelos outros. Aos meus olhos, o sistema de Dewette[4] cresce em estatura a cada dia. Simplesmente há de se segui-lo, não há alternativa; mas a cada dia uma parte de nossa tradicional Doutrina se desfaz sob suas mãos. Hoje, finalmente compreendi que ele vê o nascimento de Cristo simplesmente como um mito — e isso eu também faço. E estremeci ao colidir com uma série de razões pelas quais isso quase que *tinha* de ser assim. A divindade de Cristo consiste, é claro, em sua simples hu-

---

[3] J. J. Stähelin, professor de Teologia.
[4] Professor de Teologia de Burckhardt.

manidade. Mas não é assim tão fácil lidar com o *Logos*; e João é tão explícito quanto à encarnação. Tudo isso me faz lembrar do clérigo sardo que, numa tarde divina na cidadela em Novi,[5] quis fazer de mim um católico e, ante minhas objeções, dirigiu-me, enfim, um penetrante olhar e disse: *et si tu morieris in hoc statu animae tuae?* Ante esse tipo de ataque às vezes me refugio na idéia de que uma simples vida mortal pode compensar o ceticismo de alguém e transformá-lo em pelagianismo. Um remédio comprovado é fixar firmemente os pensamentos na Providência, e por enquanto isso ainda me parece bom; mas, então, eu considero bem menos a filosofia do que você. Talvez haja um departamento na Faculdade de Teologia onde seja possível deixar o dogma e a revelação de lado e estudar antigüidade e línguas, e, como tenho talento e inclinação por ambas, estou tentando deixar a porta aberta. No momento, não posso encarar as ruínas de minhas convicções. Dewette está, com certeza, em guarda para não se envolver demasiadamente a fundo nas conclusões de seu argumento, e posso apenas seguir seu exemplo de não demolir meramente, mas também reconstruir, apesar de que o resultado é menos tranqüilizador do que aquilo que foi destruído. Alois será capaz de lhe explicar tudo muito melhor; mesmo considerando-se que ele não tem ido às aulas sobre Dogma neste semestre. De qualquer forma, não desejo importunar os

---

[5] Novi situa-se no lado norte dos Apeninos ligurianos. A conversação é mencionada no *Gesamtausgabe*, I, 16: "Assim, para não perder tempo, escalei as ruínas da cidadela com o sacerdote (antes chamado jesuíta), de onde se podia ver a maior parte do Piemonte. Caminhamos para cima e para baixo por uma hora e meia no frescor da noite; era uma noite clara e estrelada, a cada quarto de hora éramos interrompidos pelos carrilhões da catedral".

outros com minhas dúvidas, pois é fato conhecido que não nasci para ser um pensador e, como tenho a mente confusa, posso lograr apenas aborrecer as pessoas. Observo, entretanto, que os pensadores de mente clara não se saem melhor. Nem tampouco tenho o menor desejo de comunicar minhas opiniões sobre Dewette a tudo e a todos, pois as pessoas têm me asseverado tantas vezes minha incapacidade de pensar que, por fim, acabei eu próprio acreditando nisso, e às vezes até mesmo encontro *consolo* na idéia. Apesar de ter de me considerar, *a priori*, incapaz a respeito de qualquer coisa, no que se refere a esse assunto, em particular, trata-se de um osso duro para a minha vaidade roer!

Você tirou as palavras de minha boca ao me dizer que as pessoas geralmente pensam que têm de ser metodistas ou tolas, e que é mais honesto ser tolo. Casos de metodismo desesperado são comuns o suficiente no púlpito e na sala de aula; as pessoas costumam ser intolerantes porque temem que uma nova idéia religiosa soe como o estrondo de um trovão em suas consciências, acordando-as de seu sono. Se este for o caso, o que faremos, meu caro Johannes? Orar ainda é uma opção para mim, mas não há revelação, isso sei com certeza. Se me deparar com qualquer coisa encorajadora, irei avisá-lo; por favor, faça o mesmo! E, de agora em diante, permita que haja laços ainda mais íntimos entre nós dois e Alois! Realmente, devo falar sobre todo esse assunto com ele e, talvez, ele tenha algum encorajamento a oferecer. Que posição confortável a dos ortodoxos! Ensurdecem-se mutuamente, e desfrutam do reconhecimento universal e da paz interior simultaneamente. É claro, qualquer um que decida colocar sua mente em descanso não terá problemas em fazer isso; mas eu simplesmente não posso ajustar minha mente para fazê-lo. Sejamos hereges honestos! Preciso de sua companhia mais do que nunca, e o destino nos separou. Como estarão as coisas, pergunto-me, quando nos encontrarmos e nos abraçarmos em Berlim? *Adieu*, querido amigo, e em suas tribulações pense naquele que está lutando internamente distante de você, e que o ama.

PARA JOHANNES RIGGENBACH
Basiléia, sexta-feira, 9 de novembro de 1838

Leia esta carta *depois* da de Biedermann.

Não posso dizer-lhe o quanto me afetou sua carta de 11 de setembro (a data me fez tremer!). Não há dúvidas, por enquanto, de que minhas convicções sejam firmes, mas estou com uma disposição muito melhor e mais alegre graças à sua carta — tão animadora! Minha última carta, como você deve ter percebido, foi escrita em um momento especialmente desanimador. E agora eu devo seguir em frente, esforçando-me e lutando devagar; enfim acostumei-me com as disputas teológicas e filosóficas, e, por certo, começo a sentir os benefícios disso. Mas meu período de transição não está, de forma alguma, concluído: apesar de a Religião estar melhorando, há muitas outras coisas que estão, por enquanto, piorando muito, como por exemplo a Bíblia. Assim, de momento, não posso deixá-lo entrar em meu quarto de quinquilharias teológicas; mas estou *pensando* mais, e minha próxima carta lhe trará notícias pormenorizadas. Você sabe, se leu as cartas de Alois, o que tem acontecido desde então; você terá ouvido falar de minha tola e, graças a Deus, malsucedida tentativa de renunciar a todo *sentimento*; eu já a abandonei e agora sinto uma recém-encontrada alegria, como ver meus amigos novamente; você provavelmente mal poderá me entender. Se pudesse ver fundo dentro de mim iria, pelo menos em parte, desculpar-me pela tentativa, pois não se tratou de mero capricho.

A Itália para mim (ouça e maravilhe-se) é uma terra de dolorosas lembranças; ousei não me permitir desfrutar nem sequer de um décimo de todo o conjunto de natureza e arte; naquele momento, foram meu coração e sentimentos — ainda profundamente emocionais —, em vez de minha mente, que se abriram ao toque do divino sul. Tudo foi transmutado na saudade de amizades desaparecidas, de uma maneira que nunca mais desejo sentir nesta terra. Creio que você sabe o quero dizer; a dor com a qual ambos estamos familiarizados, a saudade de amigos ausentes são brincadeira de criança em comparação a isso. O que sofri naquela tarde divina em Pisa permanecerá para sempre em minha memória. Fiquei desenhando na bela campina verde, onde o Duomo, o Campanário, o Batistério e o *Camposanto* se erguem, inclinando-me contra o muro do Seminário. Olhando para os arcos bizantinos do Duomo, foi inevitável que pensasse em você, e, por uma natural associação de idéias, tive de pensar em todos vocês, de modo que não fiquei em condições adequadas para continuar desenhando. (Camuph[6] estava então acordado, em um café próximo.) Caminhei rapidamente, seguindo os velhos muros da cidade e cruzando o Arno, onde pude me deleitar com um pôr-do-sol que faria todos os artistas do

---

[6] Camuph: apelido de Johannes Jakob Oeri, primo de Burckhardt, que mais tarde casou-se com sua irmã mais velha, Louise.

mundo me invejar. O céu inteiro era azul-escuro; os Apeninos eram violetas à luz do entardecer; o Arno fluía a meus pés, e eu poderia ter chorado como uma criança. Todo meu heroísmo evaporou-se, e, se Alois tivesse se juntado a mim, eu teria caído em seus braços. A mesma coisa aconteceu três dias depois, quando olhávamos o pôr-do-sol do domo da Catedral em Florença. Às vezes me parecia que eu era *Fausto*, transbordando de anseios, com Camuph como o meu *Wagner*. (Isso não deve ser divulgado como uma depreciação de Camuph!)[7] Ante mim jaziam as riquezas da natureza e da arte, como se a Divindade tivesse passado pela terra qual semeador. *Und alle Näh und alle Ferne befriedigt nicht die tiefbewegte Brust* ("mas tudo o que está próximo e tudo o que está distante não pacifica o coração perturbado"). Perdoe minha imprudência! Quantas vezes invejei Camuph, que isso seja dito confidencialmente, tão independente e livre tanto de elevadas quanto de baixas paixões, investido de prático bom senso e prudência, percorrendo seu caminho com passos firmes, calmamente pela vida! Mas agora as coisas estão melhorando: você está lendo as palavras de um homem feliz, que sabe como lidar com a vida. Como a Igreja Católica que se atribuiu um *thesaurus perpetuus* de boas obras, atribuo a você, a quem tantas vezes ofendi, um tesouro de amor, um amor *"quand même"* como diz Laube: e com a força dessa crença eu lhe peço mais uma vez para esquecer o passado, pois eu também muito esqueci.

---

[7] *Wagner* seria Watson se Fausto fosse Holmes. A próxima citação é de Fausto: em uma carta a Albert Brenner, escrita em 1855, na pág. 230, Burckhardt refere-se a seu "período de Fausto", e muitas das coisas que diz a Brenner podem aplicar-se a ele.

O palácio deserto em Gênova é o Palazzo Sauli. O brilho no mar (*il grasso del mare*, gordura do mar!) consiste em luminosas manchas brilhantes, de dez a vinte centímetros de diâmetro, que são vistas em grande número na espuma (principalmente perto dos lemes dos navios a vapor e atrás deles, no rastro da engrenagem de direção). Você deve ver isso por si mesmo. Você algumas vezes vê Fritz Godet?[8]

Addio, queridíssimo amigo; vejo-o claramente diante de mim neste exato momento, e abraço-o mais calorosamente do que nunca.

PARA JOHANNES RIGGENBACH
Basiléia, 12 de dezembro de 1838

Estou escrevendo após ter passado uma noite maravilhosa conversando com Alois. A porta da frente de casa, imagine você, estava trancada quando retornei de um interessante encontro da Sociedade Zofinger, e por isso fui imediatamente para a Barfüsserplatz — já era meia-noite. Alois! gritei, e logo deixaram-me entrar. Não se pensou em dormir.

Mais uma vez lhe falei sobre meu pequeno Sistema caseiro, que ele acha tão insatisfatório. Você também, suponho. Agora ouça: o fim que a Providência colocou diante da humanidade é a conquista do egoísmo e o sacrifício do individual pelo bem do universal. Daí por que o atributo mais necessário ao homem é a Resignação; cada hora prega abnegação, e nossos desejos mais caros permanecem in-

---
[8] Fritz Godet, irmão mais novo do tutor de Burckhardt em Neuchâtel, pouco antes nomeado tutor do príncipe Frederico da Prússia em Berlim. Neuchâtel era um enclave prussiano.

satisfeitos. Somos obrigados a desistir de milhares de coisas pelo bem do todo, e de milhares de outras simplesmente como resultado de circunstâncias externas. O homem envelhece lutando contra seus desejos; seu objetivo mais elevado é renunciar a seus desejos com amor, jamais bramir pela misantropia nem um instante sequer, e morrer em paz com o mundo. De forma alguma deve vociferar à humanidade, ou retirar-se da vida; deve agüentar até o fim. Minha vida nunca foi tão inteiramente desanuviada como lhe parece; *a qualquer momento eu trocaria minha existência por nunca ter existido* e, se possível, ser devolvido ao ventre – apesar de que não sou culpado de crime algum e de ter crescido em circunstâncias favoráveis. Vejo agora que o objetivo da vida é suportar a existência tão bem quanto se possa, e tentar fazer tudo o que for possível pelos outros. Desisti de qualquer pensamento sobre esforço elevado e de todo tipo de ambição (acredite ou não). Poesia significa para mim mais do que jamais significou, e nunca antes senti seus poderes benéficos tão ativos dentro de mim. Mas desisti completamente de qualquer idéia de fama literária; *aut Caesar aut nihil*, e não tenho o menor desejo de perder-me na multidão. Não temo por meu futuro, possuo suficientes talentos, mas não pretendo descansar, satisfeito com eles. *Edel sei der Mensch, hülfreich und gut,*[9] e farei o que posso pelos outros.

Oh, estou com muito sono e sem condições de reunir meus pensamentos; contudo, estas páginas estão sendo escritas em um estado de espírito realmente alegre, apesar de meio entorpecido

---

[9] As duas primeiras linhas do poema de Goethe *Das Göttliche: Edel sei der Mensch, Hülfreich um gut! Denn das allein unterscheidet ihn von Allen Wesen, die wir kennen.* O homem deve ser honrado, prestativo e bom, pois apenas isso o distingue de todos os outros seres que conhecemos.

pelo sono. Em outra ocasião, quando tiver todas as minhas faculdades despertas, lhe mandarei a base filosófica de que meu Sistema certamente precisa, e muito. Apesar de não se tratar realmente de um Sistema, é apenas descrito assim pela falta de uma palavra melhor. Tenho lidado com isso por algum tempo agora, e minha decisão de endurecer-me a todos os sentimentos foi um engano resultante da resignação; um diabólico *consilium*!

Se você apenas pudesse ter olhado, naquela época, em minha mente açoitada pela tempestade, tão necessitada de afeto!

13 de dezembro

Ontem e hoje vi o primeiro gelo, o que me recordou vividamente daquele momento, um ano atrás, quando tentamos organizar uma viagem a Milão. Se alguém houvesse me dito, sem hesitação, que eu veria Milão neste verão, teria ficado regiamente feliz. Assim, vi muito mais do que ousei esperar; apesar de que o sombrio pensamento de ter visto isso tudo como um eremita paira sobre as recordações que tenho de muitos lugares, e quanto mais belas as coisas que vi, mais amarga é a dor! Se apenas pudesse viajar com vocês dois, e extirpar a melancólica flora de recordações de Gênova, Pisa e Florença!

A propósito, acabei de converter alguma coisa de Wackernagel[10] em música, e, conforme meu costume, é a última estrofe. Isso inclui alguns itens roubados. O acompanhamento de piano é fácil de imaginar. Nós estávamos cantando *Cristo no Monte das Oliveiras*, de

---

[10] Wilhelm Wackernagel, professor de alemão na Basiléia.

Beethoven, na Associação Coral – indescritivelmente belo, como tudo o mais que já ouvi de Beethoven; e que poder isso tem! Na sexta-feira passada fui à Ópera. *A Flauta Mágica* foi mal-executada, mas, como você sabe, tenho o dom, adquirido ao olhar para construções, de imaginar as coisas como elas deveriam ser, e isso realmente me deu o maior dos prazeres. Se você ainda não a viu, deveria ir algum dia; certamente não se arrependerá e, sem dúvida, será mais bem executado do que aqui. Eu terminei o *Architectural Journal* de Ehrenberg; o sujeito nunca respeita meu anonimato, e põe meu nome em qualquer lixo. Porém, ele pagou tudo. E, de qualquer forma, com *Minster at Zürich*, cheguei ao fim do meu material...

Agora, finalmente, as lembranças de minha viagem estão começando a elevar-se diante de mim em todo o seu esplendor, transfiguradas e um tanto idealizadas. Esqueço-me por inteiro das coisas desagradáveis, e somente as maravilhosas, grandes impressões permanecem, para tornarem-se minha própria herança. De vez em quando sonho à noite com o que tenho visto, e o vejo em uma escala monstruosa, mais maravilhoso do que nunca. Não faz muito vi a Catedral de Milão em meus sonhos, ainda que seis vezes maior do que de fato é; além disso, parecia bem diferente, e, quando acordei, percebi que havia imaginado uma maravilhosa construção que, fosse eu um desenhista, teria sido capaz de colocar no papel ao acordar. O mesmo me aconteceu antes com os quadros. Talvez você sonhe com as igrejas de Hamburgo? Apesar de que elas precisariam ser muito mais idealizadas do que a Catedral de Milão.

Aqui e ali na Itália vêem-se sinais que causam aos estrangeiros uma impressão maior que o normal. Nessas ocasiões meu coração bate mais rápido – seria timidez ou estaria eu dominado? ou meus sentimentos pela beleza, mais sensíveis do que em outras épocas, presumiram uma afinidade com a beleza do mundo exterior? Tais momentos ocorreram na descida da vila de Vezzia para Lugano; na entrada em Gênova – nós seguíamos ao longo da praia, em direção ao porto; e, acima de tudo, na Piazza del Duomo em Pisa, na Piazza della Signoria em Florença, e no lugar mais adorável da terra, Fiesole! Você o verá algum dia; pois acredito que é uma parte essencial de sua natureza, assim como da minha.

Mais um lugar onde senti a necessidade de um amigo afetuoso: o monastério Al Monte, no sudeste, acima de Florença. Descobri esse belo lugar no mesmo dia de nossa chegada, e na última gloriosa tarde de nossa estada escalei o íngreme rochedo e desenhei a parte da cidade que de lá se vê soberbamente, com as montanhas e vilas que a cercam. Senti-me profundamente sozinho e percebi quão pouco o mundo exterior conta se o mundo interior não está em harmonia. Este é ponto no qual a resignação é mais dolorosa: ficar sem a companhia de alguém que nos ama. E aqueles que não são amados devem pelo menos amar, e esperar até a morte que seu afeto seja correspondido.

Você vê agora por que sempre tomo a defesa de Platen tão fervorosamente? Nele encontrei sentimentos obscuros e não-desenvolvidos claramente expressos:

Wo ist Hertz, das keine Schmerzen spalten?[11]

---

[11] O sentido das linhas citadas por B. é o seguinte: Onde está o coração que não é rasgado pela dor? Aqueles que poderiam voar para o fim do mundo nunca são seguidos pelas ilusões da vida. Apenas um consolo permanece: usar toda a força e dignidade de minha alma para contrabalançar o peso de minha dor.

Em outras ocasiões, com certeza ele cede a um infinito ódio pela humanidade, e, infelizmente, a maioria de seus poemas originou-se desse estado de espírito. Mais a esse respeito em outra oportunidade, e então, mais *theologica*.

Estou agora assistindo às aulas de Beck sobre os efesos; a clareza com que ele avança é extraordinária; coisas que nas mãos de Dewette permanecem tão negras quanto a noite são apresentadas com tal clareza e profundidade que somente podem ser igualadas por poucos professores em Berlim. Beck tenta encontrar um todo abrangente em cada detalhe, de modo que, por suas discussões sobre o Capítulo I, 1-10 (pois foi só até aí que chegamos), viemos a saber um bocado sobre doutrina paulina. Há uma falha fatal: sendo um sobrenaturalista, ele não admite nenhuma variação dentro do Novo Testamento, Coríntios I, Pedro, Hebreus, o Apocalipse são todos citados lado a lado, e coisas deveras desiguais são muitas vezes trituradas num mingau dogmático. Ele força o sentido de uma palavra em particular até que ficamos de fato alarmados, inserindo nela seu próprio significado. Ou, mais uma vez, ligando passagens que não têm nada a ver umas com as outras de maneira a provar alguma coisa; ainda que não a ponto de exceder o mérito de seu método de iluminar um ou outro aspecto com toda sua força. Ocasionalmente, ele é sarcástico em sua controvérsia, especialmente a propósito de Harless.[12] Dewette, quando fala sobre os Coríntios, é enfadonho e confuso, e alonga-se demais; com sua Doutrina Cristã ocorre quase o mesmo; apesar de que, é claro, estamos apenas no começo: Deus, o mundo, etc. Toda a velha podridão é demons-

---

[12] Harless, 1806-1879, teólogo.

trada em termos ininteligíveis e, como resultado, às vezes parece nova. O verdadeiro *forte* de Dewette parece ser a crítica. *História do Dogma*, de Hagenbach, é, às vezes, muito interessante. (Alois escapa de pelo menos uma de suas quatro aulas semanais, e diz que elas não têm nada de especial.) Stähelin com os Salmos é magnificamente aborrecido. *À propos*, há poucos dias improvisamos uma serenata para Stähelin, que aos olhos de qualquer pessoa razoável poderia ser vista apenas como desafinada. Gsell tocou uma pequena dança na rabeca e fez um ridículo discurso; fomos convidados a entrar e nos regalamos com vinho, *Basler Läckerli*,[13] e um discurso do velho camarada. Eu estava sinceramente constrangido, apesar de que, para Camuph, foi uma esplêndida brincadeira.

Adieu, querido Hans, e alegre-me logo com uma carta.

Para Friedrich von Tschudi*
Basiléia, 29 de maio de 1839

Sua confiança em mim não é equivocada, e como sei que você nunca realmente confiou seus pensamentos a alguém, isso não ficará sem recompensa; eu sei que, na sua idade, você coloca a discrição entre as mais caras virtudes.

Oh, quando amor e amizade acenam para você, não os rejeite com frios axiomas! Você tem as qualidades que devem fazer com que muitas pessoas anseiem estar a seu lado — e não estou pedindo em meu próprio benefício, pois você provavelmente não me verá pelos próximos anos, e, além disso, sei que você não é de todo

---

[13] Um tipo de *pain d'épice*.

indiferente a mim: estou pedindo em benefício daqueles que o procuram em busca de simpatia e não a encontram, simplesmente porque você prefere bancar a estátua de mármore. Mas por que gastar meu fôlego com isso? Um coração tão sensível quanto o seu não suportará o peso da auto-suficiência por muito tempo: dê-lhe rédeas soltas e verá que você armazena lembranças que lhe farão, um dia, ser capaz de olhar para trás com prazer! (No último sábado eu completei vinte e um anos e, ainda assim, já vivo intensamente com o que existe na minha memória.) Trate de permitir ao mais íntimo de seu ser o inocente prazer do epicurismo, de ser feliz em seus afetos, e de perceber que, se você não precisa dos outros, os outros, talvez, precisem de você!

Deixe-me conduzi-lo à mais secreta câmara de minha vida. Minha família sabe, ou, de alguma forma, suspeita, da verdadeira natureza de minhas convicções religiosas. Eu lhe falei certa vez sobre minha irmã mais velha e casada;[14] em sua bondade, ela é a imagem viva de minha mãe, que viveu e morreu como uma santa. Não faz muito tempo discuti com ela, um tanto veementemente, em favor da liberdade de crença, apesar de que não se deve nunca fazer isso com uma mulher porque, ao contrário de nós, elas não podem lutar com as armas do saber, de modo que só lhes causamos pesar. Na mesma noite recebi uma carta de minha querida, adorável irmã, uma carta que ela havia começado alguns dias antes, mas que apenas acabara de terminar, com um anexo contendo as últimas palavras de adeus que minha amada mãe nos dirigiu. Dez anos antes de

---

[14] Margarethe Salome, casada com Melchior Berri, arquiteto de vários edifícios em estilo clássico na Basiléia.

sua morte ela sabia que provavelmente morreria de forma repentina, o que de fato aconteceu em 17 de março de 1830, e mais, à meia-noite, sem que ninguém fosse capaz de cuidar dela. Então ela havia escrito algo para nós. E assim, querido Fritz, seja tolerante comigo enquanto lhe conto minha história. Não posso desabafar minhas mágoas com mais ninguém, Biedermann tornou-se um estranho para mim; Widmer e Wirz são, respectivamente, um racionalista e uma criança, apesar de eu gostar muito deles. Ouça com simpatia, e um dia, talvez, alguém irá lhe retribuir.

Agora, o conteúdo da carta de minha irmã! Ela é uma dessas raras almas que está sempre alegre ao longo de toda a sua vida, apesar de que, no fundo de seu coração, ela simpatiza com todas as formas de sofrimento; ela é uma dessas pessoas encantadoras, ao mesmo tempo gentil e forte, alegre, feliz e também profundamente religiosa. Oh, deixe-me concluir! Ela me pede de joelhos, por assim dizer, para lembrar-me das palavras de minha mãe: ter apreço pela vida de meu pai; ela implora que pela saúde de meu pai eu altere o curso de minha vida. "Não deixe que o façam perder sua fé de criança, isso não lhe dará nada, absolutamente nada em troca". Ela me conta como minha mãe rezava conosco quando éramos crianças, como certa vez, quando eu ainda não tinha um ano de idade e estava gravemente enfermo, ela rezou de joelhos, e agora está orando por seus filhos diante do Deus Eterno. Ela menciona com discrição a enorme saudade que sente da mãe, e termina pedindo-me que não considere sua carta inoportuna! Ela me escreveu, diz, porque teria sido difícil conversar comigo sobre essas coisas.

O material anexado foi cuidadosamente copiado por suas belas mãos (meu pai possui o original). É o adeus de alguém que manteve a fé e sofreu, de alguém que já estava nas fronteiras do além, uma simples, adorável e profundamente comovedora mensagem. Na parte de cima ela havia escrito o texto que queria que fosse lido em seu funeral.

Qual a razão de eu estar lhe escrevendo tudo isso – não sem lágrimas, admito? Você descobrirá, meu querido Fritz, que também terá de passar por experiências similares, e bebê-las até a última gota.

No próximo outono, já está decidido, irei a Berlim; mas sou grato ao dizer que agora está bem claro para mim que não farei teologia, nem tampouco encontrarei nessa disciplina o trabalho de minha vida. Não esqueça de me escrever quando e se você decidir ir a Berlim.

Para Heinrich Schreiber*
Basiléia, domingo, 8 de setembro de 1839

Na próxima quinta-feira, parto para Berlim com o mesmo amigo que foi comigo à Itália.[15] Antes gostaria de lhe enviar algumas poucas palavras para expressar minha gratidão e meu duradouro afeto.

Se algum dia eu conquistar qualquer coisa importante no campo da história, a honra se deverá principalmente a você; sem seu encorajamento – embora talvez não tenha consciência disso –, sem o estímulo que você me deu ao ouvir minha decisão e, por último, sem seu ilustre exemplo, provavelmente não teria me ocorrido procurar minha vocação na história, embora desde muito cedo estivesse determinado a nunca, em toda minha vida, perder de vista a

---

[15] J. J. Oeri, "Camuph".

história. Um dia, de fato, espero oferecer-lhe meus agradecimentos pessoalmente.

Se você quiser excertos ou cópias de qualquer tesouro de Berlim para qualquer pesquisa que possa estar fazendo, espero sinceramente que recorra a mim (a menos que tenha um agente melhor em Berlim); esse tipo de coisa é agora o meu negócio, e não mais um truque de salão (graças a você!).

Como eu adoraria fazer uma parada em meu caminho em sua abençoada Freiburg! Mas cinco semanas é muito pouco, até mesmo para ver o que há de mais essencial em Munique, Nuremberg e Praga. Entretanto, apesar de não poder fazer-lhe uma visita, você estará constantemente em meus pensamentos, e em momentos de desânimo isso irá me ajudar.

O que aconteceu em Zurique anteontem[16] uma vez mais me recorda quão perigoso e pecaminoso seria, em tempos como esses, quando a posição da Igreja é tão incerta, dedicar-se à teologia sem um inequívoco chamado interior. O Dr. Gelzer, a quem recentemente consultei a respeito de meu trabalho, chamou minha atenção para a vantagem que meus estudos teológicos me trariam ao avaliar milhares de questões históricas. A menos que esteja muito enganado, acredito que ele próprio seja um desertor *ex theologorum castris*. Anteontem, enquanto as balas zuniam ao redor da Rathaus em Zurique, tivemos nossa Discussão em latim para o Doutorado (*philosophiae*), na verdade, o Doutorado de um amigo meu, Streuber, o Candidato. (Felizmente ele também está indo a Berlim, princi-

---

[16] Os distúrbios de setembro em Zurique, o chamado *Züriputsch*. Ver Introdução, pág. 58-60.

palmente por causa da faculdade de história.) Após o discurso de Gerlach, discuti a respeito da flechada de Tell por cerca de meia hora, negando-a. Tudo transcorreu muito bem, ou, pelo menos, sem quaisquer gafes, gramaticais ou de outros tipos, mas ainda assim não lamentei quando chegou a vez dos outros dois disputantes. Um deles, como eu, falou sobre um dos temas oferecidos, e o outro argumentou com o candidato sobre sua dissertação (*de Horatii Arte Poetica ad Pisones*). Minha aparição pública contribuiu para tornar minha apostasia mais aceitável a meu pai, e esse era meu principal objetivo. Ele agora é capaz de ter um certo orgulho de mim, apesar de que, no fundo, isso não significa muito.

Estou sendo formalmente embalsamado pelas cartas de apresentação. Entre elas há algumas realmente úteis, por exemplo, recomendação especial da família para Hofprediger Sack. Preferiria muito mais uma mensagem para Ranke – embora se comente que ele é razoavelmente acessível. Um dia pretendo manter meus olhos abertos e desenhar tanto quanto possível. Prestarei especial atenção, em todas as galerias, a seu Hans Baldung, cognome Grien Gamundianus, e lhe comunicarei quanto às anotações que eu reunir, isto é, se houver alguma para reunir. Também pedirei conselhos ao professor Kugler, em Berlim.

Passe bem, você! Conceda-me a honra de me dar uma incumbência em breve! Em muitos aspectos, Berlim é meu Patmos; e mais um livro lá me dará uma indigestão (Apocalipse, X, 10). Uma página vinda de você será sempre um grande conforto.

Estou sendo torturado por grande ansiedade e impaciência por meu novo trabalho, embora saiba tão pouco a seu respeito! Com certeza não estou me atirando a ele despreocupadamente; sei o que estou fazendo, por que estou fazendo, e o farei com todas as minhas forças. Sempre que eu queira me recompensar com um "Bene" no arenoso deserto de Brandenburgo, evocarei alguns aspectos de imagens contidas na memória e as deixarei flutuar sobre mim; lançarei mão, entre outras, das de sua amável, suave, ensolarada Freiburg; mas a melhor de todas as curas, e o maior encorajamento, serão sempre as lembranças que tenho de você.

PS. A impressão de minha descrição da *Minster* prossegue a passos de tartaruga. *O marchand* agora quer que as ilustrações sejam entalhadas em cobre por um habilidoso gravador aqui estabelecido.

PARA FRIEDRICH VON TSCHUDI
Berlim, 1º de dezembro de 1839

Senti-me feliz como uma criança em minha última carta* ante o pensamento de falar com você sobre pintura flamenga e revelar-lhe minhas opiniões sobre Jan van Eyck e Rubens, ou melhor, de submetê-los a seu julgamento. Mas não estou em condições de lhe falar deles. Sua última carta, você sabe, era como uma mesa muito farta, onde podia-se escolher pratos leves ou pesados para provar; você expôs diante de mim três ou quatro assuntos diferentes para discussão, começando com o mais elevado. Você também fez isso em suas cartas anteriores, mas eu apenas respondi brevemente à primeira página. As coisas são diferentes agora.

Você já deve estar familiarizado com meus fantásticos devaneios, sentindo um certo interesse por eles, ouvindo com boa

---

* Aqui não transcrita. Postada em Berlim, a 18 de novembro. (Nota do autor da introdução brasileira).

JACOB BURCKHARDT

vontade, entre outras poéticas beatificações de minha situação, as queixas de alguém apaixonado. É verdade que mal aludi ao fato de que estava vivendo em um estado de grande desarmonia no que diz respeito às questões mais elevadas da existência. Não me culpe por não admitir o fato, pois mal o admiti a mim mesmo, e afastei cada crise que ameaçava surgir com violentas distrações, algumas vezes imergindo nos estudos, outras na sociedade. Eu tinha todo um exército de imagens de reserva para distrair minha imaginação do problema cada vez mais premente de minha condição, de minha relação com Deus e com o mundo. Leia novamente minha última carta, ela foi escrita quando esse estado de espírito se desvanecia, quando havia decidido agarrar-me outra vez ao amor, e encontrar dessa maneira minha paz.

E agora eis-me aqui, revolvendo as ruínas de minha antiga maneira de ver a vida, tentando descobrir o que ainda há de útil nas velhas fundações, embora de uma maneira diferente — se serei bem-sucedido ou não, sozinho nessa empreitada, só Deus sabe, pois eu mal teria ousado começar o trabalho por mim mesmo; mas há alguém a meu lado cuja futura relação comigo é sugerida em minha carta anterior,[17] e cuja carta está anexada à minha própria. Abismos após abismos abrem-se a meus pés, e eu me desesperarei quando não puder contar com o encorajamento que ele me dá. E isso me torna ainda mais consciente de suas preocupações solitárias, a respeito das quais Zwicki me falou. Oh, se pelo menos você já estivesse em Berlim! A única coisa que sua companhia pode me dar é esperança, e bem sei que, entregue a mim mesmo, ficarei sem esperança, e me tornarei

---

[17] Zwicki, mencionado abaixo. Ver Notas, pág. 412.

mais uma vez vítima de minha vida pregressa de devaneios e fantasias, apesar do fato de que isso iria me satisfazer cada vez menos.

Sou tomado pela vergonha enquanto escrevo, e sinto que devo manter silêncio por um longo tempo. Tivesse eu emergido do ceticismo, o que por si só seria um grande passo, poderia falar com meu coração, como você tem o direito de fazer. Ao mesmo tempo há outros demônios para superar, para resumir em poucas palavras, o completo mundanismo no modo como todas as coisas são vistas e feitas. Um remédio contra isso encontrei em meu assunto principal, a *História*, o primeiro choque a derrubar meu fatalismo e a visão de vida que nele baseei. Mas isso não diminui minha dívida para com aquele por quem continuarei nutrindo afeição até o dia de minha morte – e gradualmente começo a reconhecer tudo o que devo a ele; no momento apenas suspeito vagamente, pois a maior parte é ainda uma semente.

Ainda não espere por um Sistema de minha parte; construir é um trabalho vagaroso. Mas, junto com meu afetuoso adeus, acredite quando digo que estarei à altura de sua companhia quando nos encontrarmos na primavera.

Para Heinrich Schreiber
Berlim, 15 de janeiro de 1840

Em nada mereço o afeto que você me dedica, e muito me envergonho por minha negligência ter sido revelada a mim por uma terceira pessoa.[18] Se a alguém neste mundo devo prestar contas de

---

[18] Provavelmente Theodor Meyer, mencionado no *PS*. Em uma carta para Jakob Oeri, escrita no fim de novembro, Meyer falou de Burckhardt: "Tenho recebido notícias menos que satisfatórias de Köbi, especialmente de Jaqui, e parece de todo provável que as coisas sejam como ele relata. Entretanto, penso que,

minha vida, esse alguém é você, e mais, devo fazê-lo de maneira pontual. Assim começo pedindo seu perdão por despachar esta carta tão tarde.

Meus olhos arregalaram-se de espanto com as primeiras palestras que ouvi de Ranke, Droysen e Böckh. Percebi que se me havia passado a mesma coisa que sucedeu ao Cavaleiro em *Dom Quixote*: eu amara rumores de minha ciência e, de repente, lá estava ela, aparecendo diante de mim em proporções gigantescas — e tive de baixar meus olhos. Agora estou real e firmemente determinado a devotar minha vida a ela, talvez ao custo de uma feliz vida doméstica; de agora em diante, mais nenhuma hesitação perturbará minha resolução.

Invoquei toda minha coragem e escolhi um campo de pesquisa em especial — a Ásia Menor. Por muito tempo a Idade Média na Alemanha e na Itália me tentou! Mas devido à enorme expansão dos estudos históricos somos obrigados a nos limitarmos a algum tema definido e a buscá-lo decididamente, pois, de outra forma, corremos o risco de dispersarmos todos os nossos esforços. Talvez lhe seja doloroso saber que não voltei minhas atenções à Idade Média; e se alguém pudesse agir de modo a agradar aos outros em assuntos como esses, eu certamente o teria feito por sua causa.

---

neste caso, deve-se agir com cuidado e paciência mais do que por outros meios, e você lhe deve isso, em nome de sua antiga amizade; e também por causa de sua família e do fato de que você vem do mesmo país".

Há outra referência ao comportamento de Köbi em uma carta de Biedermann, na qual se diz que ele se atirou a uma vida dissoluta agora que é "livre das restrições da vida social e familiar". A carta do próprio Burckhardt a Von Tschudi parece um relato mais crível de seu breve período de *Sturm und Drang*. As cartas para Brenner contêm o melhor comentário de seu estado de espírito naquela época.

Estou estudando árabe, assistindo às aulas de geografia de Ritter, antigüidade grega de Böckh, história de Droysen, história da arquitetura de Kugler, às aulas introdutórias de arqueologia de Panofka e de história alemã de Homeyer (para que possa formar algum tipo de opinião sobre os tempos atuais, mas apenas *uma* hora por semana). Eu deveria assistir às aulas de história moderna de Ranke sem hesitação, mas suas classes coincidem três vezes por semana com as de Kugler, de modo que só posso assistir a elas de tempos em tempos, como ouvinte. Infelizmente, Ranke nunca ensina história antiga; ainda assim, irei a todas as suas aulas, pois, mesmo se alguém não aprendesse mais nada com ele, poderia pelo menos aprender a arte de *apresentar* os conteúdos. Continuo com meu hebraico, e agora terminei os profetas menores. Também comecei a tirar excertos dos clássicos que fazem referência ao Oriente. Na verdade, não fui além do terceiro livro de Heródoto, mas já terminei Berosus. Além disso, estou lendo os poetas gregos — em poucas palavras, demasiadas coisas que se possa fazer algo de maneira adequada. Quanto à Ásia Menor, estou particularmente satisfeito porque ainda é, para todas as intenções e propósitos, uma *tabula rasa*, o que é mais do que pode ser dito de Grécia e Roma. Para o futuro imediato planejo um breve estudo dos dialetos gregos e uma revisão da gramática hebraica; no próximo semestre pretendo ter aulas de grego também, mas no momento não há tempo para isso. O árabe toma muito tempo. Oh, Senhor! Estou quase que apenas relatando tudo o quero fazer! Quando chegará o tempo em que poderei relatar o que fiz?

Além de tudo, a História da arte sempre irá me atrair como um ímã — assim como a literatura sempre constará entre os principais aspectos de meu trabalho filológico e histórico. Em minha viagem pela minha amada Alemanha, reuni todo tipo de informações artísticas, e absorvi todo tipo de temas excitantes. Vejo que em muitos pontos até mesmo os especialistas estão apenas tateando o seu caminho, por exemplo, na crítica que fazem da arquitetura bizantina.[19] Falei a esse respeito com diversas pessoas, com Schäfer, o arquiteto, em Bamberg, com um arqueólogo em Regensburg, etc., e comecei a perceber que nenhum deles tinha qualquer critério definido. E então surge o professor Kugler insistindo que a Catedral de Bamberg foi construída no ano de 1200, e que o famoso portal de S. Jacob [S. Tiago] em Regensburg também, assim como a maioria das graciosas construções bizantinas. Kugler, na verdade, lança-se ao trabalho de maneira mais consciente do que qualquer um deles, comparando frisos, cornijas e pilastras, e então, depois de estabelecer as datas em que as evidências manuscritas tornaram-se disponíveis, tira suas conclusões em relação aos outros. Mas ele determina tudo muito tarde!

Passei dois dias inteiros desenhando na paradisíaca cidade de Regensburg; e, infelizmente, apenas um em Bamberg. Exceto pela Frauenkirche, Munique é interessante somente pelos prédios modernos.

Falando de Gmünd, há algo mais que posso dizer-lhe sobre Hans Baldung Grien. Não encontrei nada nas galerias alemãs que se comparasse às suas pinturas na igreja monástica de Freiburg. Vê-se pouco de sua autoria. Há um retrato trivial, descuidado, na Pinacoteca de Munique (gabinete vii, nº 148), assinado com seu nome

---

[19] I. e., romanesca.

completo (não estive em Blaubeuren). Na Schleissheim há um retrato (homem com boné vermelho) assinado H G B 1515, que não é muito melhor, e uma pintura sem importância de uma mulher nua com uma rabeca em sua mão. Na Moritzkapelle, em Nuremberg (que no momento abriga uma coleção real), há um grupo duro e sem importância, composto pelas santas Rosália, Otília, Ana, Margarete e Bárbara em um fundo dourado, que dificilmente seria de Baldung, mas que está com seu nome no catálogo, e mais o nº 91, "Inteligência no Abismo", mais ou menos um apêndice da mulher no Schleissheim; e, finalmente, o nº 124, uma Madona inteiramente sem importância. Por fim, em Praga, uma Santa Dorotéia decapitada e o salto de Curtius. Em Dresden, não observei nada. Contudo, fiquei apenas três horas na galeria; era mais do que tempo de estar em Berlim...

E esse mesmo homem, cujas pinturas de cavalete são tão insignificantes, criou a maior obra que a pintura alemã já produziu! Pois, enquanto os especialistas não tiverem nada melhor para me mostrar, é dessa forma que verei o seu tríptico. Em sua única grande obra, Baldung alcançou a mais elevada arte, superior a Dürer e a Holbein — para não mencionar o magnífico e frio Van Eyck —, e, ao mesmo tempo, ele sabe tanto sobre desenho quanto os dois primeiros mencionados, e mostra uma delicadeza de sentimentos em comparação com a qual Dürer é um grosso...

Sinto-me agora corajosamente livre, e nunca esquecerei que devo isso, em grande medida, a você; tentarei honrar a confiança que você depositou em mim e deixá-lo satisfeito. Sua imerecida amizade me sustentará em tempos turbulentos, e me dará coragem e estímulo em outros tempos. Aqui não me falta nada, exceto um

JACOB BURCKHARDT

professor como você, para me estimular e refrear alternadamente. Embora eu não tivesse recomendações para Droysen, fui muito bem recebido, e freqüentemente o visito e lhe peço conselhos, mas sua influência passa inteiramente por meio do intelecto, e o que me falta de todo aqui é um amigo paternal. O que uma carta vinda de suas mãos significaria nessas circunstâncias, você pode facilmente adivinhar.

PARA THEODOR MEYER*
Berlim, 11 de março de 1840

... Acredito que a saudade de casa, ou, de qualquer forma, a "dor de estar longe", está aumentando. Berlim *qua* Berlim é um domicílio absurdo, e eu faço parte dela tanto quanto um judeu polonês na Feira de Leipzig faz parte da vida da cidade. Os professores que têm algo a ver comigo não são, de modo algum, berlinenses, e nem tampouco são meus conhecidos. O que eu anseio, veja você, é parar por apenas um momento no Hauenstein e ver o pôr-do-sol nos Alpes! Ou talvez vagar pelo Gotthard, em algum lugar abaixo de Amsteg, ou, melhor ainda, do outro lado, perto de Bellinzona, ou Lugano – *et cetera*, apenas por uma noite, e então – por que não? – voltar ao poço de areia do Sagrado Império Romano da Nação Alemã, o nobre marco de Brandemburgo, e ficar novamente por trás de meus livros.

Não sinto saudades da Basiléia em particular – mas da Suíça, e das montanhas! Durante o feriado de Pentecostes, visitarei Chorin com o professor Kugler, uma gloriosa abadia em ruínas a nove horas daqui, e então, nas férias de outono, se possível, irei ao Mar do Norte para me banhar. Por que você também não vem aqui, nem que seja pela mortificação? Quando tiver uma chance, diga a Schreiber que meu anseio em vê-lo e à sua igreja monástica é inacreditável, e também que encontrei o professor Kugler, o historiador de arte, e às vezes o acompanho em suas caminhadas diárias; Kugler enfim encontrou um método até agora não-experimentado de datar construções bizantinas, e armado com esse método viajarei observando Harz, Rheinland, Mosel e Main no caminho de casa. Pergunte-lhe se recebeu minha carta de 16 de janeiro (de um modo, é claro, que não o faça pensar que eu estava buscando uma resposta). Diga-lhe, ainda, que o capricho de me confinar na Ásia Menor já passou...

Camuph vive muito tranqüilamente aqui, com princípios estáveis. Manzer trabalha duro todo o dia; ele está se dando extraordinariamente bem aqui. A melhor coisa sobre Berlim é que nos sentimos livres e sossegados; ninguém nos conhece, exceto os poucos a quem somos especialmente recomendados. E mesmo eles não nos incomodam. A sorte me sorriu aqui, pois me tornei amigo de Kugler, apesar de não lhe ter sido recomendado. O bom homem precisa fazer uma caminhada diária por causa do excesso de gordura, e permite que eu o acompanhe sempre que quiser. Tenho feito isso com muita freqüência, e então passeamos por algumas horas por sobre a mais bela e fina areia, de um amarelo pálido adorável. Sensatamente, deixo que o gordo cavalheiro percorra primeiro os lamaçais congelados; se suportarem seu peso, suportarão o meu. Simplesmente detesto os moinhos de vento nas *soit-disant* colinas ao redor de Berlim... De vez em quando há um efeito encantador de luz, e então a floresta de pinheiros é grandiosa. E isso é tudo.

JACOB BURCKHARDT

Para Friedrich von Tschudi
Berlim, 16 de março de 1840

Você diz em sua carta que o passo que deu foi muito mais firme do que o meu, porque dado de maneira bem mais independente. Isso mostrou ser – mais ou menos – verdade; ultimamente, como estou por conta própria, minha tendência tem sido perder de vista o ponto que transformei em pedra fundamental de minha vida, desviado pelo caráter excepcionalmente dispersivo de meu trabalho; houve um ligeiro refluxo, eu não diria reação; Zwicki provavelmente não vai querer conduzir-me sempre, por isso receio que você encontrará muito o que cuidar. Oh, que homem inconstante, você deve estar pensando, que precisa de um impulso externo para fazê-lo renovar sua vida espiritual; meu caminho, porém, é de uma dependência a outra.

Um hábito que, contudo, não perdi: a filosofia da história é diária, ainda que apenas incidental, em meus pensamentos. Infelizmente, as aulas sobre o assunto no próximo semestre são quase todas pós-hegelianas, que não entendo. Droysen era mais estimulante nesse assunto; porém, depois de ouvi-lo falar sobre história antiga, agora infelizmente tenho que ser mero espectador enquanto ele empacota seus pertences e muda-se para Kiel. A perda é ainda mais desastrosa porque ele me recebeu muito bem, e eu podia visitá-lo sempre que quisesse. Não há dúvidas quanto à sua importância, e em dez anos ele será considerado um dos grandes. Minha poesia, para a qual você profetizou um tempo auspicioso, corre grande risco de ser descartada, agora que encontrei a elevada poesia da história. Houve um tempo em que considerei o jogo da fantasia como a mais elevada exigência da poesia; mas, uma vez que devo enfatizar o desenvolvimento de estados espirituais, ou, simplesmente, estados interiores ainda mais elevados, agora encontro satisfação na história, que exibe esse desenvolvimento em duas fases distintas, correndo paralelas, cruzando-se e entremeando-se, e deveras idênticas: refiro-me ao desenvolvimento do indivíduo e ao desenvolvimento do todo; adicione a isso os brilhantes eventos *exteriores* da história — a bela vestimenta multicor do progresso do mundo, e eis que me encontro de volta à velha e mal-compreendida máxima segundo a qual o Senhor é o supremo poeta. Você pode retrucar que a poesia não é só o desenvolvimento de estados internos, mas o seu *belo* desenvolvimento, segundo as leis da harmonia idealmente executadas na mente poética do homem; o que eu admito, garantindo assim à poesia um campo suficientemente vasto; para mim, porém, isso é muito diferente daquele fascínio que ela exercia quando eu ainda ignorava a incomparavelmente mais importante Guia do progresso do mundo. Como você vê, estou usando uma linguagem filosófica terrivelmente inadequada (é claro que isso só pode corresponder a meu modo de pensar) — e é por essa razão que necessito mais do que nunca de amigos filósofos.

Para Louise Burckhardt
Berlim, quinta-feira, 16 de julho de 1840

Mil agradecimentos de coração, principalmente por você ser tão gentil e bondosa, falando-me de uma vez, e confidencialmente, a respeito do noivado de Maria,[20] antes que eu soubesse por meio da carta de papai. Em retribuição, posso dizer-lhe de maneira confiante que suas expectativas sobre o modo como estou reagindo a tudo isso não serão frustradas.

Fui, de fato – por que deveria negá-lo? –, profundamente afetado pelo que aconteceu. Já havia construído meu castelo no ar – e tudo desabou sem clemência. Ainda há de haver tempos tristes à minha frente, pois, quanto maior o bem, mais dolorosa é a renúncia. Entretanto, uma coisa me dá força e apoio, mesmo no primeiro momento de suspiros e lágrimas amargas: a compreensão de que ela está destinada a uma pessoa que eu posso reconhecer, sem perder o respeito, como um homem melhor do que eu, e não como *um certo homem* que não respeitou a reputação de outras duas jovens, e de modo inteiramente consciente. Apesar de prometer resignar-me a meu destino nos primeiros momentos de pesar, espero ser capaz de encontrar Hufeland com desenvoltura (ao menos aparentemente), pois no breve espaço de tempo que durou nosso primeiro encontro ele ganhou meu total respeito, e *fará Maria mais feliz do que eu, homem de fortes paixões, jamais poderia fazê-lo.*

Querida Louise, ouça o que tenho a dizer com toda sinceridade. Ao que tudo indica, um dia viveremos juntos. Devemos cuidar para que a amizade sincera e as bênçãos de uma cultura profunda adocem nossas vidas. O homem pode significar muito para si próprio, e quanto mais ele significa para si, mais significa para os outros. Todos os dias, no decorrer de meu trabalho, descubro novas fontes de grandeza e beleza; a poesia deve santificar meu sofrimen-

---

[20] Maria Oser, uma prima de Burckhardt, filha da irmã de seu pai.

to e ser minha companhia ao longo da vida. Nossas viagens — talvez por essa época você terá estado em Moscou[21] — irão nos deixar um grande tesouro de coisas vistas, e nós seremos felizes. As perspectivas de meu retorno são, considerando-se tudo, bastante boas, e seja como for não encontrarei dificuldades em ganhar minha existência com uma quantidade módica de trabalho duro, de maneira que poderei continuar, ao mesmo tempo, estudando. Vamos, então, construir um novo edifício de nossos sonhos despedaçados e destroços de todo o tipo, como o viticultor romano construindo sua *vigna* com velhas frisas de mármore e colunas quebradas! Talvez você possa até se surpreender de tempos em tempos com minha visão despreocupada da vida, mas, acredite, minha fé na Eterna Providência permanece firme como uma rocha. A Providência não é uma mera fé cega, mas um Deus pessoal. Essa crença nunca me abandonará novamente, por mais que minha visão das religiões e confissões possa ser modificada. E é à Providência que de agora em diante confiarei minhas preocupações.

Mas eu não quero falar além de meus recursos. Muitas vezes tenho de me controlar enquanto escrevo, e esta página é escrita sob a influência de pensamentos entristecedores. Prometo-lhe, porém, que farei todo o esforço possível para ser um homem e não ceder a lamentações inúteis. Tentarei encontrar-me serenamente com Hufeland, já que estou fazendo um sacrifício para o bem dele. Como apêndice à sentença anterior, gostaria de dizer que o homem significa pouco ou nada a si mesmo se ele não é nada para os outros. Vamos, querida Louise, viver para os outros, um para o

---

[21] A madrasta de Burckhardt havia sido professora particular em Moscou.

outro, em primeiro lugar, e então a resignação virá com facilidade. A soma dos ensinamentos de Cristo é certamente a lei do amor e do sacrifício pelos outros. Vejo diante de mim um indefinido período de ensinamento: que meu princípio guia possa permanecer sempre o mesmo! Ainda tenho aqui, graças a Deus, o velho Zwicki, que sabe que eu estava apaixonado e para quem posso abrir meu coração. Ele é discreto e não conhece nomes nem circunstâncias.

Se a permissão de papai chegar, como espero, estarei nas montanhas de Harz em cinco semanas, e mais, em companhia de dois bons e sensatos amigos da Pomerânia, que conheci na casa de Frau Von W.[22] Desisti de qualquer pensamento sobre Hamburgo; custaria muito, já que se tem de *ir até lá de carruagem*. Não posso lhe dizer o que a viagem trará – seria profanação ou é admissível esperar por *distração*? Meu trabalho está indo muito bem, e estou cheio de esperanças. Na verdade, até cheguei a fazer uma ou duas descobertas em história da arte. Kugler ainda é o mesmo homem maravilhoso, amável (sua mulher está esperando um filho para hoje ou amanhã). Acima de tudo, tenho de escrever para o álbum de Frau Von W. amanhã... O quê? Eu ainda não sei. O costume é escrever algo em forma de soneto. E pense só em minha disposição! Querida Louise, há uma cura para todos os problemas e preocupações, a consciência da simpatia dos outros. Sei que você simpatiza com meu destino; e eu prometo ser-lhe fiel por toda minha vida.

---

[22] Fraun Von Winterfeld, esposa de Karl August von Winterfeld. Foi na casa deles que Burckhardt ouviu muita música e encontrou pela primeira vez vários de seus amigos e conhecidos em Berlim. Entre outros, ele menciona Ranke, o escultor Tieck (um irmão do poeta) e o presidente Von Kleist.

Para Heinrich Schreiber
Berlim, 11 de agosto de 1840

...Agora, eis aqui meus planos. Parto na próxima sexta-feira para as montanhas de Harz e, de lá, visitarei Hildescheim, que, segundo dizem, é muito rica em coisas históricas e trabalhos de arte não-explorados. Uma vez lá, testarei o trabalho que fiz sobre história da arquitetura no inverno passado, e verei como as coisas acontecerão. Passarei o próximo verão em Bonn, por causa de Wolter,[23] e porque é perto de Colônia, a Sagrada. Durante as férias irei à Bélgica, etc. O que você diz a respeito disso tudo?

No próximo inverno assistirei às aulas de Ranke sobre Idade Média, e isso é tudo o que sei no momento; passei a assistir às suas aulas de história neste semestre. Embora nada de concreto tenha advindo daí, certamente há muito a ganhar-se com isso. Somente agora começo a suspeitar do que significa método histórico. Wilken já não está mais ensinando; eu o vejo de tempos em tempos, e ele parece um morto. Que lástima terem deixado Droysen ir para Kiel. O resultado é que na principal universidade da Europa, como Berlim gosta de chamar a si mesma, não há ninguém ensinando história antiga. Nunca cheguei a ir às aulas de Raumer – dizem, de qualquer forma, que são capazes de matar alguém de tédio – porque ele e Ranke, desafiando-se um ao outro, decidiram dar aulas no mesmo horário.

Você não pode ter idéia, em Freiburg, da inveja e da vaidade dos grandes acadêmicos daqui! Infelizmente, Ranke, como todos sa-

---
[23] Ferdinand Wolter, em Bonn desde 1819, professor de Direito Romano e Direito Canônico.

bem, é agradável de se conhecer, mas lhe falta caráter, e isso você pode ver sem sombra de dúvida em qualquer crítica de seus escritos. Ele é muito amável conosco. Lachmann, durante suas aulas, ataca da maneira mais banal, chamando as pessoas de burras e imbecis. E os doutores, então! Todos se odeiam uns aos outros como veneno, e eu não faria questão de ensinar aqui nem por quatro mil táleres ao ano. Porém, pode-se aprender um pouco.

Como anseio pelo Reno! Ele é, no fim das contas, a corrente sangüínea da Alemanha. Você não pode imaginar quão ordinário é o marco de Brandemburgo, mas sua importância histórica deve ser colocada em posição inversamente proporcional...

Para Louise Burckhardt
Berlim, 15 de agosto de 1840

Meus sinceros agradecimentos por sua carta, que me alcançou no momento exato, pois estarei partindo amanhã cedo. Durante as últimas quatro semanas, muitas coisas agradáveis me aconteceram; este tem sido o período mais propício de minha estada aqui. Hufeland esteve aqui por uma semana; assim que chegou tentou me encontrar, no domingo e, como eu não estava, deixou-me uma mensagem dizendo que me esperaria em casa à tarde, ou na manhã seguinte. É claro que fui a seu encontro imediatamente, tão logo vi seu cartão em minha mesa. Ele é uma das pessoas mais amáveis que se possa imaginar, e ficamos ambos muito contentes.

Se tia Oser tivesse vivido um pouco mais, como não haveria de encantar-se! E o que dizem na Basiléia sobre *três* irmãs noivando em *quatro* semanas? Isto é que é notícia para o Clube de Leitura!

Diga a papai que estou muito satisfeito com a relação dos seminários do próximo inverno; meu curso principal será a Idade Média, com Ranke. Se ao menos os professores aqui não fossem todos arquiinimigos! Mas de que adianta reclamar quando Ranke e Raumer sempre ensinam à mesma hora (das doze à uma) por puro despeito? Eles já fazem isso há quatro anos, e por certo o farão pelo resto de suas vidas ou, pelo menos, até que um deles obtenha o posto ministerial pelo qual trabalham há tanto tempo. Se ao menos as pessoas se lembrassem do infeliz exemplo de Johannes von Müller. As perspectivas de Raumer são péssimas; Ranke, por outro lado, como amigo pessoal do rei, pode com certeza esperar por promoção. É realmente uma pena que, com toda sua colossal erudição e com suas grandes qualidades sociais (é também muito cortês comigo), ele tenha de ser também tão absolutamente privado de caráter. Tenho que lhe contar uma ótima — e *inteiramente verdadeira* — história a esse respeito. Em certa ocasião, Ranke estava sozinho com Bettina;[24] e a conversa entre os dois dirigiu-se para a dominação da Polônia; Bettina, naturalmente, estava indignada com os russos, e Ranke identificou-se com suas idéias, concordando inteiramente com ela. Alguns dias depois ele estava novamente *chez* Bettina, em uma grande recepção; um importante diplomata russo entabulou conversa com ele e, no decorrer do diálogo, Ranke descreveu o comportamento dos poloneses como sendo revolucionário e execrável. Nesse momento, Bettina olhou por trás dele, ergueu os olhos em direção ao céu e não disse nada, mas *puf!* Ranke

---

[24] Veja Introdução, pág. 65.

deixou a casa o mais cedo que pôde e nunca mais, desde então, voltou a colocar os pés lá.

Em outra ocasião, a eleição de Varnhagen[25] para a Academia de Ciências estava em curso. Ranke, que não o tolera mas que gostaria de ganhar sua simpatia, fez um entusiástico discurso em favor de V. A votação prosseguiu, mas *nenhum* voto foi dado a Varnhagen. Olhares foram trocados, e cada qual tirou suas próprias conclusões. E ainda assim não se pode dizer que as convicções de Ranke, por mais débeis que sejam, influenciem suas preleções sobre história, apesar de terem se tornado proverbiais em toda Berlim. Ninguém jamais ouviu frivolidades de seus lábios; muitas vezes ele faz brincadeiras, e mais, boas brincadeiras, mas, quando fala das grandes coisas, a seriedade com que trata a história torna-se clara, quase que assustadoramente evidente em sua expressão. Lembro-me muito bem do modo como ele começou suas aulas de história da Alemanha: "Cavalheiros, as nações são os pensamentos de Deus!"

Para Louise Burckhardt
Frankfurt, 5 de abril de 1841

Perdoe-me (a) pelo estilo
           (b) pela caligrafia

Sei que você tem paciência suficiente para ler um desorganizado relato de minha viagem, e amor suficiente para partilhar de minha felicidade; e quando penso em todas as coisas, tanto sérias quanto

---
[25] Varnhagen von Ense, 1785-1858, historiador e biógrafo.

divertidas, que a Alemanha me deu nos últimos dez dias, sinto-me fora de mim.

Na sexta-feira, 26 de março, deixei Berlim. Meus amigos alemães acompanharam-me ao local de embarque, onde encontrei o velho e bom Max. Realmente lamentei sair de Berlim, cidade que, há um ano e meio, quando lá cheguei, teria deixado com prazer. Por meio de Siegfried Nagel, um primo de Max, ultimamente fiz amizade com o encantador Clube dos Westfalianos, o que me foi ainda mais agradável pelo fato de todos os meus poucos amigos íntimos terem partido no último verão. Desde a noite de Ano Novo estávamos todos nos tratando sem formalidade, e raramente poderia existir companhia tão apropriada. Nagel é uma das pessoas de melhor caráter que conheço; além de outros talentos, tem também uma bela voz de tenor, de modo que formamos um quarteto difícil de ser igualado por qualquer outro na universidade. Em resumo, era uma existência paradisíaca — e espero que não seja pior no próximo inverno; encontrarei quase todo o grupo novamente. Posso dizer que estou *grato* por ter decidido pedir a papai outro semestre em Berlim *antes* de fazer essas amizades; agora sinto-me ainda mais feliz quando penso sobre isso.

Eduard Schauenburg era um dos principais integrantes, na verdade ele era o próprio espírito do clube; em minha partida, deu-me uma carta para seu irmão mais velho em Leipzig e pediu-me com sinceridade que a entregasse pessoalmente. Veja você, estou ampliando minha rede de contatos.

Eu esperava pouco da viagem até que chegasse ao Reno; dez ou quatorze dias sombrios aguardavam-me, de modo que é natural que estivesse muito deprimido ao partir, principalmente porque deixei Kugler indisposto. Quando a carruagem rodava pela Potsdamer Thor, às nove horas da noite, fiz uma fervorosa prece por um feliz retorno. E caí no sono, com planos históricos e poéticos valsando em minha cabeça. Na manhã seguinte, em Wittenberg, fui ver a Praça do Mercado com sua estátua de Lutero; porém minha partida ainda me era muito penosa para que eu pudesse me concentrar e pensar seriamente. À noite passei quinze minutos no Halle e então fui imediatamente para Leipzig, no trem seguinte. No caminho, contei nos dedos os dias de minha viagem. Amanhã cedo, disse para mim mesmo, você irá ver Theophil, e depois entregar a carta de Schauenburg, e depois irá a Naumburg à tarde. Mas quem poderia ter imaginado isso! Quando Leipzig surgiu no horizonte, com seus parques e torres de igreja, comecei a suspeitar de que havia calculado mal. Aluguei um quarto no hotel "zum Deutschen Hause", admirei os passeios e praças convencionais e fui ao teatro onde Emil Devrient apresentava *Egmont*. Foi maravilhoso.

Na manhã seguinte, soube que Theophil estava em Halle, e então olhei o endereço em minha carta. O destinatário, Hermann Schauenburg, não parecia, à primeira vista, ser o homem que eu buscava. Uma bela figura, rosto interessante, amigáveis olhos azuis, bigode bem-cuidado e uma expressão muito honesta. Fui polido e reservado. Já sabia que ele era o autor de alguns bonitos poemas, e os que escrevem bons poemas nem sempre são dos mais agradáveis exteriormente. Mas ele me pegou pelo braço, me conduziu por belos passeios e me tratou como um amigo. Logo descobri que ele tinha profundas convicções nacionalistas e uma visão muito séria da vida e da poesia. Tive de prometer que passaria o dia na cidade, e que ficaria em sua residência. Ele me persuadiu a comer em sua companhia e na de seus amigos ao meio-dia, e passei a tarde inteira com ele. Pouco a pouco nossa conversa involuntariamente tomou uma direção política, por mais que nós dois preferíssemos evitar esse ponto delicado. (Querida Louise, espero que não esteja aborrecendo você). Ele era ultraliberal, eu, conservador. No Küchengarten, em frente ao memorial a Gellert e Poniatowski, em meio à multidão na Grimma'sche Strasse, ou na paz e quietude dos parques onde as balas da Batalha de Leipzig ainda podem ser vistas nas árvores — podem ser vistas, na verdade, em toda parte —, não falamos de mais nada além de príncipes alemães e constituições. Finalmente, à noite, em seus aposentos, ele disse: "Nós conversamos muito, vamos esclarecer uma coisa: nada pode vir a perturbar nosso respeito mútuo". Naquele momento, certamente um dos melhores de minha vida, o glorioso futuro da Alemanha surgiu claramente diante de meus olhos; eu vi os esforços constitucionais da Prússia que estavam por vir e pensei comigo mesmo: agora é a hora de oferecer sua contribuição e iluminar um dos melhores companheiros em sua selvagem e confusa busca pela liberdade — e assim fui capaz de começar mais uma vez a partir de um novo e mais elevado ponto de vista; eu tinha a coragem de ser conservador e de não me dar por vencido. (A mais fácil de todas as coisas é ser liberal.) Ficamos profundamente comovidos e falamos com sentimento, e não me lembro de jamais ter sido tão eloqüente. Ele me puxou e me deu um beijo: eu era a primeira pessoa que ele ouvia falar com convicção sob um ponto de vista conservador. Fiz, então, um voto silencioso de *nunca* me sentir envergonhado de minhas convicções. Ele admitiu que, no decorrer de meus estudos, eu havia pensado essas questões de maneira mais completa do que ele havia feito, e que desde sua juventude tinha sido entusiástico em seu amor pela liberdade, e nunca deixaria de sê-lo. Fiz tudo o que poderia ter sido feito; ele prometeu que, no futuro, jamais rejeitaria irrefletidamente os monarquistas e os conservadores. O restante da tarde fluiu pacificamente, e era óbvio que eu teria de ficar até segunda-feira. Ele leu para mim, sem afetação, alguns de seus poemas; colocou um ou dois à minha frente e disse-me para que eu os lesse para mim mesmo — você pode adivinhar o seu conteúdo e que acordes eles tocaram em mim. Estão entre os mais belos sonetos jamais escritos na língua alemã.

Querida Louise, o que posso lhe dizer sobre a Alemanha? Sou como Saul, o filho de Kis, que foi à procura de asnos perdidos e encontrou a coroa de um rei. Muitas vezes desejo ajoelhar-me diante do sagrado solo alemão e agradecer a Deus por minha língua materna ser o alemão! Por *tudo* tenho de agradecer à Alemanha! Meus melhores professores têm sido alemães, e fui alimentado no seio da cultura e do saber alemães; e sempre extrairei meus melhores poderes desta terra. Que povo! Que juventude maravilhosa! Que terra — um paraíso!...

Para Eduard Schauenburg*
Sancta Colonia, 15 de abril de 1841

O diabo faz solitárias excursões artísticas; eu, por exemplo, não mais as farei. Não estou entediado, que Deus me proíba! Mas melancólico (aliás, triste-estúpido) ao extremo. A respeito de minha viagem até — e incluindo — Leipzig, pergunte ao seu *fratello*; Leipzig foi o ponto alto de boa parte de minha viagem. Por vezes ergui as mãos ao alto e suspirei: oh, céus, mande-me apenas um de nosso maravilhoso grupo, em uma nuvem! Mas *durae coeli aures* — até Mainz permaneci sozinho ou na dignificante companhia de negociantes de gado, comerciantes itinerantes a caminho da feira, velhas criadas, camponeses rústicos e outros horrorosos filisteus. E, contudo, a viagem significou muito para mim; por diversas vezes tornou-se encantadora graças a uma vívida lembrança dos dias felizes em Berlim e Leipzig, e pela perspectiva de um futuro sorridente na Renânia, de modo que, em algumas ocasiões, esqueci-me de tudo o mais. Nunca esquecerei a manhã na qual pela primeira vez me dei conta de que estava novamente perto do vale do Reno: entre Fulda e Gelnhausen, fui com duas senhoras até um pouco adiante de onde esperávamos pelo transporte, estava escuro e razoavelmente frio até que, ao virar uma esquina, repentinamente vi as vinhas e um largo pedaço de céu azul diante de nós, enquanto uma adorável brisa quente soprava em nossa direção. "Você vem do Reno!", eu gritei. Em Frankfurt, esqueci-me por completo de ver a Ariadne de Dannecker; e pensar que isso aconteceu a *mim*, entre todas as pessoas! Imagine minha irritação quando me lembrei disso no barco a vapor! Fiquei em Mainz na quarta e na quinta-feira santa; na sexta-feira, porém, eu não mais podia agüentar; o clima estava adorável, e depois que o bispo de Mainz me deu sua bênção pela manhã (como genuíno e respeitável membro de uma multidão de pessoas reunidas na catedral), parti para Bingen. Passei a tarde inteira vagando pelo pequeno e charmoso lugar, desenhando, em um estado de espírito voltado para as reminiscências; fui a Rüdesheim, bebi Néctar (ou, como você diz, Ambrosia, embora isso venha de βιβρώσκειν, que significa "comer"), e então fui a

Niederwald; a vista lá era mais poética e pitoresca do que qualquer coisa que jamais tenha visto. Retornei, então, via Assmannshausen e Rheinstein, sob um soberbo céu de tempestade, direto para a igreja, onde o Corpo de Nosso Senhor estava iluminado e garotas bonitas cantavam. Um dia cheio, belo e tristemente tranqüilo.

Sábado fui a Bacharach, desenhei por algumas horas e fui ao Pfalz à tarde, sob a luz do sol e chuvas rápidas, e passei pela dourada Loreley a caminho de Saint Goar. Passei a tarde inteira em suas vizinhanças, em Saint Goarshausen, Petersberg, Rheinfels, etc., e à tarde tomei um barco e fui uma vez mais a Loreley; peguei os remos das mãos do barqueiro e remei suavemente para adiante, contra a corrente; oh, se ao menos esse povo ímpio pudesse ter estado lá! Mas, sozinho, pode-se apenas fazer um registro mental de tais maravilhas, como se fossem frias experiências – exatamente como bifes.

Fui a Coblenz no domingo de páscoa, sob um clima frio e tempestuoso. Espessas nuvens passavam ao redor de Stolzenfels e Lahnstein; era algo belo de se ver. Propositalmente, fui ver August Focke somente no fim da tarde, por volta das cinco horas. Dois de seus primos vivem com ele, e, apesar de serem bons sujeitos, não temos nada em comum. À noite ele foi comigo a O Gigante, onde comemos, bebemos e nos divertimos. Foi a Páscoa mais feliz de minha vida, que Deus me perdoe, apesar de eu não ter participado da comunhão. Na segunda-feira, vadiamos o dia inteiro pelo vale de Moselle; não passamos de Kobern, e retornamos. Foi maravilhoso. Mal sei o que fizemos na terça-feira. Bebemos! Ontem, quarta-feira, não podia mais descansar; tive de prometer que estaria de volta a Coblenz pelo menos até a segunda-feira seguinte; e um clima perfeitamente belo envolveu o Reno.

Oh, Deus, como é belo o interior da Alemanha! Andernach! Siebengebirge! E então, Bonn! Poderia visitá-la? Não, ainda não havia ninguém ali com quem pudesse conversar. Então, do barco a vapor, vi o lugar, cheguei meus aposentos em Judengasse, desfrutei da maravilhosa vista até as profundezas de minha alma e naveguei tranqüilamente Reno abaixo. Antes de tudo, Saint Martin apareceu acima do horizonte e, então, sobre as árvores, ergueu-se a catedral; a cidade cresceu e espalhou-se à minha frente, por demais gloriosa! Livrei-me dos preparativos da chegada tão logo possível e corri como um louco para a catedral. A parte interior do altar-mor estava coberta de andaimes, mas, graças a Deus, não a ponto de impedir uma boa visão do todo.

Meu amigo mais querido, o que posso dizer? Estou inteiramente possuído por um sentimento: você não é digno de pisar neste solo, você está em uma terra sagrada! E a dívida que tenho para com a Alemanha jaz mais pesada do que nunca em minha alma...

Você não pode ter idéia de como é extraordinária a atmosfera lá, no momento. Anteontem, em uma sessão solene na prefeitura da cidade, foi decidido in *Gottes Namen* continuar a construção da catedral, apesar de todas as dificuldades; a cidade só fala nisso; até mesmo os construtores estão tomados de entusiasmo pela idéia. Quanto a mim, começo a acreditar, desde ontem, que, se não for concluído, o prédio verá, de qualquer forma, um considerável avanço em sua construção.

É realmente uma sensação maravilhosa estar trabalhando para o término de uma obra como essa. Eu já sabia, é claro, apesar de isso ter me atingido agora com toda a força de uma impressão profunda, que essa igreja não é apenas uma em meio a muitas; é a inexplicável revelação de um gênio incomparável e enviado pelos céus.

JACOB BURCKHARDT

Aceite o "entusiasmo" como parte da barganha, meu caro companheiro; desta vez "não posso agir de outra forma".

Para Louise Burckhardt
Braunschweig, 25 de setembro de 1841

Deixei-a esperando por uma carta e por muito tempo a alimentei com esperanças de que uma mensagem chegaria; e é justamente você, entre todas as pessoas, a quem devo!
Nossos caminhos de vida estão seguindo direções diferentes. A boa fortuna lhe acena com uma vida alegre e feliz;[26] o que irá me acontecer, só Deus sabe. Mas nós sempre estaremos espiritualmente próximos, e veremos um ao outro tanto quanto as circunstâncias permitirem. Penso em você e em seu destino diariamente, nos melhores momentos do dia; você pode contar com minha inabalável afeição. E agora deixe-me dizer-lhe como andam meus afazeres.
Rever a Alemanha, após ter estado ausente por duas breves semanas,[27] comoveu-me mais profundamente que nunca. Foi numa adorável manhã de domingo, há dois dias, que cruzei a fronteira, não muito longe de Henry-Chapelle, e vi o sol nascendo sobre a tumba de Carlos Magno, sobre a igreja monástica de Aix-la-Chapelle. Perto do meio-dia, vi mais uma vez a Catedral de Colônia, fracamente iluminada pelo sol, rodeada por sua coroa de igrejas, e o majestoso Reno. Por toda uma adorável tarde caminhei ao redor da cidade, que passou a significar para mim muito mais do

---
[26] Louise estava noiva de Jakob Oeri.
[27] Na Bélgica, preparando seu guia de viagem mencionado adiante.

Jacob Burckhardt em 1843.
Desenho atribuído a Franz Kugler.

Vista de Colônia, 1843.

que jamais esperei. Outra visita à catedral, banhada pelo sol da manhã, concluiu minha felicidade e encantamento; só conseguia chorar como uma criança. Passei toda a noite seguinte com minha venerada Madame Matthieux; ela estava sozinha com sua mãe, pois o Dr. Kinkel havia se ausentado. Incontáveis vezes me impressiono ao pensar em minha boa sorte na Alemanha; quem poderia ter previsto que o pequeno círculo centrado em torno de Mme. Matthieux, objeto de tantos ataques, tornaria tão perfeita minha estada em Bonn? Que deliciosas excursões noturnas fizemos com nossas caminhadas nas adoráveis cercanias de Bonn! Nosso objetivo era, habitualmente, o terraço de uma pequena estalagem em Küdinghoven, que oferecia uma vista maravilhosa de Drachenfels e Rolandseck, onde cantávamos e recitávamos; Kinkel era nosso herói, e Mme. Matthieux, uma profetisa; nós três estávamos em tal êxtase de felicidade que chegamos a dizer que, nos anos vindouros, lembraríamos uns aos outros desses momentos. Na noite que antecedeu minha partida para a Bélgica, fui honrado com uma viagem pelo Reno, passando pelas mais belas e imóveis faias; o barco vibrava com nossas canções e risadas. Aquela última noite com Mme. Matthieux foi uma das mais adoráveis que me lembro de ter passado em Bonn; no fim, ela me disse: "Dei a Herr Focke uma carta de apresentação a Frau Bettina, para você e ele!" Este foi o ponto culminante e a coroação de toda sua bondade para comigo.

Em Coblenz, fiquei dois dias com Focke, e então viajei com ele para cá, via Frankfurt. No caminho todos os jornais estavam cheios de notícias desagradáveis sobre a Suíça. Schaffhausen [região rural] quer se separar; a questão das ordens religiosas fica cada vez mais intricada e terrível; em resumo, os inequívocos sinais de decadência interna começam a aparecer, porque as pessoas não estão mais preparadas para aceitar a *lei*, que é a única proteção para a Suíça. Estou, por essa razão, desistindo de meu país? Certamente não; pretendo devotar-me à *sua* história, mas em primeiro e último lugar direi a meus compatriotas: lembrem-se que vocês são alemães! Somente um definitivo – embora não político – *Anschluss* com a Alemanha pode salvar a Suíça. Não sou desleal, querida Louise, quando digo isso, pois apenas alguém que tenta promover o interesse pela cultura alemã pode ser de alguma utilidade na Suíça; há somente um remédio contra a ameaça de declínio de um povo, que é: renovar os laços com suas origens.

Expresso-me mal e escrevo com grande pressa. Quando chegará o tempo em que, infinitamente enriquecidos por tudo o que pensamos e experimentamos, seremos capazes de, mais uma vez, falarmos um com o outro? É com você, minha querida irmã, que eu conto.

J.

PS. Saudações a todos. No dia 27 ou 30 estarei em Berlim.

Para Louise Burckhardt
Berlim, 29 de janeiro de 1842

Primeiramente, meus mais sinceros desejos de que os céus tenham lhe preparado um adorável ano novo. Apesar de todo o meu trabalho, será um ótimo verão para nós dois. Talvez eu consiga desvelar ante seus olhos um quadro da Alemanha, grande e inesquecível, e se, de qualquer forma, não conseguir, há assuntos sem fim para falar a respeito e recontar.

Ontem fez uma semana que, às dez e meia da manhã, Focke e eu nos apresentamos a Bettina. Fomos introduzidos em um deslumbrante salão. Poucas, mas boas, pinturas a óleo nas paredes, e entre elas um belo quadro antigo alemão. Enfim a porta da sala adjacente abriu-se, e Bettina apareceu. Uma mulherzinha maternal de quarenta e quatro anos, baixa, com um belo porte, fortes traços ciganos e uma cabeça maravilhosamente interessante, o que é deveras *excepcional* entre as mulheres; bonitos cabelos, de um castanho verdadeiro, e os mais incríveis olhos castanhos que jamais vi. Usava um vestido de seda violeta, e sobre ele um xale de um pálido verdemar, que continuamente ajeitava em delicadas dobras; deveria ser do melhor tecido, pois, quando ela o puxava, era possível ver por inteiro o belo feitio. "Oh, você tem uma carta! Dê-me-a, ou, melhor ainda, venha aos meus aposentos, por aqui". Fomos para um estúdio muito simples. Na parede acima do sofá uma cópia de Io, de Correggio; na parede à esquerda, Achim von Arnim, seu falecido marido; à direita, Sophie de la Roche, sua avó, com uma capa, e sobre uma mesa de parede um molde de gesso de uma magnífica cabeça de Júpiter, etc. Finalmente, em um *trumeau* entre duas janelas, sob um espelho, a miniatura de um monumento a Goethe que ela planejara — ela havia feito muitos deles. Goethe sentado em um trono, sua cabeça esplendidamente inclinada para trás, mirando à distância, contemplando a poesia. Ao redor do trono, em relevo, estão suas principais criações, Mignon, Leonore, etc.. Sua mão direita descansa em um dos braços do trono, com a esquerda ele segura uma lira; à sua frente Psiquê inclina-se sobre o joelho dele, dedilhando acordes na lira e ouvindo os sons com um doce sorriso.

Bettina sentou-se no sofá e nós em cadeiras, em ambos os lados. Ela pegou um feixe de penas e ficou brincando com ele enquanto lia em voz alta a carta que nós lhe trouxéramos de Mme. Matthieux. Pense nisso! Nossas recomendações sendo lidas em voz alta para nós! Na verdade isso não importava nem um pouco. "Agora, vejamos, o que mais ela diz: 'Por que não me mandou seu Günderode?' É claro! Você leram Günderode, cavalheiros?" Nós respondemos honestamente: "Oh, sim, diversas vezes". "Bem, ela não era uma jovem maravilhosa? Você não se apaixonou por ela?" Virou-se para mim e, enquanto eu ia ficando vermelho até a ponta das orelhas, completou: "Sim, posso ver em seu olhar que você se apaixonou por Günderode".

(*Par parenthèse*: Você leu Günderode? É um dos mais maravilhosos livros; pegue-o no Clube de Leitura. Ela era a melhor amiga de Bettina, uma grande pessoa, que ficou arrasada por causa de um caso de amor infeliz – diz-se que com o professor Schlosser,[28] em Heidelberg – e pôs fim à sua vida jogando-se no Reno.) Então eu conhecia os bons livros dela. Há algo de comovente em ver-se diante de uma mulher que passou por uma experiência como essa e ousou revelar sua correspondência com a infeliz jovem a um público insensível, e com uma dedicatória "*aos Estudantes*". Bettina prosseguiu: "O que você tem nesse rolo de papel em sua mão?" Entreguei a ela, explicando que eram as últimas canções de Mme.

---

[28] O palpite de Burckhardt estava errado, o historiador em questão era Creuzer, de Heidelberg, uma pessoa rígida e sem graça, segundo o irmão de Bettina, Clemens Brentano.

Matthieux para Fräulein Maximiliane. Ela imediatamente mandou chamar a filha mais velha, uma pálida e interessante jovem de uns dezenove anos. Atrás dela vieram as outras duas filhas, com um adorável galgo. Bettina, você sabe, queria criar suas filhas inteiramente sozinha e à sua maneira, isto é, sem dar ouvidos às convenções, mas seus parentes as levaram consigo para Frankfurt por alguns anos. Como conseqüência, elas têm o "*ton*" da sociedade combinado de uma maneira indescritível com o refinado *laisser-aller* de sua mãe. Dirigimo-nos imediatamente ao piano e cantei três ou quatro canções, acompanhado por Fräulein Max (como ela é chamada). Bettina achou que eu tinha uma boa voz de baixo. O resultado disso é que nós dois logo voltaremos, e passaremos uma noite inteira cantando. Queríamos nos despedir e partir, mas uma das meninas disse, muito inocentemente, "Mamãe, os cavalheiros trocaram um sinal entre si, eles querem partir", e então tivemos de ficar. Frau von Savigny,[29] a irmã de Bettina, reuniu-se a nós e ficamos indo de um lado para o outro nos aposentos, até que, de repente, encontrei-me a sós com Bettina em seu estúdio. Nossa conversa durou uma meia hora, na qual falamos sobre juventude, estudantes, o futuro da Alemanha. Que grande mulher; ela aborda cada assunto pelo maior e mais elevado ponto de vista, embora pareça ter algo de liberal. "O que pode acontecer com você", ela disse, "enquanto a geração mais velha não permitir que você se torne alguma coisa?" Você pode ter uma idéia de seu *franchise* a partir do seguinte: ela contou a respeito de um jovem que foi preso em um café daqui porque

---

[29] A esposa de Friedrich von Savigny, um amigo de Clemens Brentano.

Jacob Burckhardt

disse em frente a uma ou duas testemunhas: "*Que S.M. n'avait pás été à jeun lorsqu'elle donna telle et telle ordonnance*". "Isso, de fato, deve ter prejudicado sua reputação", disse eu. "Sabe", falou Bettina, dirigindo-me um olhar penetrante, "eu poderia realmente odiar você por isso; o fato não lhe prejudicou; na verdade, deverá ser-lhe útil!" Apressei-me a observar que eu estava pensando no público vulgar. Finalmente, após um encontro de duas horas, nos despedimos e após, apertarmos as mãos, ela nos deixou partir, e também nos deu permissão de visitá-la novamente.

    Poucos dias atrás, Liszt deu um concerto aqui para os estudantes, a preços reduzidos (9 batzen); um concerto normal custaria um ou dois táleres. Decidi ir, embora costume ver os *virtuosi* como os corruptores da arte. Mas, dessa vez, foi algo realmente fora do comum, e seria impossível formar qualquer opinião a respeito sem tê-lo ouvido; na verdade, os parisienses não estão de todo errados ao descrever Liszt como tendo vinte dedos. Ele tocou suas peças mais famosas. E agora que ouvi Rubini e Liszt, terão de se esforçar para me sobrepujar; posso lidar com qualquer caçador de leões.

    Oh, que amontoado de coisas terei para falar quando chegar em casa! Nesse ínterim, você terá o bastante para informar caso alguém pergunte por mim. Ao mesmo tempo, teria gostado de preencher minha carta com algo melhor, mas quem no mundo pode controlar seu estado de espírito de tal forma que seja capaz de escrever como deseja?

    Adieu, querida Louise, e continue a amar seu

FIEL JACOB

Para Heinrich Schreiber
Berlim, 4 de março de 1842

...Quanto ao meu futuro, sei apenas que serei capaz de me manter decentemente na Basiléia ensinando algumas horas por dia. E por enquanto preencho o restante do dia com todo tipo de planos históricos; secretamente, penso na história da Contra-Reforma na Suíça. Todo meu trabalho tem sido devotado à Alemanha medieval e moderna; e, naturalmente, era inevitável que eu tivesse de tatear o meu caminho.

Ranke não tem boas relações com quase ninguém aqui em Berlim; ainda assim consegui ganhar sua boa vontade. Um dia serei capaz de falar-lhe bastante a respeito desse tipo estranho.

Nos últimos dois anos encontrei um verdadeiro amigo no professor Kugler, cheio de bondade, paciência e *espírito*; aprendo história da arte com ele, e você encontrará seu nome no começo do *Guia dos Tesouros Artísticos da Bélgica*, que escrevi em uma viagem no último outono, e do qual meu pai lhe enviará em breve uma cópia impressa.

Estou muito contente aqui. Frau Bettina v. Arnim consola-me dos muitos aspectos feios de Berlim, e eu a visito com freqüência. Meus amigos alemães são aqueles com os quais mais conto. Às vezes, porém, sinto-me muito triste quando penso como falta pouco para que eu tenha de dizer adeus a este maravilhoso país.

Neste inverno, e no anterior, terminei algumas coisas para o seminário de Ranke que eu gostaria de lhe mostrar. Uma é sobre Carlos Martel, a outra, inspirada pelo verão passado, é sobre o perverso arcebispo Conrado de Colônia, o líder do Interregno Alemão. Este último ocupou 254 páginas. Ranke falou em imprimi-las; mas nunca se pode ter certeza do que esperar desse Satiricus.

Para Gottfried Kinkel *
Berlim, 21 de março de 1842

Desde ontem algo que se parece com a primavera anunciou sua chegada, então tomo coragem e enfim respondo à sua carta. Para ser sincero, não posso contar-lhe nenhuma novidade, pois em Berlim, como todos sabem, nunca acontece nada. Não poderia haver sob o sol pior negócio do que ser um correspondente aqui e ter a obrigação de escrever artigos. Antes de mais nada, e antes que eu me esqueça, devo lhe dar a data de minha partida de Berlim; isso ocorrerá por volta de 10 de junho de 1842, e, assim sendo, é bem possível que eu passe o 29 de junho com você. Começarei com uma visita de oito dias a Dresden.

Meu *Guia* (de arte da Bélgica) está até agora circulando pelas editoras, e provavelmente será devolvido em breve, sem que tenha sido impresso e publicado. Material para um poema de *Weltschmerz*: o seu *Otto Schütz* e o meu *Guia*, vivendo perto um do outro na mesma escrivaninha! Meu *Guia* não importa realmente, mas, quanto ao seu *Schütz*, isso seria triste; esta é a diferença. Não pretendo comprometer meu *Hochstaden* fazendo-o circular, apesar de que sempre tive em mente o público, e não o pequeno Ranke. Ainda assim, ele ficou de fato satisfeito e me disse que eu deveria publicá-lo, mas sorriu maliciosamente ao falar isso, de forma que fiquei confuso quanto ao que ele quis dizer.

Há pouco a lhe falar sobre poética. Ultimamente tenho tido excelente disposição para a poesia, mas distrações e trabalho fizeram com que isso desse em nada. Escrevi uma impetuosa história para meu amigo Ed. Schauenburg, "Três Pobres-Diabos", que se desenrola em Rüdesheim e preenche uma infinidade de páginas, mas posso mostrá-la apenas a meus amigos mais chegados, porque é demasiadamente impetuosa. Talvez leve um esboço para você em Bonn.

Há pouco tempo comecei a trabalhar em uma tragédia, *Johann Parricida*, que pensei em enviar ao *concours* — uma vez que sempre vendo a pele antes de matar o urso (ou seria um burro desta vez?); mas ela tinha muitas falhas e desisti do plano.

Um libreto, a respeito do qual já lhe escrevi, progride lentamente, e parece-me que, *a priori*, não deu certo. Trata-se da saga do Cavaleiro de Cisne... Toda uma série de incumbências históricas ocupa meus pensamentos; elas seriam suficientes para preencher a vida de um homem por oitenta anos, e espero que não viva tanto. Um voto eu fiz: o de tentar escrever em estilo legível por toda a minha vida, e sempre ter como objetivo o que é interessante, em vez de uma seca, factual perfeição. É realmente uma vergonha; o trabalho da maioria dos historiadores alemães é lido apenas por eruditos, e é por isso que, no momento em que surgiu, Ranke encontrou um grande público faminto. Os franceses têm sido muito mais perspicazes, e Ranke aprendeu muito com eles, mas não o admite. As pessoas estão sempre falando sobre a arte de escrever história, e muitos pensam que fazem o suficiente quando substituem as sentenças labirínticas de Schlosser pela seca narração dos fatos. Mas, não, meu querido camarada, é uma questão de peneirar os fatos, de selecionar o que pode interessar aos *homens*. Se você conseguir alcançar algo nessa direção, até as traças de livros irão lhe agradecer. Estou vivendo em um período afortunado para o estu-

JACOB BURCKHARDT

do da história; o público está se voltando para a história mais do que nunca, e jamais teria se afastado dela se nossos burros historiadores não tivessem enlouquecido em relação a seus próprios objetivos e fins – os maiores entre eles são os piores transgressores.

Para Gottfried Kinkel
Berlim, 13 de junho de 1842

...Você pergunta sobre minhas opiniões acerca das atuais filosofias políticas e éticas. Isso é o que penso a respeito.*

* N. B. Extraí isso de dentro de mim.

Praticamente todos os povos europeus tiveram seus pés removidos do chamado terreno histórico, incluindo a Prússia. A completa negação em assuntos de Estado, Igreja, Arte e Vida que ocorreu no fim do século passado precipitou (entre os melhores, desenvolveu) tamanha massa de conhecimento objetivo – mesmo nas mentes moderadamente ativas – que uma restauração do antigo *status*, no qual o povo era realmente secundário, é impensável. Assim como hoje em dia a Arte perdeu sua inocência, e os estilos de cada época estão todos objetivamente presentes, *lado a lado*, no que diz respeito ao Estado, um interesse pessoal nas particularidades de seu próprio Estado teve de dar lugar, no indivíduo, a um consciente idealismo que envolve a livre escolha. Restaurações, por mais bem-intencionadas que sejam, e por mais que pareçam ser a única saída, não podem obscurecer o fato de que o século dezenove começou como uma *tabula rasa* em relação a tudo. Eu nem elogio nem aponto falhas nisso, é simplesmente um fato, e os Príncipes agiriam bem se encarassem com honestidade a diferença entre sua posição anterior e a atual. A assustadora ênfase nos direitos do indivíduo consiste nisso: *cogito* (seja correta ou falsamente, não importa) *ergo regno*. Antevejo, ainda, assustadoras crises, mas a humanidade sobreviverá a elas, e então a Alemanha irá, talvez, atingir sua idade de ouro. Mas o que, nesse meio tempo, fará o indivíduo? Se ele for livre de preconceitos e inteligente, as correntes espirituais predominantes o ajudarão a formar um postulado filosófico de acordo com o qual ele deverá viver. Há uma coisa que revolução alguma poderá lhe roubar: sua verdade interior. Há que se ser ainda mais franco e honesto do que no passado, e talvez o amor encontrará um novo Reich nas ruínas dos velhos Estados. No que concerne à minha insignificante pessoa, nunca pensaria em ser agitador ou revolucionário; uma revolução só se justifica quando irrompe inconsciente e espontaneamente do solo. Assim dedicar-me-ei com todas as minhas forças ao avanço do espírito alemão, e ao que penso ser certo...

PS. Perdoe-me pelo papel sujo; e que minha Frau Diretora[30] também me perdoe; meu papel de carta está no fim. *Schelling*, assim se diz, fracassou com sua *philosophia secunda*. Você com certeza encontrará a mais abrangente crítica à sua doutrina no *Deutschen Jahrbüchern*. Eu assisti às suas aulas algumas vezes, como ouvinte, durante o período mais intenso das discussões dogmáticas,[31] e expliquei tudo para mim mesmo da seguinte maneira: Schelling é um gnóstico no exato sentido da palavra, como Basilides. Vem daí tudo o que é

---
[30] A esposa de Kinkel.
[31] Kierkegaard assistiu às mesmas aulas e as achou tão ruins quanto Burckhardt.

sinistro, monstruoso e informe nessa parte de sua doutrina. Pensei que, a qualquer momento, algum monstruoso deus asiático com doze pernas surgiria bamboleando e com seus doze braços tiraria seis chapéus de seis cabeças. Pouco a pouco até mesmo os estudantes de Berlim não serão capazes de tolerar sua assustadora, absurda, intuitiva, contemplativa forma de expressão. É terrível ter de ouvir longas explicações históricas e discussões sobre o destino do Messias, epicamente apresentadas, complicadas e inteiramente amorfas. Qualquer um que possa amar o Cristo de Schelling deve ter um grande coração. *En attendant*, o grande mundo aqui está interessado em Schelling sob um ponto de vista ortodoxo, beato e aristocrático; interessado do modo como esta infeliz cidade sempre demonstra simpatias e antipatias sem saber o porquê, simplesmente por causa de uma palavra dita por um ministro. Esse nauseante servilismo é, na verdade, desconhecido em Viena e Munique, esta é minha opinião. Até logo.

Para Willibald Beyschlag*
Berlim, 14 de junho de 1842

Em minhas cartas para Frau Diretora, você descobrirá como e por que provavelmente ainda me encontrará aqui em outubro. No dito inverno ambos estaremos aqui, e poderemos escrever cartas poéticas para o nosso amado M.K.[32] Sefren[33] não está mesmo vindo para Berlim? Conto com ele e com você para me suprir de

---

[32] O Clube Maikäfer.
[33] Karl Fresenius, outro membro do Clube.

companhia neste inverno. E qualquer um que queira conhecer Berlim fará bem se vier aqui pela primeira vez no fim do outono.

Sou um exilado e sempre me verei assim em Berlim, enquanto a cidade e seus arredores continuarem a vibrar em mim com suas agudas notas dissonantes.

Oh, se apenas pudesse vislumbrar uma única vez uma rua curva, estreita e antiga de uma cidade renana, onde as rochas e as montanhas azuis olham de cima para baixo; que grande angústia sofro neste deserto arenoso! Você pode rir de mim, pois sempre me lamento nesse tom; mas com o tempo você também saberá o que significa gemer e suspirar! Seja como for, aconselho-o, querido Willibald, a deixar uma porta entreaberta para o verão de 1843, de modo que, no caso de uma antipatia demasiado violenta por Berlim, você poderá fazer as malas e, a qualquer momento, ir passar o verão em algum outro lugar. Eu estou cravado aqui, e meu conselho é, por conseguinte, contrário a meus próprios interesses.

Aqui nada digo a respeito da Itália; o Reno satisfaria todos os meus anseios. Afinal, você deve ter há muito percebido a unilateral inclinação de minha natureza para a contemplação. Por toda minha vida nunca pensei filosoficamente, e nunca tive um único pensamento que não fosse conectado com algo externo. Não posso fazer coisa alguma, a menos que tenha a contemplação como ponto de partida. E, é claro, incluo na contemplação a contemplação espiritual, como por exemplo a contemplação histórica advinda da impressão que recebemos das nossas fontes. O que eu construo historicamente não é o resultado de críticas e especulação, mas, ao contrário, da imaginação, que preenche a lacuna da contemplação. A história, para mim, é sempre, em sua maior parte, poesia; uma série das mais belas composições artísticas. Portanto não acredito em um ponto de vista *a priori*; este é um assunto para o espírito do mundo, não para o homem da história.

E assim minha poesia sempre carecerá de profundidade real, ainda que não lhe faltem calor e entusiasmo. Meu trabalho histórico talvez se torne legível com o tempo, até mesmo agradável, mas, quando não há uma *imagem* interior para ser posta no papel, o trabalho está fadado ao fracasso. Devo-lhe este palpite, portanto você deve julgar meu arcebispo com justiça. Todo meu trabalho histórico, assim como minha paixão por viajar, minha mania por cenários naturais e meu interesse em arte emanam de uma enorme sede por contemplação. Mas já chega de falar sobre minha própria pessoa.

Se escrever a Sefren, diga-lhe que em breve ele receberá uma carta minha. Apesar de ter se tornado um filósofo, ele continuará a me entender.

Suas canções demonstram um longo, silencioso amor pela poesia. Você deve ter escrito poesia por muito tempo; por que nunca ouvimos nada a esse respeito em Bonn?

Para Karl Fresenius*
Berlim, 19 de junho de 1842

...Apesar de ser um filósofo, você deve me permitir dizer a seguinte verdade: um homem como eu, que é ao mesmo tempo incapaz de especular e que não se entrega a pensamentos abstratos nem por um minuto que seja durante um ano inteiro, age melhor se investigar e esclarecer as questões mais importantes de sua vida do modo que lhe for natural. Meu juiz é a *contemplação*, a cada dia mais clara e mais direcionada ao essencial. Por natureza, agarro-me ao concreto, à natureza visível e à história. Mas, como resultado de extrair incessantes analogias entre *facta* (o que me ocorre naturalmente), tenho conseguido abstrair muitas coisas que são universais. Acima dessas ramificações do universal, sei que existe em suspensão um universal ainda mais elevado, e talvez um dia eu seja capaz de dar esse passo também. Você não iria acreditar como, pouco a pouco, possivelmente em virtude desse esforço unilateral, os *facta* da história, das obras de arte, dos monumentos de todas as épocas gradualmente adquirem importância como testemunhas de um estágio anterior do desenvolvimento do espírito. Creia-me, quando vejo o presente repousando claramente no passado, sou tomado por um estremecimento de profundo respeito. A mais elevada concepção da história da humanidade — o desenvolvimento do espírito de liberdade — tornou-se minha principal convicção, e, conseqüentemente, meus estudos não podem ser insinceros para mim, não podem falhar para comigo, devendo permanecer como meu bom gênio por toda a minha vida.

As especulações de outro homem jamais poderiam me satisfazer, e menos ainda me ajudar, mesmo se eu fosse capaz de adotá-las. Serei influenciado por elas assim como pelo espírito que prevalece no ar do século dezenove; talvez eu seja até mesmo inconscientemente guiado por certas tendências da filosofia moderna. Deixe-me experimentar e sentir a história em seu nível mais baixo em vez de entendê-la a partir do ponto de vista dos princípios fundamentais. Sempre haverá por aí criaturas estranhas como eu. Os incessantes bens que jorram sobre mim pelo meio menos elevado dos sentidos imediatos já me fazem feliz além de qualquer medida, e certamente serão capazes de me levar a atingir algo, ainda que não necessariamente sob a forma científica. E então, talvez, até mesmo os filósofos conseguirão fazer uso disso.

Você pode replicar que a especulação faz parte de meu esforço, que é sua segunda e mais importante metade. Um dia, talvez, isso irá me pegar pelo braço, quando eu ficar cada vez mais insatisfeito com o que me satisfez até aqui e começar a suspirar pelas estrelas mais brilhantes no céu. Sempre apreciarei falar dessas coisas com você porque você é como eu e não sai fugindo imediatamente, virando com orgulho seu nariz filosófico no momento em que alguém não se expressa em bom hegeliano. Veja você, eu respeito a especulação como uma das mais elevadas expressões do espírito de cada época; ocorre que, em vez da especulação propriamente dita, procuro por seus correlativos na história. Há pouco tempo me dediquei a uma pequena pesquisa da filosofia da história ao longo dos últimos seis séculos, e pretendo fazer o mesmo em relação à antigüidade; só então (de qualquer forma, neste verão) estudarei a filosofia da história de Hegel; quero ver se posso entender alguma coisa, se é que isso faz algum sentido. É uma pena que, apesar de ser deveras sem restrições, minha mente não tenha se formado em uma escala mais ampla e livre.

Para mim, história é poesia em sua escala mais grandiosa; não me entenda mal, não vejo isso de forma romântica ou fantástica, o que não valeria coisa alguma, mas como um maravilhoso processo de transformação, como o de uma crisálida, sempre com novas descobertas e revelações do espírito. É aí que me posiciono na praia do mundo – estendendo meus braços para o *fons et origo* de todas as coisas, e é por isso que a história é para mim pura poesia, que pode ser dominada por meio da contemplação. Vocês, filósofos, vão além, seu sistema penetra nos profundos segredos do mundo, e, para vocês, a história é uma fonte de conhecimento, uma ciência, porque vocês vêem, ou pensam que vêem, as *primum agens* onde eu apenas vejo mistério e poesia. Gostaria de ser capaz de dizer isso mais claramente, mas talvez você perceba o que eu quero dizer. Em sua carta você perguntou de maneira muito simpática sobre a melancólica tristeza que transparece em minhas cartas. Certamente eu não estava deprimido por nada externo; esse tipo de coisa raramente me incomoda. Mas pense em mim como um artista, aprendendo e aspirando – pois eu também vivo em imagens e em contemplação – e então pense na melancolia que, de tempos em tempos, desce sobre os artistas simplesmente porque não podem dar forma ao que foi despertado dentro deles – e aí você será capaz de explicar a si mesmo por que eu também fico triste às vezes, por mais alegre que possa ser em meu coração e em minha mente.

Para Heinrich Schreiber
Berlim, 1º de julho de 1842

Por quase dois meses tenho sido o tutor na casa do conde Perponcher, o ex-embaixador holandês, com um salário de 50 *louis-d'or*, refeições gratuitas e alojamento. Fico inteiramente livre até onze horas da manhã e após nove da noite e, nesse meio tempo, posso surrupiar duas ou três das melhores horas do dia. Ainda assim, não estou certo de que você não teria me aconselhado a não dar esse passo. Minha benfeitora, Frau Bettina, não queria de forma alguma que eu estivesse aqui; ela temia que eu viesse a trair meus princípios liberais. Como se um historiador pudesse mudar seus princípios de um dia para o outro!

Você provavelmente já terá recebido meu "Arte Belga" por intermédio de meu pai. Apenas duas palavras em defesa de meu empreendimento. Achei inadequado o ponto de vista puramente objetivo e impessoal dos habituais guias de viagens, de forma que não tive medo de, ao menos por uma vez, a título de tentativa, dar vazão a toda subjetividade.

Daqui a dois anos quero passar alguns meses em Paris e depois, se possível, um ano na Itália, e usar todas as bibliotecas e museus que encontrar, de maneira que estarei em posição de escrever:

1. uma história da arte desde Constantino aos Ottos ou aos Hohenstaufen, e
2. uma história da Contra-Reforma na Suíça.

O que você tem a dizer a esse respeito?

Para Gottfried Kinkel
Dresden, 19 de setembro de 1842

Apenas algumas poucas palavras a você também, querido amigo, enquanto Geibel,[34] a quem fiquei feliz de encontrar aqui, faz suas visitas de despedida. Com a maior das dificuldades extraí seis dias de folga da condessa para uma visita a Dresden, pensando em viver tranqüilo por lá, inteiramente por minha conta; mas logo encontrei Geibel na rua, e ele acabou concordando em ir comigo a Berlim amanhã.

---
[34] O poeta.

Há muito penso em lhe escrever! Que longa vigília, à espera de um momento propício!

Primeiramente, obrigado pelas Canções, que me levaram ao completo desespero. Durante todo o tempo que estive em Berlim, prestes a ter um colapso, cada rua e viela em Bonn estavam cheias de animação. Mas, espere um pouco, estarei com você novamente; você não terá tudo à sua maneira.

Recebi seu pacote em um momento realmente odioso, o que fortaleceu minha rebeldia. Como a condessa ainda não parou de me importunar, deixarei meu cargo nesse inverno, não importa o que aconteça, e, se possível, passarei um mês em Bonn quando estiver a caminho de Paris, em algum dia de maio, mês que me foi tão agradável no ano passado.

Mal ouso imaginar como Berlim irá se parecer amanhã à noite. Nunca teria imaginado que Dresden fosse tão rica em coisas maravilhosas. O mais fantástico material para contos salta de cada canto e de cada fenda dos palácios e jardins, e Augusto, o Forte e seu rococó são um tema que já vem pronto à mão. Napoleão e sua série de reis no ano de 1811 assombram cada canto do lugar.

Para Gottfried Kinkel
Berlim, 25 de novembro de 1842

Tomado de absoluta excitação por sua carta, ontem não fiz mais do que escrever o dia todo; sua imagem estava ininterruptamente ante meus olhos; eu arriscaria tudo por você e tento merecer seu imerecido amor. Tenho a sensação de que não ficaremos separados para sempre e de que, mais dia, menos dia, serei capaz de lhe oferecer algo. Enquanto estive em Bonn, não podia dizer como o amava; agora, porém, posso ser mais livre em minha relação com você, em meu íntimo sou uma pessoa mais completa, e me dirijo a você como sou, amoroso e necessitando de amor. Não me abandone! Farei o que puder para recompensá-lo por isso.

Você me convocou para ser o padrinho de seu casamento, mas não posso prometer que estarei lá. No próximo 1º de novembro tenho de estar na Basiléia para dar aulas, Deus sabe do quê! Além disso, minha família está perguntando por mim e está aborrecida porque já reservei dois meses para ir a Paris. O fato é que minha irmã poderá estar se casando mais ou menos na mesma época, o que pode alterar ou adiar de tal forma meus planos que talvez só no verão eu possa viajar da Basiléia para Paris. Mas tudo isso ainda está longe. Se deixasse meu coração falar francamente, preferiria ir a seu casamento, pois minha irmã e seu noivo dispõem de condições favoráveis e têm amigos o suficiente; minha presença lá seria um ato puramente cerimonial, que bem poderia ser desempenhado por qualquer outra pessoa; mas, para você, seria um ato de amor, o primeiro que eu teria sido capaz de realizar por você. Não é na cerimônia de casamento que quero apoiar minha irmã, mas depois, quando ela estiver sozinha, ansiando pelo irmão pelo qual tanto sofreu e rezou, e que ocupou um grande lugar em seu coração porque a entendeu!

Por último, não tenho certeza de poder dar conta das atribuições de um padrinho. Eu não danço! É melhor que você mencione isso. Em todo caso, eu não seria capaz de ficar para o Dia do Fundador; pensei em chegar em meados de abril, e partir em meados de maio. Apenas Bruxelas me tomará oito dias. No que depender de mim, portanto, eu aceito; mas não posso responder pelo que possa acontecer. Dessa forma deverei estar em Paris em meados de junho, o que seria cedo o suficiente.

Estou realmente encantado por você ter conseguido fazer Habicht aceitar o meu "Arcebispo"; concordo com todas as suas propostas, e, caso Habicht se torne intratável, você tem plenos poderes, caso seja necessário, para excluir parte do material. A nota oficial anexa lhe dá autoridade para agir por mim no que se refere ao editor. Mesmo que eu nunca veja um único *heller* [centavos da coroa], não importa, desde que a obra seja impressa.

Você provavelmente ficará surpreso e perguntará: por que essa mudança de opinião? Em primeiro lugar, você me deu coragem; em segundo, aceito o que fez sem que eu soubesse como um sinal de Deus; em terceiro, não foi pequeno o papel que o desânimo de ter de correr por toda parte desempenhou em minha hesitação; em quarto, agora não preciso copiar novamente o trabalho para a mesa de feltro verde na Basiléia, ou mesmo latinizá-lo, e posso satisfazer os examinadores com uma cópia impressa e com um mísero pedaço de "Carlos Martel" que já está parcialmente em latim; em quinto, em duas semanas estarei lhe enviando a *exposé* da constituição de Colônia, reescrita, mas não aumentada, começando com as palavras (no início do Cap. V): "Não se pode negar que o Arcebispo...", etc.

Para Gottfried Kinkel
Berlim, 3 de março de 1843

Partirei daqui por volta do dia 20 de março, talvez indo direto para o Harz, mas, com certeza, via Naumburg e Jena. Então, através de Schwarzathal (mesmo que haja neve), para Coburg e Bamberg, local onde me sinto fortemente propenso a uma longa permanência. Então (talvez tão longe quanto Nuremberg) para Würzburg; daí irei, passando por Worms, Oppenheim, Nierstein, Bodenheim e Laubenheim, para Mainz e Frankfurt, onde devo ficar cerca de quatro dias por causa das livrarias de livros usados. Então, vagarosa e determinadamente Reno abaixo. De Coblenz visitarei Limburg. Deste modo, chegarei em Bonn entre os dias 20 e 25 e ficarei para o seu casamento. Isso me dá um mês inteiro de descanso, embora com os seguintes *trabalhos forçados* pairando sobre ele: duas ou três visitas a Colônia, uma volta pelo Ahr e uma visita a Siegen para ver Schauenburg, que está lá no momento, ensinando no Ginásio.

Imediatamente após seu casamento descerei o Reno rumo a Cleves, para ver Siegfried Nagel, e de lá para a Holanda, Bélgica e Paris, onde espero chegar por volta de 20 de junho.

No caminho, espero desenhar, compor e ver muitas coisas (o que significa andar por aí, ir a cafés, etc.). Estou enviando um pequeno baú antecipadamente a Bonn, e viajo com uma mochila e um camisolão de dormir. Desta vez, prestarei atenção especial ao bizantino saxão e franconio, e aos vinhos do Main, dos quais, até agora, só conheço o Bocksbeutel.

A oitava folha de Conrad já está corrigida. Aguardo a nona para hoje. Todas juntas somam onze, que eu espero ser capaz de corrigir aqui.

E agora que Deus o preserve, querido amigo. Escrever-lhe-ei novamente em meados deste mês e, queira Deus, durante minhas viagens enviarei a Bonn um sinal de que estou vivo, para que você não pense que desapareci.

Para Gottfried Kinkel
Berlim, 16 de março de 1843

A Petição dos Estados do Grão-Ducado da Posnânia e a Resposta Real a ela apareceram ontem nos jornais daqui. Isso joga um terrível, brilhante raio de luz no abismo para o qual nos precipitamos. Pode-se ver que Sua Majestade pensa que ele está certo e, de fato, na resposta a lei do reino é inteiramente protegida. Mas sua aprovação não está mais protegida, e menos ainda a opinião pública e os desejos da nação. Maldito o conselheiro que induziu o rei a dar este passo; o próprio rei um dia irá amaldiçoá-lo, quando já for tarde demais. Eles tiveram a ousadia de chamar uma decisão, submetida aos Estados por uma maioria, de medida partidária! – e ameaçam não convocar os Estados novamente. Então, em poucas palavras, a Prússia está no mesmo estado que Hanover. Isso sem mencionar a má vontade com que os Estados novamente recusaram – que espécie de conselho pode ter sido dado ao rei, se ele pensa que seus argumentos contra a liberdade de imprensa causam qualquer impressão no público! Acho que enxergo esses assuntos mais claramente do que enxergava até então, e parece-me que bem cedo o rei foi imbuído por seus professores com a antiga noção de Estado (isto é, absolutismo em sua forma jurídica), e não pode ir além de certas deduções a partir de tal noção – o que sem dúvida nos teria acontecido se estivéssemos em sua posição. Além disso, ele é muito mais dependente de sua *entourage* do que se pode imaginar, e isso o prende cada vez mais a um determinado modo de ver as coisas que está fadado a resultar, cedo ou tarde, em uma ruptura. Pensar nessas coisas realmente me entristece; é como pensar

Pont des Arches, Liège, 1843

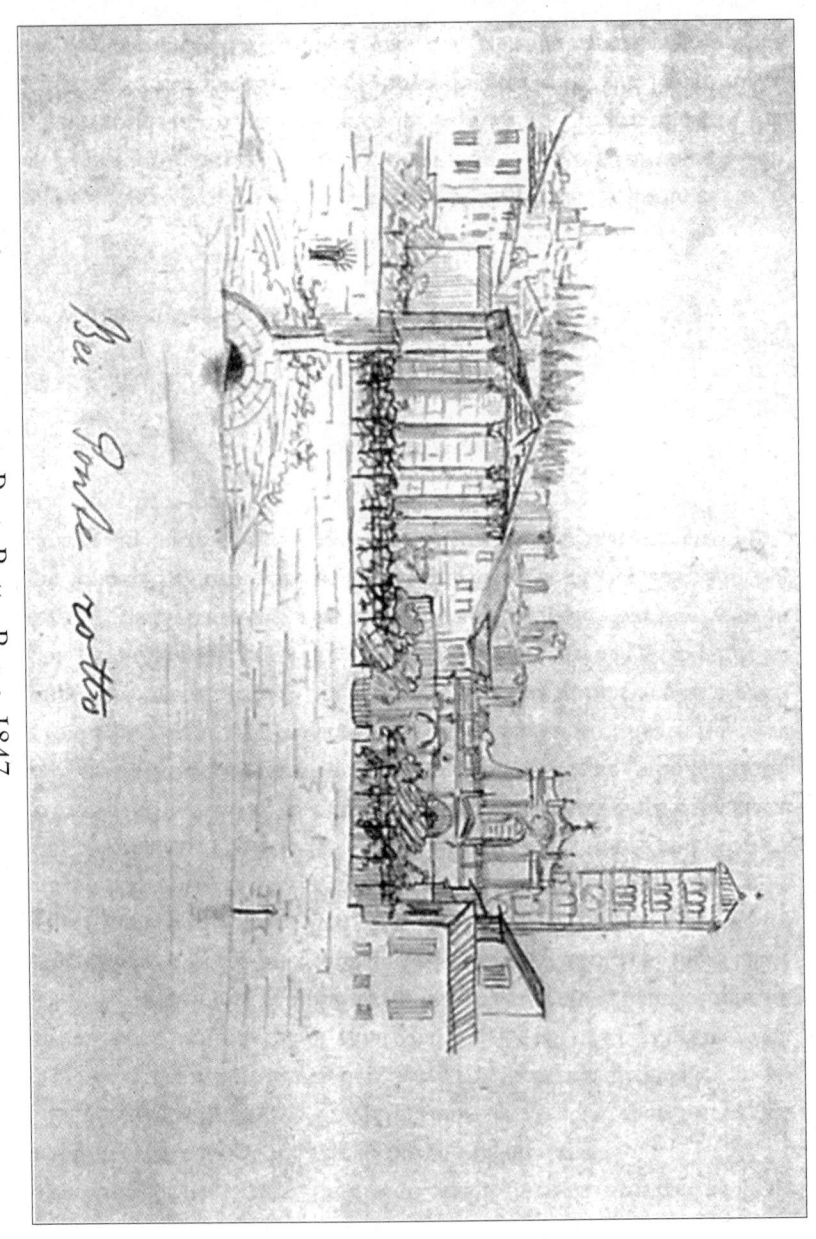

Ponte Rotto, Roma, 1847

que o Palácio em Berlim está sob um encantamento mágico, como se o rei ansiasse por liberdade, paz e entendimento, sem ser capaz de alcançá-los, pois, através das janelas encantadas do palácio, todo o país parece próspero, rico e pacífico, e os gemidos e lamentos que soam à distância são classificados pelo ministro como vozes partidárias de um ou dois indivíduos mal-intencionados, obstinadamente fincados na obscuridade, como carvalhos e pinheiros.

Addio, querido amigo; em cinco semanas estarei com você.

Para Gottfried Kinkel
Paris, 16 de junho de 1843

Cheguei aqui no dia 8 e tenho desfrutado de Paris há oito dias; manhãs no Louvre e nas igrejas; noites nos bulevares e no teatro. Mas você deveria ver como sou digno de confiança; deixe-me dizer-lhe que no primeiro dia deste mês enviei, de Roterdã, uma resenha de seus Poemas ao *Kölner Zeitung*; já deve ter chegado, pois paguei o selo, mas os tratantes ainda não a publicaram.

Vi *Bourgraves*, de Hugo. As intenções são, num ponto e outro, muito grandiosas, mas no fim foram enfraquecidas pelo absurdo. Beauvallet, em seus melhores momentos, lembra-me o que ouvi dizer de Ludwig Devrient. O alexandrino, porém, é insuportável, mesmo no Théâtre Français. No Odéon, ouvi uma pequena mas primorosa obra de Molière. Então veio a *Andromaque*, de Racine, e eu fugi após o primeiro ato. O que você diz da pequena peça que vi no Théâtre du Palais Royal – *La fille de Figaro* –, uma versão feminina de Fígaro, isto é, amiga de todos, que ajeita as coisas e protege dois amantes de todo tipo de intrigas? O Fígaro de Beaumarchais é um tratante e faz o que faz por dinheiro, enquanto *La fille de Figaro* (que não tem nada a ver com Fígaro) faz tudo por conta de um bondoso coração. É muito estranho que nos palcos franceses raramente se veja um grande talento, mas um ator francês medianamente bom é sempre medianamente *bom*, ao passo que um ator alemão medianamente bom é, como regra geral, medianamente *ruim*. É por isso que mesmo um teatrinho de esquina de Paris é sempre *an ensemble*, e a audiência pode apreciá-lo. Mas ninguém pode esconder o fato de que o drama francês, que sempre foi trágico, segue um caminho incerto.

PARA WILLIBALD BEYSCHLAG
Paris, 19 de junho de 1843

Devo ou não confessar-lhe que é possível ter saudades de Berlim em Paris? Isto é, não de Berlim propriamente dita, não pelo que a cidade contém, mas de todos vocês. Você não faz idéia de quão solitária pode ser a vida aqui, em meio ao ruído colossal e ao espetáculo que nunca acaba. Mas espere, posso fazer alguns amigos! Bem sei que por certo não experimentarei outro inverno como aquele de Berlim, em 1842-43. Ontem estava terrivelmente quente e sufocante em Paris, e, como era domingo, as ruas estavam abarrotadas de pessoas, de modo que fui a Saint-Denis para me recompor com uma histórica, elegíaca cura da melhor espécie. Eram três horas quando adentrei a bela, refrescante e antiga igreja do mosteiro, à qual estão ligados séculos de lembranças da França. Uma multidão de pessoas amontoava-se em direção à cripta dos reis, enquanto o órgão fazia ressoar seus acordes. As tumbas estão vazias, é claro, mas todos os ossos jazem na grande cripta central que Napoleão preparou para si mesmo. Pode-se passar por ela em quinze minutos, indo-se de Clóvis e Carlos Martel a Luís XI e os restos de Maria Antonieta. Em um muro pode-se ver o bárbaro retrato em mosaico de Frédégonde tirada de sua tumba. E, ao subir novamente para a igreja, um Napoleão e um Luís Felipe, em enormes retratos em vitral, reluzem para nós. Resumindo, é o suficiente para nos deixar loucos. Acima do altar-mor oscila uma auriflama de Felipe Augusto, a mesma que ele levou consigo para a Palestina. Agora eu sei: da próxima vez que quiser uma cura, irei a Saint-Denis em uma manhã, gastarei alguns francos e ficarei trancado na cripta.

Já Paris, propriamente dita, está longe de causar a impressão histórica que se espera dela. Apesar do tolo amor que a arte francesa e a sociedade parisiense demonstram pela Idade Média e pelo Renascimento, todo mundo está ansiosamente à procura daquilo que é o mais moderno, e uma centena de enormes anúncios em todos os pontos clássicos da cidade deprecia cada memória do passado. Obtém-se apenas uma noção mítica da primeira Revolução; de maneira geral, Paris está mais absorvida por uma preocupação ansiosa em relação ao futuro do que pelas lembranças de seu passado, apesar dos numerosos monumentos individuais. Penso que não se passará muito tempo até que haja outra explosão. Mas, enquanto isso, todo mundo está vivendo um dia após o outro, e é essa a impressão predominante.

Ficar dia após dia sem companhia, olhando isso e aquilo, realmente nos confunde; mais de uma vez caminhei até me entorpecer. Não há dúvidas quanto a isso, Paris é bela; quando comparo as lúgubres fileiras de casas, e as ainda mais lúgubres charnecas e estepes vistas de Marienturm, em Berlim, com a magnífica vista que do Arco do Triunfo se tem da Étoile, compreendo que faltam apenas você e meus amigos de Bonn para que a cidade seja um divino *deleite*.

E agora, acima de tudo, mais uma coisa. Anseio por notícias de Hermann. Poderia esse camarada vir para Paris, se algum dia ele for exilado? Então, pelo seu bem, me mudarei para o Quartier Latin e, por amor a ele, permanecerei lá até o fim de novembro... e economizarei o máximo que puder. Receio que o negócio com Bettina tenha sido um passo em falso;[35] ela não pode fazer tanto quanto se imagina...

Para Albrecht Wolters*
Paris, 20 de julho de 1843

À propos de Versalhes. Em um domingo, há quase três semanas, as Grandes Fontes, como são chamadas, estavam funcionando. Enquanto eu ficava lá, olhando um par de deuses expelindo água, diante de mim, por detrás do diáfano halo de um borrifo de água, eu vi – o pequeno Ranke. Fui até ele – teria preferido ignorar sua presença, mas era possível que ele já me houvesse visto. Ranke dirigiu-me um sorriso superior, diplomático; naquele momento ele estava envolto por um ar um tanto envelhecido da Corte de Versalhes de muito tempo atrás. Tentei extrair dele o que fazia em Paris e, maliciosamente, deixei-o supor que eu estava pensando em missões diplomáticas. Ele sorriu novamente, de modo tão delicado quanto antes, e caiu na armadilha, respondendo: "Encontrei algumas coisas excelentes nos arquivos!" Eu

---

[35] Bettina havia tentado ajudar Schauenburg em seus problemas com as autoridades.

sabia muito bem que suas missões diplomáticas não tinham importância alguma, mas Ranke sente-se lisonjeado quando alguém aparenta acreditar nele. Dias depois um de meus companheiros esteve com um conhecido alemão e lhe falou a respeito de nosso encontro com o professor Ranke. "Ah! O pequeno Ranke", disse ele, "é simplesmente um suíno! Você sabe", prosseguiu, "não faz muito eu o encontrei em uma reunião na casa de Thiers, e ele começou a falar de maneira insultante a respeito do último rei da Prússia e da rainha Louise, obviamente para forçar Ranke a cair em contradição... Mas Ranke manteve-se completamente em silêncio". Ranke não conhecia esse alemão, e pensou que não estivesse sendo observado.

Terei de suar um bocado neste verão na Basiléia, preparando aulas, escrevendo livros, dando lições, etc. E depois que eu tiver prosseguido assim por alguns anos, queira Deus, tempos mais tranqüilos se seguirão, bem como um trabalho mais ou menos seguro, ainda que de pouco destaque. O apelo que o jornalismo exerce sobre mim é cada vez menor; não creio que eu seja realmente preparado para isso, e temo as inevitáveis distrações que me traria. Entretanto, algo resultará disso tudo. No momento vou bastante ao teatro, em algumas ocasiões até duas vezes na mesma noite, às galerias, e diariamente à Bibliothèque Royale, onde as pessoas são tratadas de forma mais liberal, podem pegar até mesmo os livros mais raros e copiar com tinta tanto quanto se queira. Se eu não conhecesse Paris, muitas coisas que são essenciais à minha profissão me faltariam. Não posso dizer que respeito Paris, pois as massas são tão instáveis quanto as de Berlim, e a cidade não causa uma real impressão histórica ou moral, apesar de ser inacreditavelmente rica em coisas individuais.

Para Gottfried Kinkel
Paris, 20 de agosto de 1843

Na Basiléia levarei uma vida reservada e cortês; não há ninguém em quem possa confiar inteiramente; e não há ninguém com quem possa ter uma irrestrita amizade intelectual. Os poucos conferencistas são jovens e respeitáveis cavalheiros da cidade, com os quais nunca me ocorreria tentar manter uma relação mais informal; por maior que seja sua experiência, você não faz idéia da futilidade e ubiqüidade dos ricos orgulhosos da Basiléia. Uma ou duas pessoas do corpo docente são amigáveis para comigo, mas você sabe muito bem do abismo profundo que divide o corpo docente e os conferencistas, e assim eu tenho de ameaçar Wackernagel, que se tornou um pietista, para que Hoffmann von Fallersleben fale comigo, como uma criança. De fato não sobrou ninguém exceto meu velho amigo Picchioni,[36] que já foi *carbonari* e engenheiro na Lombardia; uma pessoa esplêndida, realmente notável, corajoso e jovem aos sessenta anos, apesar de todos os seus infortúnios. É claro que ele não é um erudito, mas tem vivido ao longo de nosso século com seus sentidos despertos e pode contar uma longa história sobre a insensatez humana. Ele é um professor extraordinário e se dá bem com todo mundo.

Um alemão cujas ilusões da juventude foram destroçadas torna-se, com facilidade, taciturno e intolerável; já os latinos, em situações como essas, tornam-se inteiramente dignos de estima; tenho tido a chance de observar prodigamente esse fato por aqui; os jovens franceses que par-

---

[36] Burckhardt dedicou o *Renascimento* a Picchioni, que havia sido um de seus professores na Basiléia.

Jacob Burckhardt

ticipam de alguma forma da política decadente e da confusão social que reina na França são excitáveis, rudes e mal-humorados; contudo, não há nada mais agradável do que um velho francês que foi enganado e desiludido pela Convenção, Diretório, Consulado, Império, Restauração e Revolução de Julho. É então que começa o charmoso, afável *Allerweltshumor*, que contagia até mesmo a juventude.

Estou muito curioso a respeito de Schnaase.[37] Kugler está feliz como uma criança por o trabalho ser dedicado a ele. Oh, que carta adorável recebi de Kugler! Ele me oferece sua amizade! E esse privilégio é concedido a pouquíssimos estudantes que chegam do exterior. Ele sempre me tratou com indulgência e, ainda assim, sempre me disse a verdade (isto é, sobre meus poemas), e agora, espontaneamente, me dá um sinal de sua amizade, que muito significa vindo de um homem tão reservado e, pelo que as aparências indicam, frio. E o que tenho conseguido fazer por ele até agora?

Oh, senhor, minha poesia secou inteiramente! A perpétua excitação que se sente em Paris consome o pouco de serenidade que se poderia poupar a cada dia. Sendo assim, como irei responder à sua bela carta *Maikäfer*? Estando tão sozinho como estou, Deus sabe que não se tem humor de sobra, e eu não chamo de humor rir às gargalhadas, no meio da rua, dos cem milhões de disparates dos parisienses; e embora o solo às vezes trema sob meus pés – como por exemplo, na Notre-Dame ou nas Tulherias –, eu não estou inspirado.

O caso espanhol é chocante, e prova quão infernalmente pia a política do velho Guizot é e para sempre será. Você deveria ver a raiva dos franceses ante a futilidade de sua política externa! O mi-

---

[37] O jovem historiador de arte, Karl Schnaase.

nistro, dizem, deve arriscar-se a realizar uma brilhante demonstração pelo bem do prestígio francês. Nunca, porém, meu querido companheiro, acredite na lealdade da política externa francesa, pois eles sempre pensam que estão com a razão em relação às potências estrangeiras, por mais repugnante que possa ser seu comportamento. Pois os franceses ainda acreditam que têm direitos sobre a Europa e outros países, e vêem as infâmias de seu ministro para com outros países como uma necessária *"réparation d'honneur"* por 1815. A idéia de que a Renânia pertence à França, por direito humano e divino, ainda é corrente; sempre respondo a isso com desdenhosa polidez, pois cada argumento que jamais expressei colide com a mente estreita do povo daqui. Os franceses ostentam um orgulho que vai além dos mais extremos limites do orgulho nacional, e eu começo a acreditar que a nação sofre de uma loucura febril que só pode ser explicada pelas terríveis excitações dos últimos cinqüenta anos. Estou convencido de que isso deixou uma incurável, corrosiva ferida no coração desse povo generoso, com todo o seu grande potencial. Não se pode queimar e descartar a Europa impunemente. Você deveria ver o enfraquecimento da vida política que acompanha a raiva deles! As pessoas ainda ficam excitadas, mas estão extenuadas, e o governo pode fazer o que quiser. As sessões na Câmara são tratadas com evidente desprezo, mesmo pela esquerda; toda a confiança nos moldes republicanos da Dinastia de Julho e na constituição desapareceu. Tenho visto as seguintes cenas sendo ruidosamente aplaudidas no teatro: (1) uma amarga, vigorosa e excelente sátira da República de 1799; (2) um indescritível e inteiramente aristocrático desprezo pelos *épiciers* e pelas esposas dos *épiciers* atualmente na corte, com uma orientação "de esquerda"; (3) inumeráveis pequenas alusões em quase todas as peças à ausência de significação das formas constitucionais. É assim que as coisas estão.

Depois disso, você pode muito bem perguntar: o que esse tratante está fazendo em Paris? Resposta: ele passa três horas de cada dia de trabalho na Bibliothèque Royale fazendo excertos de todo o tipo de coisas; durante as últimas seis semanas ele tomou emprestados manuscritos italianos sobre a Suíça (seu país e de outros tratantes); desde o fim de junho, entretanto, ele começou a estudar a história da invasão da Suíça pela Borgonha em 1444. No ano que vem haverá uma grande celebração na Basiléia; terão se passado exatos quatrocentos anos desde que os Armagnacs travaram uma batalha perto de Sankt Jacob, nos arredores da Basiléia. Johannes von Müller foi o último homem a contar a história a partir de fontes originais, ainda que de forma um tanto bombástica e inadequada. Então esse sujeito está agora lidando com fontes e manuscritos em Paris e descobre que tudo aconteceu de maneira bem diferente daquela que o velho Müller diz; e ele está preparando um trabalho especial sobre o assunto para a celebração. Mas isso deve ser tratado com luvas de pelica, a fim de que o orgulho nacional ofendido não se transforme em fúria, retribuindo mal ao tratante, sobretudo por ocasião de seu *début* na Suíça.

PARA JOHANNA KINKEL
Paris, 21 de agosto de 1843

[...]
A música aqui chegou a um ponto no qual se pode apenas dizer: que os céus nos protejam! Ouvi *La Dame Blanche* recentemente, e

não se pode dizer que tenha muito estilo — soa muito fora de moda, como se fosse de um outro mundo. Todas as melhores coisas nas últimas óperas de Paris são roubadas dos italianos. No restante, não há nem rima nem razão; harmonia e fraseado costumam ser cortados e abreviados de uma maneira intolerável — e, desde que tudo seja *novo*, quase nada mais importa. Bellini e Donizetti, que são intrinsecamente impotentes, ao menos têm o bom senso de não tentar ser mordazes, enquanto Balfe, Isouard, Halévy e companhia, tendo vislumbrado a soberba instrumentação de Meyerbeer, mostram seus desprezíveis temas como os mais pretensiosos trabalhos artísticos. Você deveria ouvir uma das árias de *Puits d'Amour* (de Balfe), acompanhada por um oboé e duas harpas! *Tant de bruit* (e nada mais é do que isso) *pour une omelette*. Há um consenso de que o futuro da música francesa depende, por enquanto, da próxima ópera de Meyerbeer. Posso imaginá-la pensando: é muita esperança!

PARA GOTTFRIED KINKEL
Basiléia, 26 de novembro de 1843

Querido amigo, se ao menos eu pudesse viver perto de você! Mas, no momento, mal estou vivendo, isto é, estou me matando de tanto trabalhar. Se meus ex-colegas imaginassem que sou tão reservado e polido para com eles porque os acho enfadonhos e filisteus demais, eu seria ininterruptamente atacado e difamado. Por isso, nada deve ser percebido. Que grande verdade! A Alemanha me mimou ao me oferecer a melhor companhia possível, e, naturalmente, sinto-me perdido aqui — mas estou bem preparado para isso, e tenho lembranças suficientes para compensar tudo o mais. Há um simulacro de oposição aqui, todos filisteus, mas de um matiz um tanto diferente dos outros; e em seu meio há alguns maliciosos, de forma que não quero me misturar com eles. No que se refere à política, sou forçado a guardar minhas opiniões para mim, pois desprezo todos os partidos: conheço-os bem e não pertenço a nenhum. Nesse meio tempo estou me matando de tanto trabalhar em algumas aulas de história alemã para o próximo verão, começando com a tolice da "Altalemanien". De que eu vou viver ainda não está claro; nesse meio tempo Kugler me encarregou da nova redação dos artigos sobre arte para a Brockhaus (nona edição), que são muito bem pagos. A letra E foi revisada e enviada para impressão há dez dias. Kugler revisou de A a D, mas era demais para ele, que tinha muitas outras coisas a fazer, de modo que me apresentou a Brockhaus. Se eu pudesse, pouco a pouco, tornar-me correspondente de outros lugares também — como o *Leipziger Zeitung*, por exemplo —, teria uma existência bem tranqüila. Veremos...

Posso crer que você recebeu o dinheiro?

PARA EDUARD SCHAUENBURG
Basiléia, 30 de novembro de 1843

Estou me preparando para anunciar palestras de história alemã e história da arte no próximo verão — como um palestrante em uma universidade com apenas vinte e oito estudantes chega ao ponto de dar palestras é outro assunto. Por favor, não espalhe no exterior que há tão poucos alunos; isso pode prejudicar a universidade ainda mais. Assim você vê que tolo eu devo ser para planejar minha vida (uma expressão inteiramente abominável) nas condições reinantes aqui. Todas as minhas expectativas voltam-se para o altamente problemático cargo de ser um professor contratado, nos melhores anos de sua vida, por 100 *louis-d'or*, que evaporariam se a universidade desaparecesse, como parece estar na iminência de ocorrer. Ainda posso, é claro, ter a esperança de ganhar algum dinheiro com palestras para o público em geral.

Para Willibald Beyschlag
Basiléia, 14 de janeiro de 1844

Sim, acredito sinceramente que seu sentimento pela Igreja é genuíno, conscencioso e verdadeiro. Sei que pessoas com respeito próprio mantêm-se fiéis à Igreja, e que o ponto de vista da Igreja ainda é inteiramente justificável e, sem dúvida, assim permanecerá por algum tempo. Pouco a pouco meus estudos convenceram-me de que também a Igreja Protestante, como guardiã de um tesouro universal, é uma Igreja, e não apenas a débil imitação superficial da Igreja Medieval. E só posso respeitá-lo ainda mais por apegar-se a ela, embora você não ignore o desdém e o desprezo que a Igreja tem de enfrentar, e apesar de saber que as principais mentes da nação a abandonaram. Eu rompi com a Igreja para sempre, por motivos por demais pessoais, uma vez que, literalmente, não consigo encontrar sentido nela. Minha vida moral, *sit venia verbo*, segue em frente sem a ajuda da Igreja, e recua sem o aguilhão da consciência eclesiástica. A Igreja perdeu todo o poder sobre mim, assim como sobre muitos outros, o que, num período de dissolução, seria mais do que esperado.

Jacob Burckhardt

Ainda assim isso não mais precisa nos separar, uma vez que o terreno onde nos encontramos e apertamos as mãos é neutro no que diz respeito à Igreja. Tenha cuidado apenas, Balder, no que diz respeito à vida prática! Estará você suficientemente livre do ponto de vista espiritual para reconhecer nos outros uma espontânea, pessoal e talvez completamente laica religiosidade, como testemunha de um tempo de desintegração, e tratar a cada um de acordo?

Eu não deveria, por exemplo, pedir-lhe, como membro do Conselho Consistorial, para votar pela indicação de Bruno Bauer,[38] pois pessoas como ele devem ser honestas o suficiente para manter distância da *sancta theologia*. Mas qual seria, por exemplo, a posição em relação à indicação de um honesto professor de história sem laços com quaisquer Igrejas? Por que deveria você, entre todas as pessoas, estar no centro da *mêlée* que se anuncia entre a Igreja e os intelectuais? Você certamente não pode pensar que a atual restauração das comunidades da Igreja é uma mera reação contra o racionalismo, e que, portanto, é transitória; você acredita que as coisas se encaminham para uma genuína restauração. Se isso fosse possível, poderia, talvez, ganhar minha aprovação.

Irei, de uma vez por todas, dizer claramente o que tantos *viri doctissimi* pensam e não ousam expressar: sob o nosso ponto de vista, o cristianismo entrou no domínio de períodos puramente humanos da história; o cristianismo guiou moralmente as nações, e lhes deu força e independência para que, de agora em diante, se reconciliassem, não com Deus, mas *internamente*, com suas consciências. O tempo dirá sob quais formas de pensamento os povos

---

[38] Bruno Bauer, 1809-1882, membro da jovem escola hegeliana cuja crítica destrutiva dos Evangelhos acabou em violentas polêmicas.

germânicos e latinos poderão, mais uma vez, aproximar-se pessoalmente de Deus. Deus apenas tem de ser outra vez pessoal, e as pessoas acreditarão em Sua personalidade. Acredito que Sua última encarnação vive em todos nós.

Oh, tivesse eu vivido quando Jesus de Nazaré caminhava pelo interior da Judéia – eu O teria seguido, e teria deixado que o orgulho e a arrogância se dissolvessem no amor por Ele, e não mais teria pensado em minha própria independência e valor –, pois quando se está perto Dele, que importância teria perder-se como indivíduo? Mas apesar de ansiar por Ele, dezoito séculos nos separam, e é somente quando estou sozinho e em momentos de melancólicos anseios que a majestosa imagem aparece diante de minha alma e me consola, a imagem do Maior dos Homens. Como Deus, Cristo me é indiferente – o que se pode pensar Dele dentro da Trindade? Como homem, Ele é a luz de minha alma, porque é a mais *bela* figura da história. Quem quiser que chame isso de religião – não há nada que eu possa fazer contra esse conceito. Você, querido Balder, verá isso como a conseqüência de um cristianismo estético, que goza de uma reputação não tão boa assim. No que me diz respeito, pense o que quiser; não tenho pretensão de chamar isso de religião.

30 de janeiro

E agora a respeito de Kinkel. Por muito tempo não fiz segredo do fato de que o o admiro mais como filósofo do que teólogo, e acredito que, enquanto as pessoas estiverem determinadas a sustentar a velha ortodoxia *à tout prix*, a liberdade de ensinar será cada vez mais restrita. Se você não sabe de onde o vento está soprando no momento, leia o indiferente artigo sobre Schleiermacher e sua escola no *Literarische Zeitung*. Essa é, infelizmente, a opinião que no momento prevalece no ministério. Além do mais, não tenho ilusões de que, de agora em diante, mesmo o Kultusminister [ministro da Educação] de mente mais liberal será incapaz de tolerar a *liberdade de instrução teológica* da maneira como a entendo; ou seja, desde que a Igreja e o Estado não estejam separados. A cada instante, o saber *evidencia* a desintegração da Igreja como um fato interno, e o *apressa* como fato externo. *Summa*: até que Igreja e Estado sejam separados, a coisa mais prudente que um teólogo negativo pode fazer é transferir-se para outra faculdade. Além disso, a separação levará muito tempo para ocorrer, e a verdadeira batalha começará somente quando isso acontecer. Muitas coisas ficaram claras para mim quando desisti da teologia.

Para Johanna Kinkel
Basiléia, 29 de janeiro de 1844

Ninguém lamenta o fato de eu evitar o convívio social, ninguém estava esperando por mim, e se eu ficar em silêncio até que meus cabelos embranqueçam nem uma única alma irá se incomodar com isso. E é assim que deve ser. Nem por um momento vejo-me como uma fênix, e há inúmeras pessoas aqui mentalmente superiores a mim. Pena que a maioria deva ser vítima de um execrável filisteísmo! Se eu não estragar minha matéria por ser impaciente, talvez possa, pouco a pouco, encorajar uma atitude amigável em relação às artes visuais.

Sei perfeitamente bem, querida Diretora, que você está examinando cada ângulo desta carta para ver se ela não oculta algo a respeito de minhas relações amorosas! Posso dizer-lhe apenas que, até agora, *não* há nenhuma relação amorosa, pois a experiência me tornou cuidadoso, e, de qualquer forma, não quero me prender aqui. Não quero causar *à moça* sofrimentos desnecessários. Isso soa presunçoso, mas, dadas as circunstâncias, é um ultimato muito apropriado. O tempo dirá. A Basiléia nunca será meu paraíso, nem mesmo com ela. À distância! À distância! Este é meu lema, e provavelmente continuará sendo.

Para Eduard Schauenburg
29 de janeiro de 1844

Esta noite haverá *soirée* na casa de Wackernagel. Os liberais lhe fizeram uma grande injustiça, esnobando os que estão mais próximos a eles e os que entendem alguma coisa de arte. Estou cada vez mais convicto de que o liberalismo dos anos 1840-43 foi apenas o primeiro rebento que encobre o fruto, e está fadado a cair. A vitória do novo liberalismo que deverá se seguir será ainda mais completa, e a opinião pública geral se formará em cada campo, cada vez mais livre de noções extravagantes, e então a vitória final ocorrerá. Somente um liberalismo desse tipo, sustentado pelo povo, será capaz de guiar o poder e formar as bases de um novo pacto.

Para Gottfried Kinkel
Basiléia, 21 de abril de 1844

Dois pontos principais: (a) Mande-me uma cópia de suas litografias tão logo possa, junto com o compêndio de notas; se eu puder fazer uso disso, talvez pegue um lote inteiro para usar em minhas aulas. (b) A partir de 1º de junho, deverei estar editando o jornal "conservador" local, o *Basler Zeitung*, o que proporciona um honesto meio de vida, desde que se possa agüentá-lo. Aceitei sobretudo para exterminar gradualmente a odiosa simpatia que a camarilha dominante daqui nutre por todo tipo de absolutismo (isto é, pelos russos) e, por outro lado, para ir contra os roucos radicais suíços, que me são precisamente tão repelentes quanto os anteriores. Ao fazer isso, atrairei sobre mim, como ocorreu com todos os editores do *Basler Zeitung* até agora, uma torrente contínua dos mais vulgares tipos de abusos pessoais; mas há um consolo que me manterá completamente impassível, qual seja: deixar que os sujeitos expressem sua porção de insultos — a menos de duas estações de trem ao norte da Basiléia ninguém tem o menor interesse por seus bramidos. O trabalho editorial me tomará, mesmo quando estiver inteiramente acostumado a ele, uma boa metade do dia, e isso seis dias por semana. "O que acontecerá com a poesia nesse meio tempo só o diabo sabe, mas o primeiro dever de alguém é ganhar seu sustento".

Para Gottfried Kinkel
Basiléia, 22 de maio de 1844

Esta tarde irei, "pelos campos", para Dornach, onde tenho que encontrar meus devedores; pois você deve saber que assumi a administração das ruínas de minha propriedade; embora renda apenas 170 *reichstaler* por ano em aluguel, fico à espera disso como um lince. Devo, também, cumprimentar os franciscanos em Dornach, de maneira a me fazer convidar para a próxima festa da Porciúncula. Possa Deus fazer prosperar suas conferências públicas! Já que tem de ser assim, desista da teologia; ninguém mais se aproxima de nenhum novo broto de suas ramificações; esse terreno foi por demais explorado...

23 de maio

Entre outros trabalhos, adicionei às minhas notas as fontes de história da arte da Baixa Idade Média e encontrei mais de 150 passagens, importantes e/ou secundárias, no sexto volume de Pertz. Construções visigóticas em Reichenau são as mais completas; cerca de 120 tratam de decoração e arrumação da abadia no século dez. Eu prossigo colecionando, e logo terei algo em torno de mil citações, o que não inclui Anastasius. Ninguém mais faz qualquer coisa do gênero porque o trabalho é grande demais para o artista e os *viri doctissimi* vêem o material como sem importância. Aos poucos estarei em condições de me tornar uma autoridade nos séculos que vão de Constantino a Hohenstaufen...

PARA HERMANN SCHAUENBURG*
Basiléia, 10 de junho de 1844

Sinto às vezes como se estivesse sempre parado à luz do crepúsculo, como se nada de muito importante pudesse advir de mim. Não que os ideais tenham fracassado; eles permanecem verdadeiros, mas o destino me conduz cada vez mais por atalhos que me levam para fora do caminho. Não faz muito tempo refleti honestamente se devia ou não desistir de minha poesia para sempre, mas achei que isso simplesmente não funciona; quando tudo o mais falha, ela é, no fim das contas, meu único consolo. A música há muito não me proporciona grande satisfação; meus outros empreendimentos, em sua maioria, viraram pó. Oh, se ao menos você estivesse aqui! Como iríamos confortar um ao outro. Não se pode realmente estar em harmonia com tais coisas. Penso que um homem na minha idade raramente pode ter experimentado uma sensação tão vívida da insignificância e da fragilidade das coisas humanas, enquanto vinculadas meramente ao indivíduo. Mas meu respeito pelo universal, pelo espírito das nações e pelo passado aumenta na mesma proporção. Como gosto de seu *Lieder*, com seus *laisser-aller* ressoando aqui e ali. Mande-me mais! No momento estou tão distraído que a poesia lírica e subjetiva apartou-se por demais de mim. Quadros, *tableaux* — é isso que quero; e, ao fundo, repousando à minha espera, há um anseio cada vez maior pelo drama. Sou um tolo, não sou?

Para Gottfried Kinkel
Basiléia, 18 de abril de 1845

Devo escrever e dizer-lhe que ainda estou vivo e não cheirei pólvora este mês. Tudo se passou razoavelmente bem; a volúvel anarquia, cujos líderes planejavam ir de cantão a cantão criando caos em toda parte, por enquanto parou ante as portas de Lucerna; mas é claro que, cedo ou tarde, tudo começará outra vez, e pode muito bem levar ao fim o atual modo de vida na Basiléia. As condições na Suíça — tão odiosas e bárbaras — estragaram tudo para mim, e eu me expatriarei tão logo possa; queira Deus, no verão de 1846. A palavra liberdade soa esplêndida e bela, mas ninguém que não tenha visto e experimentado a escravidão sob as ruidosas massas chamadas "o povo", visto isso com seus próprios olhos e suportado a agitação civil, deveria falar sobre ela. Não há nada mais ignóbil sob o sol, *experte crede Ruperto*, do que um governo sob cujo nariz qualquer clube de intrigantes políticos pode roubar o poder executivo, e ao qual só resta tremer ante o "liberalismo", entusiasmo, camponeses rústicos e ricos de aldeia. Conheço muito da história para esperar outra coisa do despotismo das massas além de uma futura tirania, que significará o fim da história. Virá um tempo, também na Alemanha, em que o progresso razoável (com a constituição como objetivo) irá se dissociar da agitação cega e intrigante. Até que isso aconteça, vocês são efetivamente crianças políticas, e devem agradecer a Deus que haja guarnições prussianas em Colônia, Coblenz e outros lugares, de modo que a primeira horda de camponeses socializados não possa cair sobre vocês no meio da noite, arrebatando-os com mala e cuia. Creia-me, o "povo político", ao qual certas pessoas apelam com jactância, não existe ainda, pelo menos não na Alemanha ou na Suíça; em vez disso, existem as massas, e em meio a elas inúmeras pessoas esplêndidas, ainda não-desenvolvidas, imaturas o suficiente para cair nas mãos do primeiro suíno que aparecer, e se comportarem como animais.

Sapienti sat.

Você simplesmente não pode conceber quão profundamente esse tipo de coisa arruína a mente de alguém e o deixa mal-humorado.

Jacob Burckhardt

Não se pode nem ao menos trabalhar, para não mencionar coisas melhores. As últimas quatro semanas foram de um desperdício total, inteiramente tomadas pelo jornal e pelas correrias. A razão pela qual permaneço aqui por mais um ano é que quero ganhar um pouco de dinheiro, e avaliar minha paciência com esse degradante *métier* de jornalista por cerca de quatorze meses; então, bem sei que não posso agüentar muito mais. Acho que disse a vocês dois que, nesse meio tempo, fui nomeado *Ausserordentlicher Professor* na universidade, sem salário; quando parar de escrever para o jornal, não ganharei nada aqui, de forma que poderia morar em outro lugar, já que teria de viver de meus rendimentos. Mas não há dúvidas de que viverei melhor, e também de maneira mais barata, praticamente em qualquer outro lugar; e então desejarei encontrar algo para fazer.

PARA GOTTFRIED KINKEL
Basiléia, 28 de junho de 1845

No que diz respeito aos ortodoxos, previ, no verão de 1842-43, que tudo isso estava para ocorrer. Havia um cheiro de Sumo Sacerdote em Balder[39] e Wolters, já naquela época. Mas o que não posso entender é que Balder queira convertê-lo ao Senhor, e em 1845. Meu conselho seria deixar de lado as discussões teológicas, nas quais você não se depara com nenhuma compreensão nova. Se, como devo concluir, você se deixou envolver por isso ao responder a seus caprichos e fantasias após desistir da teologia, então, para dizer o mínimo, trata-se de um luxo. Some-se a isso o fato de que

---

[39] Willibald Beyschlag.

aquelas pessoas *convenceram-se a querer* acreditar (mais ou menos como alguém que tem de se *convencer* a tomar um emético) e então nada que se possa dizer é bom o bastante. Teriam os cavalheiros realmente esquecido por completo a história de sua Igreja? Eles não mais sabem que cada convicção religiosa, desde que designada para o domínio do mundo, vem sobre o homem como um *poder?* Quão poderosamente vital e positiva era até mesmo a religião dos hereges! Que o cristianismo tem atrás de si suas grandes eras é tão evidente para mim quanto o fato de que dois mais dois são quatro; de que forma seus conteúdos eternos serão preservados sob novas formas nos será ensinado pela história ao longo de seu curso. Mas realmente lamento pelos atuais restauradores, apesar de desprezá-los quando reivindicam a autoridade do Estado. Uma vez que os deixemos seguir adiante, estaríamos, em alguns anos, em tão má situação como com os jesuítas, simplesmente porque eles são mais honrados que os últimos, isto é, ainda mais cegos interiormente.

Vejo pelos jornais, e pelo que Freiligrath me disse, que o socialismo está crescendo rapidamente na Renânia, e estou curioso para saber se alguma coisa do socialismo realmente alcançou as grandes massas. Penso que é, por completo, um mau negócio, especialmente porque se combina com descontentamento político e, mesmo sob a forma na qual aparece, vem como a lógica continuação do sistema anterior. No que me diz respeito, tenho me posicionado contra qualquer tipo de participação, e pela seguinte razão: em assunto no qual os meios, o fim e o ponto de partida estão fora de controle, estamos fadados a nos comprometer. E assim estou firmemente convencido de que, se não fosse pela vigorosa repressão dos anseios políticos, os anseios socialistas estariam agora na obscuridade.

JACOB BURCKHARDT

Para Gottfried Kinkel
Basiléia, Todos os Santos, 1845

Neste inverno, prossigo com minhas aulas de pintura para o público em geral. Os pietistas tentaram, indiretamente, me deter; eles teriam preferido um professor mais edificante do que este filho do mundo. Então, agora, eles terão as aulas tão "mundanamente" quanto possível. O que eu disse no fim de meu ensaio sobre Murillo será desenvolvido especialmente em homenagem a eles, e seus cabelos vão se arrepiar como penas, de forma que o que foi dito poderá se realizar quando eu partir: e ele foi embora e deixou um terrível mau cheiro atrás de si!

Para Gottfried Kinkel
Basiléia, 11 de janeiro de 1846

No fim de março vou direto a Roma. Estou absolutamente certo de que nunca irei para lá se não fizer algo a respeito agora. Ainda que, como um solteiro que vive de maneira muito simples, não possa me manter com menos de 100 *louis-d'or*, poupei uma decente quantia em dinheiro que será esbanjada em um porvir mais feliz. O que você diz disso? Até o poeta deve ter algum alimento uma vez ou outra, se não quiser desmoronar.

Quanto à bela jovem inglesa, ela era, de fato, um anjo, mas fria como mármore. A pequena não pode sequer alegar que me seduziu; eu sabia desde o início o que queria. Agora há mais alguém, ruborizada e de olhos negros, assistindo às minhas aulas. Na verdade, presume-se que eu tenha causado alguma impressão aqui e ali, o que faz bem para meu pobre e desprezado coração, como o cheiro matinal de torta de maçã. Eu não digo como a própria torta de maçã porque é claro, para mim, que as coisas nunca vão além do estágio em que o tesouro da vida passa sob meu nariz — mas amarrar-me aos sacos de ouro de um sogro daqui, *pfui, Teufel!* (Perdão!) Deus que me perdoe, por enquanto prefiro a Itália, vista à luz do dia, do que a mais ruborizada, de olhos negros...

PARA H. SCHAUENBURG
Basiléia, 28 de fevereiro de 1846

Em quatro semanas e meia parto para Roma, e há tantos meses não respondo às suas cartas! Mas eu gostaria de uma palavra sua para minha viagem; já está, portanto, mais do que na hora de lhe escrever.

Seus camaradas hábeis em prever mudanças de opinião disputam uns com os outros para afundarem-se cada vez mais nesta ignóbil era — eu, por outro lado, apartei-me dela por inteiro, secretamente, e, por essa razão, estou fugindo para o belo e indolente Sul, onde a história está morta, e eu, que estou tão cansado do presente, serei revigorado pela vibração da antigüidade como que por uma maravilhosa e pacífica tumba. Sim, eu quero escapar de todos eles, dos radicais, dos comunistas, dos industrialistas, dos intelectuais, dos pretensiosos, dos racionais, dos abstratos, do absoluto, dos filósofos, dos sofistas, dos fanáticos pelo Estado, dos idealistas, dos "istas" e "ismos" de todo tipo — do outro lado encontrarei apenas os jesuítas, e, entre os "ismos", somente o absolutismo; e estrangeiros podem, em geral, evitar a ambos. Além das montanhas devo iniciar novas relações com a vida e com a poesia, se é que vou me tornar alguma coisa no futuro; pois tenho brigado interiormente com o atual estado das coisas – de modo muito discreto, sem nenhum grande tormento; gradualmente, as gotas perfuraram a pedra, até que finalmente percebi: isso não pode prosseguir. Provavelmente ficarei um ano no Sul; você receberá notícias minhas, e que notícias! Talvez o Senhor me envie uma misericordiosa febre suave, para pôr fim a uma mente irrequieta – está certo, não tenho nada contra isso; *vogue la galère!* Mesmo que seja a barca de Caronte. O misterioso destino muitas vezes pode nos ser bom.

Entretanto, querido companheiro, Liberdade e Estado não perderam nada comigo. Estados não são construídos com homens como eu; ainda que, enquanto viver, pretendo ser gentil e simpático com meus vizinhos. Quero dizer, ser um bom indivíduo, um amigo afetuoso, um bom espírito; tenho algum talento nesse sentido e desejo desenvolvê-lo. Nada mais posso fazer com a sociedade como um todo; minha atitude em relação a ela é vacilante e irônica; os detalhes são o meu negócio. Tenho agora suficiente educação e método para ser capaz de encontrar meu caminho na política, caso isso seja necessário; ocorre, porém, que me recuso a envolver-me mais nisso, ou, pelo menos, a envolver-me na confusão que reina em casa. Você pode ficar mal-humorado pelo tempo que quiser; eu o alcançarei novamente e o conduzirei para o meu coração; acredite-me!

5 de maio

Penso que posso detectar uma expressão de silenciosa reprovação em seus olhos, porque parto tão despreocupadamente em busca da devassidão sulista, sob a forma de arte e antigüidade, enquanto na Polônia tudo está ruindo e os mensageiros do Dia do Julgamento Socialista estão aos portões. Bom Deus, eu não posso, ao final das contas, alterar as coisas, e, antes que o barbarismo universal irrompa (e, por enquanto, não posso prever nada mais), quero perverter-me enchendo os olhos com a verdadeira cultura aristocrática, de modo que, quando a revolução social se exaurir por algum tempo, serei capaz de tomar parte ativa na inevitável restauração – "se Deus assim o desejar, e se vivermos até lá", é claro. Espere e você verá que espécies de mentalidades irão surgir durante os próximos vinte anos! Aqueles que agora pulam à frente das cortinas, os poetas e pintores comunistas e seus similares, são meros *Bajazzi*, que apenas preparam o público. Nenhum de vocês sabe ainda o que o povo é, e quão facilmente ele se transforma em uma horda de bárbaros. Você não sabe que tirania será exercida sobre o espírito, sob o pretexto de que a cultura é a aliada secreta do capital que deve ser destruído. Aqueles que esperam dirigir o movimento com a ajuda de sua filosofia, e mantê-lo nos trilhos, parecem-me completos idiotas. Eles são os *feuillants* do movimento que está por vir, e, assim como a Revolução Francesa, o movimento irá desenvolver-se como um fenômeno natural, envolvendo tudo o que é abominável na natureza humana. Eu não quero experimentar esses tempos, a menos que seja obrigado a fazê-lo; pois quero ajudar a salvar as coisas, tanto quanto minha humilde posição me permitir. Por você não tenho receios; sei muito bem em que lado os acontecimentos o encontrarão. Todos nós podemos perecer, mas quero ao menos descobrir em nome de que interesse devo perecer, a saber, a velha cultura da Europa. Parece-me que, quando o tempo chegar, nos encontraremos na mesma sagrada companhia. Livre-se de suas ilusões, Hermann! Depois da tempestade uma nova existência surgirá, erguida sobre velhas e novas fundações; este é seu lugar, e não na linha de frente de ações irresponsáveis. Nosso destino é ajudar a construir mais uma vez quando a crise tiver passado.

Para Johanna Kinkel
9 de março de 1846

Quantas coisas se tem que ouvir a respeito de Fräulein G.! Penso que ela possui as características de muitas jovens de nosso tempo, que são todas, exclusivamente, *boas filhas*. Uma milionária de cabelos grisalhos em seus quarenta anos! E ainda por cima de Elberfeld, aquela horrível terra de fábricas! Você sabe, queridíssima Diretora, que eu realmente anseio estar na Itália, porque há tanta mendicância lá, e tão pouco esforço...

Para Karl Fresenius
Roma, 21 de abril de 1846
Endereço: Café del Greco

Estou aqui há cerca de três semanas, participei do Carnaval, andei pela Cidade Eterna de ponta a ponta e, finalmente, me recompus o suficiente para escrever uma carta coerente. Venha a Roma! Mais do que isso não digo...
Meu quarto de quatro *scudi* fica em uma bela localização, com vista para meia Roma; enquanto escrevo, a basílica de São Pedro (a

meia hora de distância em linha reta) reluz majestosamente diante de mim sob o sol do meio-dia. Parte do prazer de Roma é que ela nos mantém perpetuamente adivinhando e recompondo as ruínas das eras que jazem de maneira tão misteriosa, camada após camada. O que sinto falta aqui é de uma perfeita e bela construção, com torres e nichos onde minha extasiada alma possa descansar — *Plump und zu ist Rom* ("Roma é rude e espalhafatosa"), diz Platen com alguma verdade. Porém, considerando-se tudo, ainda é a rainha do mundo e nos causa uma maravilhosa impressão; desperta-nos tanto a memória quanto o prazer de uma maneira que não pode ser rivalizada por nenhuma outra cidade. Pelo que conheço, apenas Colônia pode comparar-se a ela; em Paris há poucos monumentos antigos, e a lembrança dos horrores modernos absorve por demais os antigos. Gosto dos romanos, quero dizer, das pessoas comuns, pois a classe média é tão ignóbil e estúpida quanto a de Milão. O romano comum não é uma criatura aflita e maliciosa como o milanês; ele é mais refinado, e mais pitoresco. Ele pede esmolas, é claro, mas não tenta chantagear o estrangeiro com pequenos préstimos. Simplesmente afasta-se com polidez dos que não lhe dão coisa alguma, e os deixa seguir seu caminho. E, por mais que a multidão seja grande, sentimo-nos cercados por pessoas decentes, particularmente nos pobres e dilapidados bairros ao redor do Capitólio, e no Sachsenhausen[40] romano, que neste país é chamado de Trastevere. A cidade ou pelo menos os bairros pobres parecem-me incomparavelmente mais pobres e mais dilapidados que a menor cidade da Lombardia. As pessoas aqui têm se prevenido há

---

[40] Um subúrbio de Frankfurt.

séculos contra o trabalho, como se contra seu pior inimigo; não há o menor vestígio de indústrias; não há, por exemplo, nenhum engraxate de rua; carruagens de aluguel e coches coletivos mal existem, exceto em suas formas mais elementares; não existe algo como os "Anúncios Diários"; e apenas um ou dois restaurantes modificaram sua culinária para o gosto francês, etc. Há mais indústria turística na menor das aldeias saxãs do que aqui, embora existam trinta mil estrangeiros vivendo na cidade (a maioria por prazer). Isso eu vejo como uma bênção de Deus, pois, se tivéssemos de ser importunados por porteiros e outros salafrários como em Estrasburgo, isto aqui seria um inferno. O romano espera até que algo lhe seja pedido, e um moleque de rua em farrapos fica satisfeito com um *bajocco* (pequena quantia em dinheiro) por indicar o caminho a alguém. Este é um dos motivos que prende o estrangeiro à pobre Roma, com sua total falta de luxos; o ócio fez a polidez florescer como uma arte, o que é o mais agradável para o estrangeiro. Venha aqui, digo eu. Você pode colher ganhos tão grandes e duradouros em um mês aqui que sua vida passará a valer muito mais para você.

PARA GOTTFRIED KINKEL
Roma, 18 de maio de 1846

Na sexta-feira passada recebi uma espécie de pequeno convite para Berlim, não para a universidade, mas para a Academia de Arte — tão logo seja reorganizada — e uma remuneração de 500 Reichstalers por meus préstimos. Bem sei que há uma vergonhosa desproporção entre seu salário e o meu, mas talvez seus negócios logo melhorem; além disso, não ganharei os 500 RT imediatamente, mas apenas após um certo tempo — resumindo, fica a cargo do ministro, embora Kugler tenha em mãos uma carta de Eichhorn na qual o dinheiro é mencionado. Terei de estar em Berlim no outono, e terminar minha estada na Itália apressadamente, com antecedência. Quinze dias em Nápoles, quinze dias em Florença, quinze dias em Veneza! Naturalmente, viajarei via Bonn se você me acolher por alguns dias, e de lá para Herford, pois, desta vez, *devo* ver Hermann.

Para Gottfried Kinkel
Basiléia, 12 de setembro de 1846

Oh, como foi duro deixar a Itália desta vez! Sei agora que nunca serei muito feliz longe de Roma, e que todos os meus esforços doravante se concentrarão, tolamente, no pensamento de voltar para lá, nem que seja como lacaio de um inglês. Eu poderia mostrar-lhe vários lugares de Roma, nas ruas e nos jardins, onde, por nenhuma razão em especial, fui repentinamente tomado pela sensação de que era perfeitamente feliz; era uma súbita alegria interior, independente do prazer. Um desses lugares é a escadaria do Palazzo Farnese, na primeira plataforma entre dois lances de escadas, ou seja, não havia nada de especial nesse local. Outro lugar onde certa vez tive a mesma sensação, nos primeiros dias de maio, é à direita da Fontana de Trevi. Em Roma, vivenciei a harmonia de cada sentido como jamais experimentei antes, talvez com a exceção de um ou dois dias de sorte em Bonn. Pois, é claro, não coloco na mesma categoria períodos em que se está apaixonado; períodos nos quais nos sentimos felizes como seria de se esperar, ainda que, ao mesmo tempo, fora de si, de forma que não há nada de extraordinário em sentir-se feliz em tais circunstâncias. Quando deixei Roma pela última vez, em 8 de julho, e o coche fez uma parada na Porta del Popolo para que apresentássemos os passaportes, desci mais uma vez e, solenemente, dei três passos outra vez pelo portão, desejando que isso simbolizasse meu retorno. A Ponte Molle me custou algumas lágrimas. Florença e Veneza, com Roma em minha mente, não foram de forma alguma do meu agrado; por outro lado, encontrei um verdadeiro eco de Roma em Ravena, particularmente quando visitei a maravilhosa e solitária basílica de Classe, que repousa de maneira tão bela e triste na borda de uma grande floresta de pinheiros. Que mosaicos se vê em Ravena, querido Urmau! Perto dos de São Cosme e Damião, em Roma, eles são ainda mais belos, e todos datados! Posso dizer-lhe apenas que Galla Placidia é a menos importante, por mais adorável que possa ser. Os Doze Apóstolos no Batistério (no batistério ortodoxo, não no ariano) ainda estão repletos de tão extraordinária beleza que se chega a hesitar em atribuí-los ao século quinze, embora tais coisas maravilhosas tenham sido criadas naquela época – porém, de tudo isso falarei mais tarde.

Para Gottfried Kinkel
Berlim, 6 de dezembro de 1846

Por muitas vezes hesitei durante as nove semanas em que estou aqui: devo escrever para Bonn – ou não? Devo enviar algum sinal, ou esperar? Kugler lhe deseja sucesso, mas sua influência pode muito bem ter sido superestimada. Estou tomando o cuidado de não indagar muito abertamente, e não desejo saber o que deve permanecer em segredo porque, ao fazê-lo, poderia causar-lhe antes mal do que bem. Mas uma coisa você simplesmente *deve* saber — alguém, você adivinhará quem, chamou a atenção do ministro para seu detestável *Männerlied* ao final do *Taschenbusch*, o que levou K. ao desespero. Uma coisa como essa destrói boa parte do que parecia ter sido cuidadosamente construído. Eles agora estão tentando tirá-lo dessa confusão; K. dirá que pode interceder a seu favor junto ao ministro, e outro amigo tentará levar *Otto Schütz* diante da corte. Mas guarde isso para você, não vá me comprometer perante Kugler, e não espere muito. Quanto ao resto, uma coisa que nunca entenderei é como um homem na sua idade comprometeu-se com um ato tão impensado em um momento do qual talvez dependa todo o seu futuro. Você há muito não é um teólogo, ninguém no mundo pode exigir opiniões religiosas de sua parte; então, por que publicar suas opiniões para todo mundo, e, acima de tudo, *dessa* forma? Não há muita poesia, nada de muito novo na linha de pensamento do *Männerlied*, o que há é muita bazófia. E se eu fui capaz de deixar de lado jactâncias desse tipo, então você também é. Você deve ao menos considerar aqueles que lhe querem bem, e não os alarmar desnecessariamente.

7 de dezembro

As coisas estão indo muito bem para mim; minha história da pintura está progredindo. E quanto a meu futuro distante, as perspectivas parecem boas; dizem que o ministro falou favoravelmente a meu respeito. No que me concerne, isso está bem, e, quanto ao resto, conto mais com os editores. Além do que agora estou fazendo, há mais trabalho diante de mim, de um cansativo – mas lucrativo – tipo, e assim gente como nós pode sobreviver, e mais eu não peço. "*Längst ist der Brust ehrgeiziger Trieb entflohn*", diz Platen, "a ambição deixou meu peito desde então"; não que isso fosse verdade para ele, embora o seja para mim. Provavelmente, nunca serei capaz de trabalhar novamente para meu próprio *gusto*, isto é, com a história pura, não até que meus melhores anos tenham se passado. Contudo, o mesmo tipo de coisa aconteceu a pessoas muito diferentes.

Acho Berlim tão horrível como sempre, e meu anseio por Roma tortura-me mais e mais a cada dia. Um dia destruirei esses bem-intencionados planos em pedacinhos e fugirei. Hei de me sentir muito feliz ao fazê-lo. Pessoas como eu estão longe de almejar uma vida de facilidades e prazeres; elas trabalham de muito bom grado, mas *al suo modo*. Sei, porém, que fugir dessa maneira iria me entristecer por causa de Kugler, que está fazendo *tudo* por esse miserável "sujet" e, de quebra, demonstra um bocado de amor e paciência.

Falando seriamente, sinto uma simpatia genuína pelos grandes planos de Kugler. É claro que ele próprio está em posição perfeitamente segura, mas as pessoas aqui estão certas de que destruirão todas as coisas pelas quais ele vive, ou, pelo menos, de que as estragarão tanto quanto suas forças lhes permitirem; pois não há nada mais poderoso atualmente do que uma conspiração de pequenos interesses contra melhorias radicais. Estou sempre lhe dizendo que ele vê as coisas de um modo demasiadamente imaturo, mas ele costuma rir-se de mim por isso, e argumenta que, se as coisas estão indo mal por tanto tempo, por que não deveriam ir bem novamente pelo menos uma vez? Geibel está num estado de espírito melancólico e, é claro, mais interessado em seus planos poéticos pessoais, que prometem grandes coisas. Parece que ele gosta de mim porque eu sigo adiante de maneira inofensiva, o ajudo a passar o tempo e tento penetrar em seus pensamentos. Sou inteiramente devotado a ele; Geibel é uma das melhores pessoas sob o sol, e vejo sua parcialidade como mérito, porque é parte de seu valor. No que concerne à poesia, ele me arrasa e me desencoraja por completo; mal sinto vontade de escrever uma linha que seja quando estou perto dele. Mas isso é bom, pois, se não mais escrever poesia, trabalharei ainda melhor...

9 de dezembro

Todos os meus esforços concentram-se agora em poupar o suficiente para poder ir para o Sul uma vez mais, e então, quando estiver lá, não sairei tão facilmente outra vez. Espero ser capaz de chegar ao ponto de virar solenemente minhas costas a essa vida falsa e insignificante, a sua literatura e a sua política. Diga o que quiser, meu querido Urmau, mas admita que, sob as atuais condições reinantes na Alemanha, ninguém pode desenvolver-se harmoniosamente. Há tantas pequenas preocupações e distrações, hoje em dia, que são capazes de arruinar o melhor dos homens, enquanto os piores lucram com isso. Nada pode ajudar agora, exceto uma profunda limpeza da atmosfera em grande escala, e isso está vindo; tudo o que fizermos até então será um passatempo, meros *odeurs* com os quais ocultamos de nós mesmos a corrupção geral. Por que não fugir para situações mais simples e bonitas desde que elas em algum lugar existam? Eu, pelo menos, estou determinado a desfrutar de meu estilo de vida uma vez mais, antes que dias de infortúnio desçam sobre nós.

10 de dezembro

Em um aspecto, querido Urmau, você certamente está deveras equivocado: por que essa contínua bazófia sobre a Renânia no *Männerlied*? Nós, renanos, não somos de maneira alguma célebres entre os saxões, suábios e bávaros, por termos um caráter enérgico e primoroso! Livre-se dessa fraqueza. O Reno começa com a violência crua dos suíços; vem, então, o vulgar e astucioso alsaciano, os jactanciosos e fanfarrões povos de Badenser, Rheinbayer e Rheinhessen, e então os judeus de Frankfurt, e depois Coblenz, com uma população que ninguém nunca levou a sério, e — por fim — as comarcas de Bonn e de Colônia — bem, é melhor eu ficar quieto. Geibel também concorda com minha opinião — embora, sem dúvida, ele tenha seu próprio orgulho hanseático. Mas com *isso* concordo: todos nós, *tutti quanti*, valemos dez mil vezes mais que os berlinenses... Agora envie minhas lembranças à graciosa Diretora! E então para 1847: após tantos anos de preocupações, desejo-lhe sucesso, é certo! Desejo força para Mibes, e saúde, e tudo de bom para as duas crianças!... No que me concerne, a política está morta; faço o que faço como homem, e como homem eu o amo, mesmo que você cometa dez vezes mais tolices como a do *Männerlied*...

PARA HERMANN SCHAUENBURG
Berlim, 27 de fevereiro de 1847

Vejo que lhe escrevi no tempo certo, ou você iria imaginar que estou indo visitá-lo na primavera, e que o acompanharei ao Reno. Não posso, querido Hermannn, está fora de questão. Agradecerei ao Senhor se, com supremo esforço, for capaz de terminar meu trabalho no outono. E você? Como pode arrumar tempo livre se já está envolvido com sabe Deus quantas obrigações? Em sua última carta detectei uma certa premonição de mudança em seu destino. Poupe dinheiro para sua lua-de-mel!

Além do mais, estou certo de que a coisa mais sensata que você poderia fazer é casar-se. Eu deveria fazer o mesmo. Nunca teria imaginado isso, mas quando já se deixou os vinte e sete ou vinte e oito anos para trás, tudo ao redor parece abominavelmente vazio e lúgubre. Com certeza estou em boas mãos, mas elas já não podem mais ser uma compensação pelos amigos de minha juventude e outros, e, se meu temperamento viesse a mudar, eu poderia tornar-me melancólico até as profundezas de minha alma. Uma coisa, porém, me conforta: se você permanecer solteiro não cairá tão facilmente nas garras deste miserável mundo; a qualquer momento pode dar-lhe um pontapé e navegar no mar da liberdade. Pouco a pouco, Hermann, estou me tornando mais ousado e mais determinado, e no final você terá o prazer de ver um homem que nasceu mais amedrontado do que qualquer um de vocês jogando de modo deveras insolente com a vida. Não vale a pena incomodar-se demais com tais bagatelas. Quer você consiga ou não, no fim, após muito trabalho árduo e fadiga, atingir algo em sua profissão, isso

JACOB BURCKHARDT

realmente significa muito pouco. Muito melhor ser amado por quem se ama, e ter seguido suas fantasias. Mas minha "fantasia" é a beleza, e cada vez mais ela me excita profundamente, em todas as suas formas. Não há nada que possa fazer a esse respeito. A Itália abriu meus olhos, e desde então todo meu ser está sendo consumido por um grande anseio pela idade do ouro, pela harmonia das coisas, e as *soi-disant* "batalhas" da atualidade me parecem por demais cômicas. Faça-me o favor! Egoísmo aqui, egoísmo ali, presunção, jactância e sentimentalismo em ambos os lados, tudo isso escrito e reduzido ao nível dos jornais, e uma cobertura de chumbo soldou toda uma era. E então louvam-me a Suíça, onde, de tempos em tempos, as pessoas atacam-se umas às outras, de modo que, pelo menos, o ar fica ventilado. Que os céus nos ajudem, isso sempre me faz pensar na cômoda da Harmonia, no *Wintermärchen*[41] de Heine.

O *Kölnische Zeitung* e outros *carrés de papier*, como Alphons Karr os chama, deduzem que a política está, finalmente, entrando em uma grande nova fase, e tornou-se "a política do povo", etc., mas, como sóbrio historiador, posso apenas assegurar-lhe que nunca houve na história um período tão vulgar e sem atrativos como o que teve início em 1830. Sinto-me justificado em retornar aonde minha alma encontra alimento. Geibel dizia recentemente que "não é o que a época exige que é belo, mas é a beleza o que a época eternamente exige". E dizendo isso termino por essa noite, pois está ficando tarde.

---

[41] Ver *Deutschland: ein Wintermärchen*, Caput. xxvi, onde a Harmonia mostra a Heine a cômoda de Carlos Magno, na qual ele vê revelado o futuro da Alemanha.

Para H. Schauenburg
Berlim, 22 de março de 1847

Algum dia devemos, de fato, falar seriamente sobre as coisas. Se eu fosse de qualquer utilidade para os negócios deste mundo, e se não estivesse perpetuamente necessitado de beleza na natureza e na arte, diria: vamos juntos para a América! Mas eu simplesmente não poderia viver lá; eu preciso de um terreno histórico, e mais, que seja belo, pois, de outra forma, morreria, o que, no fundo, não é a pior coisa que poderia acontecer...

Tenho de terminar meu trabalho até 9 de setembro e estou trabalhando como um negro, poupando como uma harpia, desdenhando a elegância pelo bem de minha futura liberdade, tudo para satisfazer a sede de beleza de minha alma antes que deixe este mundo.

Penso, Hermann, que compartilhamos uma mesma verdade. Conhecemos milhares de pessoas que, quando jovens, na universidade, eram vulcões de originalidade e poesia, e prometiam permanecer assim; agora, porém, ou são servis, ou são filisteus liberais. Nós, ao contrário, inexoravelmente vamos nos tornando estranhos para o mundo e suas maneiras, e levamos uma vida privada que (silenciosamente, por enquanto) segue na direção contrária dos modismos atuais.

Às vezes não lhe parece que um dia, num caminho solitário, você encontrará um anão que lhe abrirá uma porta secreta entre o musgo e as pedras da floresta, e o conduzirá a um novo mundo? Há momentos em que acredito em algum futuro milagre capaz de me reconciliar com as coisas a meu redor, em um talismã que me traria paz e satisfação nesses tempos miseráveis. E ainda assim —

Jacob Burckhardt

(para mim) – é impossível. As pessoas que podem suportar as coisas aqui embaixo são as que (1) ou por meio do amor cristão (2) ou por meio da ambição se juntaram ao mundo. E essas duas coisas eu não possuo; embora um homem que possua uma das duas, mais um caráter firme, possa conquistar o mundo.

Abra mão de sua hostilidade para com a Idade Média! O que ainda, de alguma forma, pesa sobre nós são os macacos da Idade Média, não a verdadeira, genuína era de Dante e seus pares, que são, *au contraire*, pessoas maravilhosas. A antigüidade clássica, se fosse imposta *par ordre de Mufti*, não seria menos enfadonha. Tenho em minhas mãos as provas históricas da maneira maravilhosa como as pessoas se divertiam na Idade Média, quando a vida era mais colorida e rica do que podemos imaginar. Mas isso é incidental. Apenas não permita que os liberais continuem se impondo a você com referência a questões históricas; no fundo eles ainda estão somente tagarelando, à sombra dos enciclopedistas. "Mas veja você, vou lhe dizer uma coisa, a cultura que temos hoje, etc." – não vale nada, e o único resultado disso é que todo mundo é feito em molde único. É uma longa história, Hermann, a difusão da cultura e o decréscimo de sua originalidade e individualidade, da vontade e da capacidade; e um dia o mundo irá sufocar e cair sobre o estrume de seu próprio filisteísmo. Tenho dito!

PARA H. SCHAUENBURG
Basiléia, 23 de agosto de 1848

A vida está começando a ficar abominavelmente solitária. O que os fantasmas com os quais convivo diariamente querem de mim?

Você, ao menos, tomou partido e experimentou as coisas; eu apenas fiz girar meus pensamentos, sozinho. É uma curiosa sensação essa de ter se acabado para o mundo, e de pedir nada além de um lugar ao sol, onde se possam traçar planos com os quais, no fim, ninguém se importa. E, ainda assim, não é apenas um epicurismo egoísta que me faz agir dessa forma; cada natureza tem, afinal, suas próprias necessidades.

Eu sabia desde o início que os acontecimentos iriam arrastá-lo junto com eles. Você queria alcançar alguma coisa e, portanto, tinha de ocupar-se de nosso confuso e desintegrado mundo; eu quero contemplar, e buscar a harmonia. Penetrei no fresco bosque dos deuses (*gelidum nemus*) com uma fome ultrajante, diária, e piamente permaneci lá. Você pode dizer que posso facilmente me petrificar por lá, como uma estátua da antigüidade — mas, ainda assim, isso tem seus aspectos positivos.

No momento, é tudo que tenho a dizer a meu respeito. Os dias se seguem; eu não tenho relações reais com ninguém; sou mais solitário do que jamais fui em toda a minha vida, e, quanto ao resto, sou visto como amigável e desfruto de um certo respeito.

Ninguém pode vociferar contra o desejo de todos vocês de ir à América. Além disso, tenho a modesta opinião de que a política desempenhou pequeno papel nessa decisão, e que você certamente iria ficar se para você a Europa não estivesse arruinada também em outros aspectos. Mas simplesmente não posso dizer-lhe quão fortemente sinto a desorganização geral da vida privada na Alemanha. Tudo está desconjuntado, e as barreiras perderam todo o seu poder. Você está entre os sensatos. Mas ainda terei de suportar muito mais em relação a Kinkel e outros. Acredite-me, Kinkel está fadado a ficar entre a cruz e a espada da maneira mais ignóbil. Faltam-lhe por completo a prudência, o cuidado e o equilíbrio interior dos quais, como todos sabem, até mesmo um republicano precisa. Isso está destinado a terminar mal...

Vamos nos dizer adeus, e nos separar enquanto a noite cai. Deixe-me ter notícias suas onde quer que você possa estar, ainda que apenas uma linha. Adeus, querido Hermann.[42]

Para H. Schauenburg
Basiléia, (antes de 14 de) setembro de 1849

Venho aguardando a destruição de Kinkel desde antes de 1847; com ele simplesmente não havia conversa; ele queria vingança, e estava fadado, cedo ou tarde, a bater a cabeça contra o muro; se não fora esse muro, teria sido outro. Kinkel nunca entendeu coisa alguma de política ou economia, exceto sob a perspectiva de causar agitação. Durante anos, você sabe, tive a certeza de que ele estava fadado a fazer uma exibição pública de si mesmo, e nisso sempre fui o oposto dele. Todas essas coisas soam muito duras para um pobre prisioneiro, e só as escrevo a você. Oh, céus, o que será da família dele? Os pais de sua esposa têm alguns recursos, mas isso não vai durar muito; temo que estejam passando necessidades.

Como soa assuntadoramente irônico o final de *Otto der Schütz*:

Sein Schicksal shafft sich selbst der Mann.

"O homem realmente molda seu próprio destino!"

---

[42] A próxima carta, citada no diário de Schauenburg, foi escrita após Burckhardt ter passado o inverno em Roma. Schauenburg introduz a citação dizendo que ela expressa "uma parte de sua velha amizade".

...Nada espero do futuro; possivelmente teremos asseguradas algumas décadas mais ou menos suportáveis, uma espécie de Império Romano. Pois sou da opinião de que democratas e proletários, mesmo considerando-se que fazem os mais tempestuosos esforços, terão de bradar contra um despotismo cada vez mais violento, já que nosso charmoso século foi feito para qualquer coisa, exceto para uma genuína democracia. Uma explicação mais detalhada sobre tudo isso iria apenas soar impiedosa. Há muito não é possível conectar um verdadeiro organismo social à nossa envelhecida Europa; qualquer coisa do gênero está confiscada desde 1789.

Estou encantado de ver que você atingiu um considerável grau de resignação! Tornei-me tão prudente que agora sei que os filisteus não são os piores; gênios deslocados, contudo, são o verdadeiro mal. Posso não me sentir muito em casa no mundo atual, mas ainda assim tentarei apreendê-lo de modo afetuoso e gentil.

Nunca vivi uma vida mais solitária do que a que atualmente vivo, mas, apesar disso, sinto o hálito de um bem indefinido vindo em minha direção, uma paz relativa: *otium divinum*...

Para Eduard Schauenburg
Basiléia, véspera do Ano Novo de 1849

Primeiro de tudo, os desejos mais sinceros de um feliz Ano Novo! Querido Ete, não lhe escrevo há muito tempo porque nada tinha a dizer, e porque, durante um longo período, tudo o que tenho sido tentado a fazer é postar lamentações e lamúrias. Muitas cartas, que soavam por demais queixosas, queimei e substituí por outras! Simplesmente porque as que eu estava escrevendo ou eram demasiado tristes, ou iriam com certeza ridicularizar um triste correspondente. Agora estou de novo com melhor ânimo, de modo que, como você vê, tudo acabou bem e eu posso desejar-lhe felicidades por ocasião de seu casamento.

Quem imaginaria que você, entre todas as pessoas, teria pela frente um longo período de provações? Não obstante, penso que posso congratulá-lo por isso. Anteriormente, talvez a fortuna me tenha dado seus dons de maneira muito fácil, numa bandeja, e ainda o faz, em alguns aspectos; por toda minha vida, nunca, de fato, me esforcei em demasia – em troca, valho menos, e mal sinto que tenho coragem suficiente, ou valor suficiente, para estender minha mão às mais elevadas bênçãos da vida.

A luta que você começa a empreender contra árduas circunstâncias não é coisa pouca; porém reconheço que você está bem pelo fato de que não volta ao ponto de partida e exige ter a felicidade que lhe foi destinada por direito. O curto período de tempo que nos foi designado em nossa existência terrena deve ser usado em sua totalidade, se não quisermos ir para as sombras irreconciliados, e antes de alcançarmos a harmonia. Aqueles que o conhecem sabem que seu valor é dos mais elevados e que a maior das felicidades pode emanar de você. Deixe que o eremita, que já desfrutou de tão bons momentos com você, soe a trombeta apenas um pouquinho em honra ao grande dia; afinal, ninguém mais a ouvirá.

O que você tem teve de ser ganho em uma dura luta, de maneira que você pudesse medir todo o seu valor. As circunstâncias exteriores nas quais a conquista ocorreu podem ser ásperas e invernais, mas isso pode apenas elevar a um patamar ainda mais alto a sua felicidade interior; você não é, por natureza, nem frívolo nem teimoso; o que você está pedindo é seu direito divino. E até o último suspiro será capaz de dizer a si mesmo que lutou com todas as forças para tornar sua vida completa e bela.

Sua querida noiva tem toda minha admiração pela coragem e constância. Ela deve possuir uma vívida sensação de que a felicidade do amor verdadeiro será duradoura, e que não depende de acontecimentos externos. Deposite respeitosamente aos pés dela a expressão de minha devoção.

Meu destino bem pode conduzir-me de um lugar a outro pelo modo mais estranho, e não por meu comando, pois se a decisão coubesse a mim a alegria doméstica seria a idéia que faço da mais desejável forma de felicidade. Não é sem inveja que o vejo correr para um porto seguro quando essa possibilidade ainda não está aberta para mim; à distância, é verdade, alguns sinais me acenam, mas não estou certo quanto à minha bússola, e um cortante vento do Norte me conduz para além das rochas.

Irá você, algumas vezes, pensar afetuosamente em mim em sua nova existência, apesar de eu tê-lo deixado por tanto tempo sem um sinal de vida? Estou certo de que sim. Levarei essa esperança comigo para o novo ano que inicio com uma estranha, curiosa mistura de sentimentos de ansiedade e esperança.[43]

---

[43] Esta é a última carta de que se tem notícia para os irmãos Schauenburg até a carta escrita em 1869, pela qual se supõe que ele e Eduard permaneceram em contato.

Para Emma Brenner-Kron
Basiléia, 21 de maio de 1852

Penso que posso distinguir em seus poemas um talento de alguma relevância que pode ser desenvolvido — não pelo bem de outros, pois a poesia ocupa apenas uma posição demasiado secundária no mundo de hoje, mas para seu próprio fortalecimento interior. Você deve se apartar do mar de sentimentos e alcançar a arte, a simplicidade, a verdade; o esforço vale a pena. Mesmo que se, ao fazê-lo, você viesse mesmo a desistir de escrever, encontraria um importante substituto na sólida visão de vida e de arte que um estudo desse tipo nos dá. Pense como seria maravilhoso se aprendesse a transformar todo o sofrimento, toda a excitação, em pura beleza! É claro que, para fazê-lo, há de se empregar toda a força de que se dispõe.

Acima de tudo, nem todo sentimento, nem todo estado de espírito prestam-se para ser rapidamente retidos e expressados em poesia; a dor imediata deve, primeiramente, ser suportada com paciência antes que sobrevenha a correta disposição, que é a mãe da Canção. A poesia não deveria ser a expressão da miséria interior; o dourado vislumbre da reconciliação já deve estar pairando sobre as coisas antes que elas possam ser tratadas poeticamente. E a raiva e a vingança são, acima de tudo, guias por demais questionáveis! Não é impossível dar-lhes formas imponentes, mas isso requer uma natureza muito poderosa, como é o caso de alguns Salmos, ou um completo domínio do estilo, como em Dante.

À MESMA
Sexta-feira, 4 de junho de 1852

...Agora serei obstinado e levarei essas coisas[44] a sério, embora veja claramente em sua carta que você me considera um arquipedante. *Wohl mir!* Não sou o admirador silencioso que você menciona! Estou além da órbita de sua beleza e de seu charme, cuja visão possa talvez me inquietar no que diz respeito à superioridade artística, a exemplo do homem a que você se refere. Nem tampouco isso irá lhe prejudicar de qualquer forma — encantadora máscara! Deve haver alguém na terra que não a adora, e que deseja meramente ser-lhe útil.

Mas o que de bom isso me traria? Você simplesmente rirá de mim. Poderia propor um tema para você trabalhar — mas você iria rejeitá-lo, ou ocultar nele tantos espinhos que minhas mãos ficariam cheias de sangue. Poderia, para seu próprio bem, trabalhar eu próprio o tema — no momento em que o tivesse em suas mãos, você o acharia ruim em todos os aspectos, e eu teria de permanecer calado ou escrever meio livro em defesa de meu poema, o que nos envolveria em grandes *longueurs*. Nunca se pode — perdoe minha sincera liberdade — influenciar demasiadamente as mulheres com razões. Quando tudo já foi dito, a situação parece resolvida o suficiente, eis que... a questão está bem ali, onde estava antes.

Até agora tenho me ocupado tentando melhorar minha posição — como o conhecido *vis-à-vis* com o desconhecido. Porque, bela máscara, tamanha é minha fraqueza que uma anônima risadinha por trás de persianas fechadas já é suficiente para despertar meu

---
[44] Uma crítica detalhada dos poemas, que foram enviados a B. anonimamente.

JACOB BURCKHARDT

interesse. Contudo, estou à beira de deixar escapar "confissões" – perdoe-me.

O que mais direi? Até agora você tem considerado minhas críticas como um ataque pessoal contra tudo o que é sagrado; você defende os poemas que ama "por razões especiais", ao passo que se deve amar apenas uma obra que, além de um conteúdo especial, também satisfaça os requisitos da arte até certo ponto. De qualquer maneira, esse tipo de coisa não me ilude. Não estou lhe pedindo que admita seus antigos enganos estéticos, mas somente que progrida com eles! Se você pelo menos aprendesse a usar imagens com mais cautela! Se apenas reconhecesse o que é feio e o que é afetado! Se apenas tomasse o cuidado de evitar reminiscências! Pois elas vêm por si mesmas, toda a atmosfera da poesia de hoje está cheia delas, e se alguém as lê em demasia, indiscriminadamente, as recebe em terceira e quarta mãos.

Você me considera assombrosamente presunçoso, não? Então devo aceitar a provocação. O que eu tenho a honra de representar já existia muito antes de mim; o que estou fazendo é meu trabalho, enquanto você não encontra alguém mais capaz de lidar com seu encantador talento, e a cujos pés também me sentaria de bom grado.

Nesse meio tempo sugiro que continue me enviando bastante, ou melhor, tudo o que você escreve: não serei de forma alguma mais gentil do que fui com o lote anterior; mas só isso pode realmente ajudá-la.

Para Paul Heyse*
Basiléia, 15 de agosto de 1852

Já faz algum tempo agora que minhas opiniões sobre arte (*en bloc*) sofreram uma completa metamorfose, a respeito da qual terei muito a contar quando você estiver aqui. Eu nunca imaginaria que um velho e rançoso historiador como eu, que se achava capaz de avaliar cada época e cada ponto de vista, pudesse, no fim, se tornar tão parcial como me tornei. Mas a venda está caindo de meus olhos, e, como São Remígio para Santa Clotilde, digo para mim mesmo: *incende quod adorasti, et adora quod incendisti*. De modo geral, foram realmente os poetas elegíacos latinos que me impulsionaram, apenas não posso explicar isso muito bem, e continuo no estágio das boas intenções. Também li todo o tipo de obras gregas e italianas, *del buon secolo*. Ademais, a coisa toda exige que se mantenha os olhos bem fechados para a estética que é pregada hoje em dia, a saber, contra Robert Prutz em Berlim, que será um tendencioso cavaleiro de cavalinhos de pau até o fim de seus dias.

Porém, sobre isso tudo falarei mais tarde. É mais do que tempo de eu me libertar do falso objetivo, comumente aceito, do reconhecimento do valor de todas as coisas, sejam lá o que possam ser, e me tornar radicalmente intolerante. Mas há também algumas palavras a serem ditas sobre pesquisa histórica e a maneira como é conduzida, e estou gradualmente adquirindo o direito de dizê-las...

Jacob Burckhardt

Para Heinrich Schreiber
Basiléia, 18 de dezembro de 1852

Há algo que me é doloroso em sua *pia vota* por minha carreira, pois não apenas sou obrigado a reconhecer a qualidade da intenção como também, em quase todos os aspectos, sua justeza e utilidade; mas, ao mesmo tempo, não posso seguir seu conselho. Acredite-me, simplesmente tenho que escapar por algum tempo! Aqui eu certamente me arruinaria, a menos que pudesse, de tempos em tempos, refrescar-me em outro lugar. Esta é minha última chance de escapar de tijolos e argamassa; se não a aproveitar, serei condenado para sempre a uma existência miserável. E então, por favor, perceba: em um ano, espero, voltarei munido de material suficiente para trabalhar por muito tempo. Mas, por enquanto, simplesmente devo escapar temporariamente. É pedir demais esperar que alguém mantenha o entusiasmo em uma cidade sem companhias estimulantes e quase que desprovida de incentivo acadêmico.

Queridíssimo Amigo! Você realmente não faz idéia do clima intelectual reinante. Posso sentir, com as pontas dos dedos, as melhores pessoas daqui ficando literalmente rançosas. Portanto você não levará a mal se eu não seguir o seu conselho; o chão sob meus pés está em chamas. Uma vez que tenha ficado fora por algum tempo, estarei pronto para acostumar-me novamente à Basiléia; mas, no momento, bem longe!

Espero que a nova ferrovia da Basiléia, que parece estar tomando forma, irá, junto com algumas desvantagens, trazer a vantagem de explodir a camarilha dominante daqui; sua estreiteza mental amargura a vida tanto de nativos quanto de estrangeiros. Você conhece muito bem a maneira pela qual alguém anseia, acima de tudo, por um rosto neutro. Se pelo menos eu já estivesse além dos Alpes!

Sei muito bem, graças a uma prévia estada de quinze meses, que não se trata de nenhum mar de rosas. Minhas ilusões há muito deixaram de ser as de um jovem de vinte anos que espera encontrar o paraíso no Sul. Mas minha pobre alma, de tempos em tempos, espera submergir em um refrescante banho de beleza, particularmente nas paisagens. Talvez em relação a isso eu ainda seja um tanto fantasioso; mas para que argumentar e discutir quando apenas se tem sede de coisas belas? No fim das contas, desisti de tantas outras coisas. E então, o que realmente quero fazer é trabalhar. Turismo caro está fora de questão; as bibliotecas florentinas são meu principal objetivo — lá tem-se que trabalhar no inverno com casaco e luvas de lã. Veja você, também conheço o lado escuro.

Penso que sempre existirão alguns pequenos lugares abertos para mim aqui, onde posso encontrar um canto e me espremer dentro de uma crisálida. Simplesmente não se preocupe comigo.[45]

Para Paul Heyse
Basiléia, 6 de maio de 1855

Passarei este verão às voltas com vários pequenos trabalhos. Na metade de julho, se possível, irei novamente para cima e para baixo dos Alpes, em um ou dois vales piemonteses com seus castanheiros

---

[45] Burckhardt permaneceu durante a maior parte do ano em Roma e retornou à Basiléia em 1853, lá ficando até mudar-se para Zurique em 1855.

e capelas de peregrinos, mas apenas por duas ou três semanas. No começo de outubro, me mudo para Zurique. E ao longo do próximo ano devo voltar e ver você em Munique. Espero escrever mais poesia em Zurique do que aqui, pois passarei a maioria das noites sozinho. Na verdade, uma das principais razões pelas quais decidi que deveria ir sozinho a Zurique é que lá posso viver praticamente incógnito. Aqui na Basiléia tenho de manter, até certo ponto, as aparências, e perder muito tempo com pessoas. Não estou indo como o único professor recentemente nomeado, mas como um dos trinta que irão para Zurique, o que, em geral, reduz a possibilidade de ser conhecido na sociedade e ter de encontrar muitas pessoas. Em meio a essa multidão é possível esconder-se, despercebido. Então venha, oh dourada liberdade! Tenho a certeza de dois ou três bons amigos, e o campo é tal que preciso apenas de cinco minutos para alcançar paisagens realmente belas, em grande estilo.

...Uma vez que a dourada liberdade me esteja assegurada, ninguém poderá fazer exigências em relação a mim, exceto meu professorado, então "arregaçarei as mangas, cuspirei alegremente nas mãos" e empreenderei algo que de fato valha a pena.

Para Albert Brenner
Zurique, 17 de outubro de 1855

Sua carta deu-me um sincero prazer. Embora, em sua feliz idade, as pessoas sejam voláteis em muitos aspectos, acredito que você se manterá fiel à sua vocação uma vez que a descubra; algum ramo da cultura, com especial referência à beleza. Você se inquietará e se preocupará durante anos, do mesmo modo que outros ofegam e

São Pedro, 1847.

Uma rua em Roma, 1848.

gemem, mas, de maneira geral, espero que esteja a salvo. O que ainda não está maduro irá fermentar. Apenas não fique meramente contemplando a vida; mantenha a promessa secreta que fez à poesia. Possa ela, como uma tocha ardente, ter precedência sobre todos os seus esforços espirituais.

Poucas coisas são, no fim das contas, capazes de dar real valor à vida do homem moderno. Somos excluídos de mil maneiras diferentes da ação que, em outros tempos e com outras pessoas, fortalecia os nervos e revigorava os sentidos. Quão pouco à vontade nos sentimos no mundo atual, com suas grandes máquinas com rodas, se não consagramos nossa existência a nobres objetivos! Contudo, tudo isso deve ser tão claro para você quanto o é para mim. Por conseqüência, não há melhor remédio contra o espírito de escárnio e contradição que por vezes o acossa do que um tratamento medicinal de uvas dionisíacas nos vinhedos, desde que isso não esteja vinculado a algum tipo de outono passageiro — e mais não digo. A constante contemplação da beleza e da grandeza deveria deixar seu espírito inteiramente enternecido e feliz. E, desse modo, nossa ambição deveria elevar-se do estágio da vaidade para o de desejo pela fama. Sermos vitoriosos em relação a outros não deveria mais constituir um problema, apesar de que devemos continuar ansiosos por conquistar nossos próprios caprichos pelo bem da beleza.

Seja o que for que você possa ter aprendido comigo, outras pessoas podem ensiná-lo ainda melhor, em sentido mais elevado, agora que você está preparado para isso; e também em seus estudos privados você deve abrir caminho em meio à vegetação rasteira, agora que aprendeu a caminhar — sinceramente, não que eu tenha lhe ensinado isso — e, de maneira geral, conhece a sua direção.

Jacob Burckhardt

Sinto falta de nossas discussões literárias tanto quanto você. Embora haja muitas pessoas excelentes aqui, cujo convívio está aberto para mim, esse é um aspecto que me deixa em apuros — porque, geralmente, o destino e o excesso de trabalho os privaram da verdadeira alegria que essas coisas proporcionam, e porque eles próprios (até onde sei) não escrevem. A atmosfera está cheia de significativa inspiração poética; mas por enquanto não estou tão solidamente estabelecido a ponto de ser capaz de pensar, eu próprio, em produzir. E, depois, estou possuído por um espírito estudioso que está me torturando, e que pode muito bem reivindicar todos os poderes à minha disposição pelos próximos anos: a semente de uma séria investigação sobre a história da beleza. Trouxe essa "enfermidade" comigo quando voltei da Itália no ano passado, e sinto que não poderia morrer em paz a menos que tivesse cumprido meu destino no que diz respeito a tal coisa.

Vejo isso como um assunto realmente importante, e não estou fingindo falsa modéstia. Uma vez que, de fato, tenhamos rompido relações com a grandeza e o infinito, ficamos profundamente perdidos e presos nas rodas da era atual. Perdoe-me por empregar novamente a metáfora das "rodas", mas ocorre que é assim; outros séculos evocam rios, tormentas, o fulgor do fogo; o século atual, chamado de dezenove, sempre me sugere máquinas encantadas. Mas devemos aproveitar o melhor que pudermos a *Liberdade* deste século, a ela devemos nossa contemplação objetiva de todas as coisas, de repolhos a reis — portanto, poupe seus lamentos. Há um aspecto no qual você me agradou e ouviu meu conselho: quero dizer, em relação à sua caligrafia mais legível. Posso agora esperar que você esteja atendendo a *precepta magistri* em outros aspectos mais importantes? Refiro-me, como você sabe, à literatura clássica. Isso não é mera superstição da minha parte.

Para Albert Brenner
11 de novembro de 1855

Para meu grande prazer, sua carta de 27 de outubro chegou a mim, apesar de você ter escrito a palavra "Zurique" com letras muito pequenas. Você deve aprender a ser cuidadoso com tais coisas; o correio não é assunto para brincadeiras. E, com isso, meu estoque de comentários está no fim, e, daqui por diante, você é muito bem-vindo. Sua febre de Fausto lembra-me de maneira comovente de uma época similar, não tanto em minha própria vida mas na de meus companheiros estudantes de dezesseis ou dezessete anos atrás. Para dizer a verdade, nunca penetrei muito a fundo no lado especulativo de *Fausto*, como meus amigos, em parte, fizeram. Devo, portanto, tomar o cuidado de não o introduzir em uma nova concepção daquele tremendo poema. Quero apenas dizer isso: é destino certo e inescapável da educada juventude alemã, em determinada idade, cavar fundo e explorar *Fausto*, e você está no processo de cumprir esse destino. Os velhos cavalheiros ficariam profundamente magoados se alguém descobrisse *dogmas fixos* em *Fausto*! Então, pois, siga em frente e cometa seus erros. Todas as melhores cabeças tiveram de seguir o mesmo caminho, porque buscaram verdades sólidas; o poema os atraiu, os conduziu para o fundo de seus caminhos subterrâneos e sobrenaturais e, no fim, não lhes deixou nenhuma verdade, mas um *impulso* purificado em direção à *verdade*, do tipo que a preocupação com os assuntos espirituais deve de fato evocar.

Jacob Burckhardt

Não tenho uma explicação especial sobre *Fausto* pronta e embalada. De qualquer forma, você está bem abastecido com comentários de todo tipo. Ouça: leve todos esses artigos de segunda mão de volta à biblioteca da qual originalmente vieram! (Talvez, nesse meio tempo, você já tenha feito isso). O que você está destinado a descobrir em *Fausto*, terá de descobrir intuitivamente (estou falando apenas da primeira parte). *Fausto* é um mito genuíno, isto é, uma grande e antiga imagem na qual cada homem tem de descobrir seu próprio ser e destino, à sua maneira. Deixe-me fazer uma comparação: o que teriam dito os gregos se um comentarista tivesse se colocado entre eles e a saga de Édipo? Havia em cada grego uma febre de Édipo que precisava ser atiçada e estremecida à sua própria moda, *imediatamente, sem intermediários*. O mesmo é verdade para *Fausto* e a nação alemã. E mesmo se partes dessa obra sumamente rica se perderem para o indivíduo, o pouco que realmente o comove causará, imediatamente, uma impressão muito mais poderosa, tornando-se, então, parte essencial da sua vida.

A segunda parte nunca teve apelo para mim, a não ser como uma deliciosa fábula. O pensamento especulativo me é misterioso e obscuro. O aspecto mítico é trabalhado com uma certa magnificência de sentimentos, como se alguém estivesse vendo Rafael pintar as aventuras de Psiquê. Mas o que ultrapassa completamente meu entendimento é o modo como o acerto de contas moral de Fausto é por fim resolvido. Qualquer um que tenha lidado com alegorias por tanto tempo quanto ele torna-se, inevitavelmente, ele próprio uma alegoria, e não mais nos interessa como ser humano. Mas há muitas coisas sublimes na segunda parte, e em toda a poesia do passado há pouco que se compare com a ascensão de Helena.

E, finalmente, é certo que *Fausto* deva conduzi-lo a algum tipo de produção. A mesma coisa aconteceu em nossos verdes anos. A enorme distância entre o desejo e a conquista geralmente resulta na queima desses escritos — injustamente, pois mesmo os defeitos desses poemas simbólicos são estranhamente marcados pela assinatura do escritor, e nos anos de maturidade aprende-se a dar valor a esse tipo de coisa como uma fonte de autoconhecimento.

Mande-me um pequeno esboço de seu poema; eu o lerei conscienciosamente e não pouparei dúvidas e encorajamento; suspeito de que ele conterá coisas demasiado pessoais, que pertencem apenas a você. Leia *Merlin*, de Immermann. É um paralelo muito significativo e independente, para não dizer um acréscimo, a *Fausto*.

Para Albert Brenner
Zurique, 2 de dezembro de 1855

...E agora chego a seu ultrabyronesco personagem faustiano. Acredite-me, um sujeito como esse, se ele realmente pudesse existir, seria um indivíduo odioso, apesar de todas as "fagulhas divinas", dos "impulsos mais elevados", etc. Mesmo que ele "*se ocupe* com política, filosofia e ciência", como você supõe, estaria apenas brincando com isso de uma maneira literária, e nunca realmente trabalhando em coisa alguma, pois lhe falta por inteiro o amor pelas coisas, e porque ele é apenas um rabugento desocupado. Eu gostaria de aproveitar a oportunidade para convencê-lo de que esses seres tremendamente interessantes, melancólicos, céticos e misteriosos, *à la* Byron, são seres de pura fantasia, nunca existiram em parte alguma, e, conseqüentemente, não possuem qualquer verdade poética. (Eles são de um tipo que Heine, em certa época, gostaria de ter sido, até que ele descobriu que a simples carniça adequava-se melhor à sua compleição). Indivíduos *blasés*, parcialmente petrificados, construídos originalmente em grande escala, existem aos montes, mas *eles não são mais interessantes*. Certamente não tão interessantes quanto pensam que são. Os anéis de fumaça de cigarro que vez por outra sopram no ar são simplesmente o último mau cheiro que anunciam, mesmo que alguém esteja tentando imaginar um Etna de genialidade fervendo dentro deles. E, de quebra, indivíduos desse tipo são incorrigivelmente vaidosos. Você obviamente nunca conheceu ninguém do tipo, ou não iria idealizar e respeitar esses "personagens". Na verdade, eu gostaria muito de ler para você uma cáustica preleção sobre o hábito de antecipar coisas de modo consciente. Durante toda sua vida você encontrou poucas coisas além de amor e bondade; ao mesmo tempo mantém uma fantasia de juventude que normalmente se inclina para o extraordinário. Você realmente devia trazer à luz grandes figuras, Deuses, Heróis, Fortuna e Amor, em contrastes simples e comoventes. Em vez disso vai atrás de tudo que está decaindo ou que reluz com fosforescência, agarrando-se a coisas sobre as quais nada sabe, e que nunca experimentou. Você pode dizer: "Tampouco tenho alguma experiência com deuses e heróis". Está certo, mas tem o direito de *imaginá-los*. Em sua feliz idade, sua fantasia tem o direito de fazê-lo — você não obtém o direito de imaginar putrescência. Por pura curiosidade quase que gostaria de vê-lo levar a cabo seu plano faustiano, apenas para ver quão inocente você faria tal personagem — apesar dos assassinatos, adagas, etc. Eu iria, então, anotar nas margens tudo o que você omitiu através da inocência —

todo o despeito, a falta de consideração, as infâmias típicas desses gênios petrificados. Acredite-me: um homem só é interessante se amar alguma coisa. E então *Non fumum ex fulgore, sed ex fumo dare lucem*, etc. A propósito, você me confiou apenas o esboço de duas cenas: a conversa com o amigo e o juramento. O personagem do amigo é infelizmente — tenho que reconhecer — muito verdadeiro em nossos dias; o tipo que em sua "viagem por todos os pontos de vista" passou algumas semanas "sob o comando da moderna ortodoxia", até que um vento diferente começou a soprar; que tem sempre um bode expiatório pronto, ao qual persegue com o escárnio de um vampiro. Eu certamente poderia lhe mostrar alguém desse tipo...

Para Albert Brenner
21 de fevereiro de 1856

Sua carta do dia 17 muito me agradou, até certo ponto, e, *secundo*, não me perturbou de forma alguma. Vamos tratar primeiro dos aspectos principais. Então, pensamentos sobre sua futura posição na vida começam a inquietá-lo? Bom para você. Quer dizer que não mais está sonhando com uma existência poética, com a galinha assada de Eichendorff voando para a sua boca? (Se esse era o seu sonho, não há mais nada do que se envergonhar). O homem que necessita de um grande e poderoso ideal na vida é o mesmo que deve, em nossa época, manter-se em seus próprios pés, economicamente falando. Faça tudo o que puder para formar e desenvolver esse orgulho particular de maneira tão elevada quanto possível! O mundo quer e toma muito pouco de nós, e devemos querer e tomar pouco dele. Acima de tudo, você ama a Musa demasiado ternamente para querer viver dela, isto é, de *royalties!* Mesmo o Maior entre os que escreveram para viver sofreu sérios danos internos. Não, deixe que o reino do lucro lhe seja inteiramente prosaico; podemos, no entanto, afeiçoarmo-nos por demais a ele; e o dever, apesar de exigir uma amarga e árdua labuta, pode ter seu lado agradável.

E agora vou até mesmo pregar um pouco de heroísmo para você, o tipo de coisa que certamente não me tinha grande utilidade quando era da sua idade. Refiro-me a evitar distrações caras e as companhias que nelas se fiam. Entre nós, suíços, as pessoas são muito sensatas nesse aspecto, de forma que o dever de alguém não se torna tão difícil. Mas é muito diferente entre estudantes alemães, em meio aos quais um homem pode não apenas valer-se da fortuna da família para estudar, incluindo o dote da irmã — se ele for fundamentalmente decente talvez possa fazer bom uso da maior parte disso —, mas também pode *esbanjar* o dinheiro e deixar muitas dívidas atrás de si. O fim da história é uma existência miserável em casa ou na América — ou um emprego como *fonctionnaire*, no qual se é empurrado de lá para cá, amassado, pisoteado e insultado por algum encantador funcionário público, uma existência, diga-se de passagem, que contrapõe um ridículo e miserável contraste à antiga vida de luxos. *Dixi et salvavi*, etc. Deve-se aprender no tempo certo a manter-se com os próprios recursos e ser pobre com honra. Este é um requisito fundamental da poesia, o escudo do caráter, a garantia que se tem de sentimentos puros e belos. É claro que alguém cuidará de você por alguns anos; isso lhe será suficiente desde que, durante seu tempo de estudante, você mantenha em vista seu futuro meio de vida, e se acostume à perspectiva, não como algo atraente, mas como algo satisfatório. Não tenha objetivos altos demais: dar aulas, ensinar na escola e então, se possível, um emprego permanente como professor de escola. Não se deixe levar com muita facilidade para uma carreira acadêmica; trata-se de um jogo de azar, ainda que seja apenas por ter sempre muito menos vagas em qualquer área específica, mesmo considerando-se todas as universidades alemãs, e, como costuma ocorrer, essas vagas são muitas vezes preenchidas por sorte ou favoritismo, e não por mérito. Não se pode pensar em formar uma família a menos que se possa viver da fortuna da esposa — ainda que todos os nossos professores de colégio se casem aos vinte e quatro ou vinte e oito anos. Oh, se você tivesse visto, como eu vi, a aflição e a pobreza que prevalecem nos círculos acadêmicos alemães! Mas a última coisa que você deve querer ser é jornalista. Ele devora o poeta que existe em nós e, trabalho por trabalho, raramente nos gratifica tanto quanto o ofício de ensinar. Estou apenas lhe recitando toda essa prosa em nome da poesia, que aprecia um pouco de solidez e calma em seus confidentes.

Continuando: você diz que não está satisfeito com a vida universitária. Quanta cegueira! Devo, neste caso, desiludi-lo dizendo o seguinte: o poeta não precisa de uma vida de estudante, *qui n'est qu'une espèce de poésie mise à la portée de tout le monde!* Ele vive, se move e se coloca em meio a uma organização de imagens e de sentimentos diferente da que lhe é dada pelo que o cerca. Que desgastada visão da vida estudantil foi transplantada para nossas universidades suíças!

Mais adiante, você está insatisfeito com X, Y e Z — sinto falta de uma coisa apenas, que você certamente sente, mas que não me confiou: você está insatisfeito consigo mesmo. Oh, você está seguindo o caminho errado em relação a isso, se procurar ânimos elevados nos outros, ou se fizer com que esses ânimos dependam dos outros, e exigir que o mundo que o cerca seja um mundo ideal. E agora, para seu bem, farei a seguinte sugestão: jogue no ralo sua atitude superior, sua sagacidade e seu sarcasmo, e nas suas relações com os outros tente trazer à tona toda a bondade do coração, a dedicação, a devoção que há em você, e verá que retribuirão da mesma forma. Não importune as pessoas de seu convívio com observações geniais e mordazes, mas lhes dê prova de seu verdadeiro *espírito*, que é naturalmente gentil e afável, e você descobrirá o verdadeiro *espírito* dos outros, talvez tímido e desajeitado, mas, com certeza, afável, amoroso e de boa vontade. Com isso, seus relacionamentos não serão, de fato, ideais, mas, no momento certo, um sopro do ideal irá tocá-los. Você acredita no que estou dizendo? Deixe-me saber. Quando aqueles a seu redor parecerem maçantes e estúpidos, comece por penitenciar-se nas profundezas de seu coração por ter intimidado alguns e amargurado outros, e então seja o mais alegre e jovial de todos, e verá que grande ajuda isso constitui. Um homem sagaz que se domou *por completo* é, *eo ipso*, um homem com poder. Schleiermacher era um homem assim. Veja você que, apesar da advertência, ainda me aferro às "conseqüências externas".

Agora, a respeito de seu trabalho. Não sou especialista o suficiente para ajudá-lo de forma direta. Mas uma coisa é certa: se não se empenhar no cultivo da memória, permanecerá um diletante. Além disso, sugiro que leia o que for necessário em volumes in-fólio, se eles não forem in-4º, 8º e 12º. O que você tem contra os pobres in-fólios? Há neles milhares de coisas maravilhosas, que podem ser lidas com prazer – ou que podem fazê-lo delirar e chorar. Apenas um exemplo: não sei se você estava aqui no último inverno quando dei uma palestra sobre São Severino. O aspecto histórico e mesmo o humano de sua vida maravilhosa – embora eu não delirasse nem chorasse por ela – me tocaram profundamente; mas o material foi editado apenas duas vezes na forma original e, até onde sei, foram edições in-fólio. E, a propósito, tente privar-se um pouco do desvario e do choro, que servem apenas para mulheres histéricas. Isso é sempre efeito do material, e não da forma artística. Em resumo, se realmente quiser conquistar alguma coisa, deverá mostrar-se menos tímido com os livros. É evidente que apenas uma milésima parte dos conteúdos lhe será de alguma valia, mas é o trabalho de peneirar que educa a mente. De que outra forma trabalha o garimpeiro? E, por fim, há um consolo: gradualmente, você aprenderá a trazer à luz aquela ínfima parte que importa de modo cada vez mais rápido e preciso.

Com relação à influência do estudo na observação da vida, não resmungarei a esse respeito, desde que seu estudo dos livros não venha a sofrer. Você me assegura que aplica a si mesmo o estudo da vida, sob a forma de auto-exame. Eu estaria mentindo se dissesse que acho isso adequado à sua idade. Um deus vendou os olhos dos jovens para que eles pudessem achar harmonioso o mundo heterogêneo, e para que fossem felizes com essa consciência ou loucura. Mas se você quiser continuar sendo puramente crítico, em vez de desfrutar da vida, é problema seu. A propósito, uma das coisas que você me diz me dá um grande prazer: "que a vontade é mais importante no mundo do que o entendimento" – se é *assim* que você filosofa, então vá em frente. Colocada de forma ligeiramente diferente, a frase diz: o *caráter* é muito mais importante para um homem do que as riquezas da mente, o que é uma de minhas mais antigas e firmes convicções.

Para Albert Brenner
Zurique, 16 de março de 1856

Sua carta do dia 11 muito me afligiu e me encheu de preocupações em relação a você. Responderei primeiro à segunda parte. Se você realmente se vê como possuidor de uma *natureza demoníaca*, então lhe faço apenas uma exigência: a de que nunca, *nem por um único momento*, compactue com ela. A qualquer preço permaneça bom, amoroso e afável, esforce-se para desejar o melhor a todos, e demonstre isso diariamente em suas conversas e relações com os outros, de forma a permitir que alguém possa se tornar seu amigo. Se você conhecesse as terríveis fendas e fissuras que perpassam nossa vida subterrânea, iria desvendar os tesouros de amor e devoção ainda hoje, em vez de esperar para fazê-lo amanhã. Pois essa é a única maneira de permitir que aquilo que se parece com um puro e elevado sentimento, capaz de caminhar ousada e confiantemente sobre o abismo, se desenvolva. Você ainda não sabe o quanto nós, homens, somos mendigos nos portões da fortuna, quão pouco pode ser obtido por meio da pertinácia ou arrancado à força, ou como os maiores dons e talentos batem em vão naquelas portas, tentando atravessá-las. *Denn ach, die Menschen lieben lernen, es ist das einzige wahre Glück* – aprender a amar os homens é, de fato, a única felicidade verdadeira.

É realmente uma pena que você deva empanar seus anos na universidade com tais pensamentos melancólicos. Você se senta e põe-se a chocar sua "constante indiferença" até que as categorias "necessidade e acaso" tenham devorado o excelente pão diário, "bom e mau". Estou vendo acontecer com você a mesma coisa que vi ocorrer com outros, há dezesseis anos: como resultado de supostos, ou verdadeiros, axiomas do "mundo-histórico ou filosófico", a consciência dessas coisas que, *sozinhas*, protegem e trazem felicidade à vida do indivíduo, é completamente esquecida. (E, acima de tudo, deixe-me lhe dizer isso, *en passant*: essas operações intelectuais devoram e corroem a poesia por completo; elas nos custaram Lenau, que se deixou cegar pelo elevado *glamour* poético de determinada filosofia, até que, por fim, acabou inteiramente). Se há que ser assim, então, ao menos, seja cuidadoso com você mesmo; o orgulho intelectual que se desenvolve enquanto nos ocupamos disso tem para nós, filhos do mundo, um cheiro tão penetrante e insuportável quanto o do orgulho religioso.

A décima segunda hora chegou; se quiser permanecer um poeta, você deverá ser capaz de amar de modo bem pessoal (1) os homens, (2) as coisas individuais da natureza, vida e história. Se por um acaso qualquer isso lhe pareça filosofia hegeliana, lhe dou um aviso: ela é como uma droga no mercado, deixe-a ficar onde está. E agora pense um pouco em sua futura vocação, seja como autor ou professor: você deve se educar para fazer com que diferentes tipos de homens, quantos seja possível, amem as coisas da mente. Está entre suas considerações atuais dar um passo nessa direção? É provável que eu esteja falando em vão; obviamente não posso plantar uma disposição diferente em sua alma

— não leve a mal, mas muito do que você toma por convicção é, na verdade, apenas disposição.

E agora, vamos a seus lamentos acadêmicos. Não repetirei minha última carta; acredito que as características individuais em sua descrição da vida de estudante são corretas. Mas você deixa escapar que age como um solvente, não como um construtor. No meu tempo eu não era nem um nem outro, mas levava uma vida de fantasia dentro e fora do clube dos estudantes, e não tenho nenhuma vontade de me gabar disso. Agora, porém, possuo uma vívida e dolorosa sensação do que eu deveria ter feito, não apenas naquela mas em muitas outras situações. Mais tarde, na Basiléia, se me tornou muito difícil estabelecer elos; na maioria dos círculos você encontrará um ou dois indivíduos desdenhosos, inteiramente negativos, que são tolerados pela grande maioria de homens decentes e simples, e que espicaçam os que almejam algo melhor. *Não se torne um deles.* Quão fácil é destruir, e quão difícil é construir novamente! Requer pouquíssima inteligência aplicar critérios às ações dos outros e realçar o lado ridículo e inadequado, ou, em estilo mais nobre, enfatizar as limitações e preconceitos da vida social e de seu *laisser-aller*. Falo disso porque acredito no lado predominantemente positivo de sua natureza. Pense apenas em quão afortunado você é! Ninguém o obriga a, por exemplo, celebrar o nascimento do herdeiro do trono francês que nasceu hoje cedo, enquanto pelo menos uma dúzia de infelizes franceses vem mastigando suas canetas há meses!

...E agora, examinemos isso, ponto por ponto. Como você sabe, tenho o maior interesse em sua vida espiritual, já que você significa muito para mim. Mas você disseca e descreve seu próprio ponto de vista e sua sensibilidade como num diário e — por mais que eu goste de ler esse tipo de coisa – não é o que quero; eu almejo a expressão poética, o inconsciente que irrompe de forma consciente. Tome coragem de uma vez e perpetue as várias correntes de seus sentimentos de modo simples, em diferentes imagens, e as faça fundirem-se com sua personalidade em uma necessária relação artística. Seu diário verdadeiro e duradouro, no mais elevado sentido, serão poemas. Quando você filosofa, ouço até o fim como a um sermão, e não faço comentários. Nada tenho contra essa forma de passar o tempo, desde que você me prometa apenas uma coisa, que é, a saber: em momentos de elevada emoção filosófica (e eles não serão escassos), murmure três vezes para si mesmo: "Sou, no fim das contas, apenas um miserável átomo *vis-à-vis* os poderes do mundo exterior". E "tudo isso não vale uma gota da verdadeira contemplação e do verdadeiro sentimento". E ainda "personalidade é, no fim das contas, o que há de mais elevado". Após murmurar estas três afirmações, você pode continuar filosofando em paz.

PARA PAUL HEYSE
Basiléia, 3 de abril de 1858

Sua carta e a de Ebner deixaram-me muito consternado. Nunca me ocorreu quando escrevi a Frau Clara (Kugler) que esse tipo de convite seria uma possibilidade.[46] Considerando-se tudo, simplesmente não posso aceitar o trabalho.

---

[46] Kugler morreu em 18 de março de 1858. Foi solicitado a Burckhardt que completasse e editasse a *História da Arquitetura*, de Kugler, e também que editasse a terceira edição de seu *Handbuch der Kunstgeschichte* (Manual de história da arte), publicado por Ebner.

Estou começando a me dedicar inteiramente à cadeira de história; o posto é exigente em todos os aspectos, e *muito* se espera de mim. Talvez tenha de adiar indefinidamente meu próprio trabalho,[47] para o qual venho tomando notas há dois anos.

Além disso, por muito tempo perdi o contato com inúmeras formas de arte, pois não sou mais capaz de fazer viagens de estudos; este ano, dificilmente deixarei a Basiléia por um único dia que seja. Tenho somente uma esmaecida lembrança de coisas fora da Itália. Imagine que tipo de continuidade isso significaria para um trabalho iniciado com um inigualável conhecimento de detalhes, além de profundidade e solidez intelectual. Para não falar da impossibilidade de pesquisar as ilustrações. Apenas pense seriamente em sua própria responsabilidade para com esse trabalho.

Devo admitir que não há ninguém mais que eu possa sugerir, caso Lübke[48] não o faça. E presumo que você não queira Springer. Não posso indicar nenhum outro nome. Como Eggers está progredindo?

Se não há absolutamente ninguém que possa ser encontrado, então, meu bom – ou mau – conselho é este: imprima o que já existe de história da arquitetura, simplesmente acrescentando uma breve exposição geral sobre o Renascimento e a arquitetura moderna. Eu poderia, se preciso fosse, encarregar-me do suplemento, mas seria necessário dizer ao público que se trata de um trabalho sem pretensões, que alguém foi forçado a fazer. Dessa forma pode-se ao menos saber que nenhum *spropositi* ocorreu.

---

[47] O *Renascimento*.
[48] Um amigo de Burckhardt ensinando em Zurique.

Lübke *deve* fornecer as partes que faltam do *Handbuch*. Eu imprimiria a arte moderna diretamente da segunda edição, após alguma revisão. Se não for possível encontrar ninguém para fazer isso, eu assumirei a revisão. Mas outra pessoa deve cuidar das ilustrações.

Se ainda estivesse em Zurique, poderia fazer algo mais. Existem, de fato, lacunas que não podem ser preenchidas, e com as quais devemos nos resignar. Ainda estou devastado pelo duro revés que o destino reservou à sua família.

Para Heinrich Schreiber
Basiléia, 1º de agosto de 1869

Minhas férias, das quais três quintos já se passaram, estão sendo destinadas a dar acabamento e corrigir meu livro, do qual vinte e uma folhas já foram impressas e cerca de quatorze estão sendo trabalhadas. Minha ansiedade cresce à medida que o material vai para o prelo, isto é, começa a ser irrevogavelmente público. No título, lê-se: *A Cultura do Renascimento na Itália*.

Tão logo a impressão seja concluída, eu lhe enviarei uma cópia. Meu querido e velho amigo sem dúvida sorrirá e balançará a cabeça ante trabalho tão diletante, mas com certeza reconhecerá que o autor não economizou preocupações e suor. Trata-se de uma planta inteiramente selvagem, que não depende de qualquer coisa que já exista. Um elogio que gostaria de receber de seus lábios, a saber: que o autor resistiu firmemente a muitas oportunidades de deixar sua imaginação vagar e, honradamente, ateve-se às suas fontes. Também penso que mereço algum louvor por não ter feito o livro três vezes mais grosso do que é. Teria sido a coisa mais fácil do mundo — e provavelmente me renderia mais respeito entre muitas pessoas; bastava que eu cedesse à minha natural loquacidade, e teriam sido cem em vez de trinta e cinco folhas...

Para Paul Heyse
Basiléia, 16 de novembro de 1860

Oh, querido Paul, você não imagina minha surpresa, tenho estado preocupado o dia inteiro, de forma que, agora, preciso fazer um esforço consciente para entender em que extensão — e de que maneira — *você dedicou a mim* essa obra-prima.[49] Creio que você riria às gargalhadas se pudesse ver como isso contrasta com minha existência aqui; sou um rematado filisteu, jogo dominó com outros filisteus, saio para passear com filisteus (e colegas que estão igualmente dedicados a serem filisteus), bebo minha taça de vinho *sans prétention*, falo de política nos cafés e, regularmente, passo os sábados com meus parentes, dou palestras e ensino a meus alunos de um modo simples e honesto — e, veja, algo encantador e bombástico vem voando pela janela! Oh, Paul, pense em todas as piadas e no ridículo a que sua ficção sobre meu canto irá me expor entre as pessoas daqui, que nunca me ouviram cantar exceto no quinto ato dos jantares ou outras festividades de nossa Associação da Universidade — mas é uma pílula amarga de engolir quando relembro quão egoísta e inadequada minha companhia deve ter

---
[49] Paul Heyse dedicou seu *Italienische Liederbuch* (Cancioneiro italiano) a Burckhardt, relembrando sua amizade em Berlim e as ocasiões em que Franz Kugler e Burckhardt se revezavam ao piano, em canções alemãs e italianas.

sido em 1847. Há que se pagar a conta, é claro, e eu atingi um ponto em que o menor sinal de amizade deixa meu coração em estado de gratidão. Desde então tenho passado por períodos difíceis. Não peço por nenhuma bênção especial, desde que as coisas continuem como estão.

Profundamente comovido, começo mergulhando em algumas partes de seu pequeno livro e, por enquanto, estou desconcertado ao perceber como me encontro longe de conhecer a verdadeira marca do espírito italiano. Sinto como se certo número de passagens em meu livro[50] devesse ser rejeitado e reescrito; devo ter estado cego por nunca, ao longo de todo o meu trabalho, ter reconhecido a peculiar fusão de espírito e paixão.

Mas, então, tente escrever história cultural sem ninguém a seu lado para sacudi-lo e puxar sua orelha. Ofionide[51] certamente muito me ajudou, sem o saber, ao dar-me a medida de uma Lombardia inteiramente saudável, encantadora e antiga, com um amplo conhecimento de literatura; ocorre apenas que ele não está acostumado a nossos pontos de vista cuidadosamente filtrados, vivendo como ele vive, inocentemente e sem reflexão. As qualidades que possuo, adquiri-as de Kugler, que tinha uma percepção para o que era essencial, mesmo naquelas esferas em que era um diletante, pois sabia como despertar o interesse nelas. Meu Deus, como é presunçosa e fácil de persuadir a maioria dos (até mesmo) *grandes* especialistas se comparada a ele! Uma visão panorâmica como a de Kluger naturalmente iria apenas perturbá-los e arruinar o tipo de

---

[50] O *Renascimento*.
[51] Picchioni. Ofionide era o seu *"nom de guerre"*.

trabalho que fazem. E eles gostam de ignorar a qualidade de seu conhecimento mesmo nesse campo específico. Mas, chega disso! Farão o mesmo com meu livro, e eu e meu editor estamos preparados para isso! Pessoas imparciais, que tenham alguma coisa na cabeça, irão, talvez, reconhecer que o livro tinha de ser escrito a partir de pura necessidade interior, mesmo que o mundo o ignore.

PARA OTTO MÜNDLER*
Basiléia, 5 de janeiro de 1862

...A posição em relação a meu livro não é, infelizmente, aquela que o amigo Lübke supõe ser. A triste verdade é que não vendemos nem sequer duzentas cópias. Esse tipo de coisa não é mais comprada na Alemanha. Eu havia advertido o editor, que é íntimo amigo meu – e que nem ao menos cobriu suas despesas com o (generosamente recompensado) *Cicerone* – para que não imprimisse mais de quinhentos; ele imprimiu setecentos e cinqüenta, e agora guarda o excedente em fardos no seu depósito. Com essa experiência nas costas, decidi trabalhar apenas num esquemático *A Arte do Renascimento*, com cerca de vinte folhas, e aproveitar a ocasião para comunicar unicamente resultados que me parecem novos. É claro que isso não resultará num livro legível, mas, por mais legíveis que sejamos, é impossível quebrar o gelo na Alemanha. E mesmo um trabalho tão curto terá de esperar longo tempo até que meus deveres sejam, de alguma forma, simplificados.

Posso apenas dizer sim e amém à tradução do *Cicerone*, e implorar-lhe que me recomende à Sra. Perkins e sua colaboradora;

temo, porém, que, sob as atuais circunstâncias, o trabalho continue em suspenso indefinidamente.[52]

Com suas melhorias, o livro iria, é claro, ter uma outra aparência! Às vezes fico muito envergonhado quando olho o artigo "Pintura" e relembro as autoridades em que me apoiei para batizá-lo e tecer comentários. Mas não há nada que possa ser feito a respeito; nós, alemães periféricos, raspamos tudo o que podemos em nossa vizinhança, e então rastejamos para fora e escrevemos, incapazes de pedir conselho a ninguém. O resultado sempre cheira a algo provinciano, a algo que dificilmente seria sequer alemão.

Desejo muito conhecê-lo pessoalmente, e largaria todo o meu trabalho em qualquer dia que você decidisse me visitar. Ser-me-ia de grande valia sua opinião sobre um certo quadro da escola milanesa, pertencente a um industrial daqui.[53]

PARA PAUL HEYSE
30 de novembro de 1862

PS. Ainda não agradeci a Bernhard Kugler[54] por sua dissertação sobre a Princesa da Antióquia, pois não sabia onde ele estava. É um estudo crucialmente importante, que promete muito para o

---

[52] A tentativa fracassou. A tradução foi finalmente feita pela Sra. A. H. Clough em 1873.
[53] Provavelmente o quadro que Burckhardt havia comprado e vendido pelo mesmo preço a Felix Sarasin, e que certa vez julgou tratar-se de um Leonardo. O dinheiro que ele obteve foi dado a Böcklin, para que pudesse estudar em Roma. O quadro agora está no Museu da Basiléia.
[54] O filho de Franz Kugler.

futuro. Para mim, arquidiletante que sou, ele contém algumas coisas humilhantes; entender o que Sybel quer dizer a seus alunos quando fala de método e comunicação. Nunca fundarei uma escola!

Para Friedrich Salomon Vögelin
Basiléia, 15 de fevereiro de 1863

Infelizmente, não estou em posição de sugerir nenhuma editora por meio da qual você pudesse publicar os resultados de seus estudos arqueológicos. Eu próprio estou tão sem contato com jornais e periódicos que não saberia o que fazer se me encontrasse na mesma situação que você. Por outro lado, o professor Lübke, de Zurique, sabe tudo a esse respeito; se você lhe enviar minhas mais sinceras recomendações, ele lhe dirá tudo o que você precisa saber. E com "São Francisco em Assis", pode ter certeza de que o deixará ansioso para ajudá-lo.

Seu pai me contou sobre seu infortúnio, apesar de que, quando ele esteve aqui, sua valise ainda estava em Leghorn; você pode contar com meus votos mais sinceros de uma pronta recuperação. Sou um dos poucos que pode simpatizar com seus temores e esperanças nesses assuntos, pois vivi por quatro semanas no norte da Itália (em 1854), em uma perpétua ansiedade de que a polícia austríaca poderia se apossar de minhas anotações, porque os suíços, *in genere*, estavam sendo importunados naquela época, e a validade de meu passaporte acabara de expirar.

Se Lübke não lhe puder sugerir nada, eu certamente lhe recomendaria, sem hesitação, que transformasse suas pesquisas em um livro provisório, com um título como Arte Cristã, ou Fragmentos

Burckhardt a caminho da universidade (sem data)

Burckhardt, fotografado por Hans Lendorff, c. 1890.

de Arte Cristã, ou Mosaicos, ou algo do gênero. É verdade que pouco – ou nada – se pode fazer com isso; mais adiante, porém, pode-se conseguir um bom negócio *per ora hominum*. É muito fácil dar a essa espécie de trabalho de pesquisa um formato que lhe permitiria fazer seu doutorado onde quer que você queira.

Lamento de todo coração seu direcionamento teológico. Vi o mesmo tipo de coisa diante de mim, e dei-lhe as costas no tempo certo ao escolher voltar-me para a história.

Nos últimos anos pensei muito sobre o destino da Igreja Protestante. Nessa esfera, o homem não busca a liberdade, mas a dependência, o que a Igreja Católica, como todos sabem, lhe oferece *satis superque*. Sua maneira de descrever um Deus pessoal cresce e é moldada de acordo com seu sofrimento e pesar, e, dessa forma, todo o resto – a Bíblia e a doutrina – adquire uma nova influência sobre ele. Tivesse tido eu a sorte ou o destino de estar perto de você, teria tentado motivá-lo em relação a certas coisas, provavelmente sem êxito. Mas não se pode discutir esses assuntos numa carta. Sei muito bem que a grande ruptura na Igreja Protestante está fadada a tornar-se oficial na próxima década, mas também conheço o Estado moderno, e, quando a hora chegar, ele irá demonstrar sua brutal onipotência da forma mais evidente e prática. Ele irá simplesmente tomar o violento nível dos sentimentos entre as massas como padrão, e reagirá em conformidade. Na França, da maneira como vejo as coisas, a dispersão dos huguenotes só poderá levar ao crescimento do catolicismo. Na verdade, na religião ainda não experimentamos todo o impacto das massas, dos números absolutos, mas isso ainda pode ocorrer.

Jacob Burckhardt

Para Paul Heyse
Basiléia, 5 de abril de 1863

...No que me concerne, vivo aqui como um professor de História que muito trabalha, e fico contente se as coisas continuarem como estão; não que tudo seja perfeito, mas, quando avançamos nos anos, já não esperamos nenhum ganho especial com as mudanças. Também eu tive algumas penosas aflições, do tipo que não rejuvenesce o homem. Desenvolvi sete oitavos do meu *Arte do Renascimento* no inverno de 1862-63, mas então achei o trabalho inadequado, tanto no que diz respeito ao princípio quanto à execução, e o coloquei de volta à minha escrivaninha, provavelmente para sempre, já que não posso esperar preencher a lacuna com apenas seis meses na Itália. Aqui nunca temos mais que quatro ou, quando muito, cinco semanas de férias por vez, e isso não me permite realizar uma viagem como a que necessito fazer. Meu consolo é que, pelo menos, não tive medo de um grande trabalho.

Agora considero minha modesta carreira literária finalmente encerrada, e me sinto muito melhor e mais feliz lendo as fontes, já que apenas estudo e faço anotações para as aulas, e não para um possível livro. Do jeito que as coisas vão, o mercado histórico está terrivelmente apinhado, e ficará pior se a paz durar. Além disso, meu bom e generoso editor morreu há dez dias, e minha *opera omnia*, de que as carroças estão cheias, será transferida *en masse*, isto é, poderá talvez ser comprada por algum atacadista em Leipzig, e oferecida por algum tempo a preços reduzidos — na verdade, muito reduzidos —, e então transformada em uma pasta para fabricação de papel; a tudo isso vejo com estóica serenidade e genuíno contentamento secreto. Minha cura é: após as oito da noite, dirijo-me ao café *(scil. Weinkeller)* ou ao convívio social para bisbilhotar. Sábado à noite vou a alguma cidadezinha perto daqui, e no domingo à tarde caminho um pouco mais. Já faz alguns anos que comecei a evitar concertos, por causa do esforço que isso envolve, e equilibrei a situação adquirindo um piano, e fazendo minha própria música.

Alguns anos atrás pedi-lhe que cuidasse de minhas cartas a Kugler e que, depois de lê-las, caso as quisesse ler, as destruísse. Ficaria feliz se isso já tivesse acontecido, pois há nelas muitas coisas que não se destinam aos não-iniciados. Deixe-me saber o que se passa!

PARA PAUL HEYSE
Basiléia, 6 de dezembro de 1864

Com toda pressa e para não o deixar esperando: simplesmente não posso fazê-lo.[55]

Acho cada vez mais insuportável ter de descrever o que não vi com meus próprios olhos, tendo por base apenas os livros de outras pessoas, e, devido à forma incompetente como nossas férias são programadas, não posso viajar ao exterior. Meus deveres, como passei a concebê-los desde 1858, me absorvem completamente, e de ano a ano cada vez mais, assim como meu desprazer em publicar.

A melhor demonstração que posso lhe oferecer do tipo de autor que sou foi dada na última sexta-feira, quando entreguei

---

[55] Isso se refere à proposta de finalização da *História* de Kugler, que viria a ser reeditada postumamente.

a Lübke,[56] em sua passagem por aqui, o manuscrito de meu *Kunst der Renaissance*, que está com sete oitavos prontos, para que fizesse com isso o que bem lhe aprouvesse, e para que pudesse, pelo menos, usar parte do material para o quarto volume da *História da Arquitetura*, de Kugler. Eu não estava satisfeito com o trabalho, e não podia me dedicar a meus estudos, de modo que me desfiz dele, com a condição de que meu nome só aparecesse em segundo lugar no frontispício — embora eu preferisse que não aparecesse de forma alguma...

Então agora você vê como me comporto em relação a meus próprios filhos...

Para Otto Ribbeck
Basiléia, 28 de outubro de 1867

Deixe Dilthey conosco por mais tempo, *imploro-lhe!*[57] Ele ainda é jovem e vigoroso, e pode preparar-se muito bem na Basiléia para uma carreira na Alemanha. Penso que ele verá o período passado na Basiléia como o mais feliz de sua vida. E então, talvez você não o mantivesse por muito tempo em Kiel, quem sabe? Pois o material intelectual é *considerável*, devo dizer com toda honestidade e verdade. Estou muito preocupado com todas as suas interrogações e nutro uma tênue esperança de que talvez minha demora em responder-lhe irá lhe ajudar a se resolver quanto à permanência dele

---

[56] Lübke, um amigo de Burckhardt que o sucedeu na Politécnica de Zurique.
[57] Ribbeck, a quem B. conhecera quando ensinava na Basiléia, mudara-se para Kiel. Wilhelm Dilthey, o filósofo e historiador, o seguiu por um breve período.

aqui. Talvez você saiba que, devido à sua precária saúde, Steffensen conta com ele para assisti-lo, e repare que os estudantes ficaram entusiasmados com Dilthey, e tivemos o consolo de ver que fizemos uma excelente aquisição para nosso *botteghino*. Estará tudo isso prestes a ser destruído?

Nada mais escrevo sobre o assunto, pois não conheço suficientes detalhes a respeito dos livros dele. A julgar por suas conversas e pela sua aula inaugural, sua cultura é extremamente sólida, e há nele uma maravilhosa veia literária. Você simplesmente deve deixá-lo conosco, aconteça o que acontecer!

Atingimos agora um total de 120 estudantes, *sem que ficássemos inflados*, mas aguardamos humildemente por mudanças mais propícias em nosso destino acadêmico.

Muitos agradecimentos por seu ὕβρεως.[58] Infelizmente, *hybris* irá sempre reproduzir a si mesma. E, como diz Geibel: *Wer Gewalt hat, braucht Gewalt*, qualquer um que tiver poder o usará. Na última quarta-feira vi Francisco José entrando em Paris com Napoleão — e isso me deu o que pensar.

Para Eduard Schauenburg
Basiléia, 5 de dezembro de 1869

Um convite para uma palestra em Krefeld é, para mim, uma grande honra! Não pensei que fosse conhecido tão longe — mas isso soa mais como "uma de suas piadas", como diz o *Zeitgeist* em Raupach.

---

[58] A palestra de Ribbeck sobre *Hybris*.

O fato demonstra, por si só, o elevado nível cultural em uma cidade fabril como a sua próspera Krefeld, se as pessoas estão prontas a fazer os sacrifícios aos quais você alude para que possam dedicar uma série de noites ao cultivo de suas mentes. Contudo, jamais apregoei minhas palestras além dos portões da Basiléia, apesar de ter recebido mais de um convite de outras cidades, e pretendo ater-me a essa regra. Honestamente, eu me veria como alguém que está roubando a Basiléia se agisse diferente. Toda minha energia nervosa pertence somente a este pedaço de chão, e as palestras, se forem o que devem ser, consomem energia nervosa.

Invejo as aparições que as celebridades de Bonn e de Heidelberg fazem dentro dos seus muros e de outros, mas não posso competir. De qualquer forma, preciso desesperadamente de cada dia de preparação para o próximo semestre de verão (mais uma vez, "História antiga, exceto os romanos!"). E assim suplico-lhe que transmita meus mais sinceros agradecimentos a seu comitê pela confiança que depositou em mim, e peça-lhe desculpas pelos motivos acima mencionados — pura escassez de tempo. Já falei aqui duas vezes neste inverno, no *coram publico* noturno, e ainda tenho três sábados pela frente, dias 4, 11 e 18. É uma espécie de dever moral para nós, palestrantes nascidos na Basiléia, pregar para grandes audiências mistas; e qualquer um nascido noutra parte que se junte a nós estará fazendo uma boa ação. Nós garantimos ao público uma grande série de 38 a 40 palestras a cada inverno, e uma série de quatorze, num tom um pouco mais elevado, para uma audiência mais selecionada. E, paralelamente a isso, prospera um bom número de cursos mundanos, religiosos, etc. Em resumo, estou convencido de que, se houvesse uma palestra a cada noite de inverno, todas teriam boa audiência. A Associação de jovens homens de negócio (sou um membro e estou agendado para duas noites) mantém um estabelecimento educacional do tamanho de um respeitável instituto. Como você vê, cada minuto pode ser aproveitado aqui.

Como eu gostaria de vê-lo, sua casa, Julius, seu filho Stift e tudo o mais! Mas sou levado pelos ventos, e meu único consolo é que minha vida é feita dos deveres diários de meu ofício. *Addio!*

Para Otto Mündler
Basiléia, 15 de fevereiro de 1870

Como não sei mais seu endereço em Paris, devo abusar da bondade do senhor Von Zahn[59] para que estas linhas com os mais sinceros agradecimentos possam alcançá-lo.

Ontem recebi o "Beiträge zum Cicerone". O Prefácio, no qual você menciona meu trabalho (de maneira demasiadamente bondosa), me comoveu e envergonhou, e depois, quando li o texto e percebi os erros ridículos que imprudentemente perpetrei, senti que era verdadeiramente um dever de minha parte desculpar-me com você do melhor modo possível.

O *Cicerone* não só foi realizado sob bases estéticas extremamente inadequadas, mas também sob circunstâncias muito difíceis, com meios muito modestos e num momento em que eu havia perdido minha posição aqui e não sabia o que seria de mim. Na realidade, isso realmente veio em meu auxílio, e me rendeu a cadeira de pro-

---

[59] Von Zahn, que com Mündler e outros preparou a segunda edição do *Cicerone*, era, naquela época, diretor do Museu de Weimar.

fessor na Escola Politécnica Federal de Zurique, de forma que sempre merecerá de mim uma menção honrosa.

Mas um trabalho que exigia pelo menos três anos de tempo ocioso, relacionamentos com as pessoas no lugar certo e assistência local de todo tipo, foi feito às pressas e concluído após uma viagem de treze meses e mais quatro meses subseqüentes de trabalho, incluindo a correção das provas (três semanas de minha existência na terra foram gastas no índice), bem ao estilo de nosso apressado século dezenove. Apenas um pequeno detalhe: como naquela época as relações entre a Suíça e a Áustria estavam oficialmente ruins, eu corria constante perigo a caminho de casa vindo da Ponte Lagoscuro, onde entrei em territórios sob domínio austríaco, e só obtive a *carte de séjour* com dificuldade em Veneza; na volta, realmente tive permissão para parar nas cidades que compunham minha rota direta, mas não para visitar Mântua. E mais: era época da Quaresma, e as pinturas estavam cobertas! Some-se a tudo isso o fato de que eu estava condenado a uma estrita economia.

Esses são alguns dos pequenos inconvenientes terrenos de meu antigo ofício de autor. E a isso você deve acrescentar o arbitrário e diletante ponto de vista sobre a arte do qual não podia me livrar. Além disso, eu carecia de qualquer tipo de conhecimento técnico — e vivia em permanente risco de tomar trabalhos secundários e parafraseados por fontes primárias, e a escola pelo original! Ainda me lembro muito bem da desesperada decisão que tomei em Roma, em abril de 1853, de tratar esculturas clássicas de acordo com o tipo e o tema. Você deve identificar muitos pontos no livro onde, de uma forma ou de outra, fui obrigado a fazer da necessidade uma virtude.

Finalmente, há que se dizer em meu favor que, por puro preconceito e esforços equivocados, estudos italianos locais muitas vezes conduziam o observador ao caminho errado. Mas o que não posso me perdoar são todos os terríveis erros — especialmente em relação à escola veneziana — que ajudei a criar e perpetuar. E, depois, não ter dado um único passo ao norte de Veneza foi muito constrangedor! Vejo agora em seu suplemento, e no de Max Lohde, entre outros, que toda aquela grande província oculta um mundo de coisas importantes em cada campo da arte.

Mas se alguém me houvesse dito em 1853-54 que, mais tarde, já respeitável professor de história, eu agradeceria aos céus se completasse meu *pensum* diário em livros e trabalhos impressos, e que deixaria o estudo da arte inteiramente de lado, não teria acreditado; ainda assim, foi o que aconteceu.

Considerando-se tudo, desejaria que um homem melhor do que eu tivesse escrito o *Cicerone* (segundo o plano que eu tinha diante de mim) — mas o *que* existia além de Murray, em 1853, no formato de um guia de arte, que representasse uma tentativa de abarcar toda a Itália e todas as formas de arte?

PARA BERNHARD KUGLER
Basiléia, 30 de março de 1870

O grande tema a respeito do qual você me consultou foi, mais de uma vez, objeto de discussão entre mim e outros jovens acadêmicos. É difícil oferecer conselhos, pois um importante tema histórico, que será um dos principais elementos de toda uma vida de estudos, deve, obrigatoriamente, ser coerente, de modo harmônico e misterioso, com o eu mais profundo do autor. Mas, exceto por isso, nós divergimos em um ponto: você está à procura de um tema que deveria, se possível, cair no agrado do público de nosso tempo, e apelar ao estado de espírito atual. Assim pensava eu quando tinha sua idade, mas não por muito tempo, felizmente para mim. Em primeiro lugar, porque sempre há um certo número de sujeitos medíocres e negligentes em busca de um tema desse tipo, e eles o encontram antes de nós, exploram o momento e perturbam nossa opinião e visão; ou, então, chegamos tarde demais, quando o estado de espírito e a moda já mudaram. Por outro lado, pode-se receber inesperados aplausos com um tema sobre o qual ninguém mais pensou, e que conduz o leitor a uma região diferente da que ele conhece, ou da que havia antecipado com seus desejos, paixões e fantasias.

In concreto: na minha opinião, ainda que talvez isso soe um tanto inoportuno, você deveria, ao selecionar um tema, libertar-se inteiramente de qualquer coisa relacionada à monarquia prussiana e sua (mais ou menos) carreira providencial, os preparativos de 1815 e 1866, as sutilezas constitucionais, as disputas confessionais e coisas do gênero. O seu tema, que pode muito bem condicionar sua felicidade nos estudos por alguns anos, assim como seu crescimento interior, deve, por conta de sua capacidade de leveza, flutuar acima das enchentes, como a Arca de Noé. Mas, é claro, diz-se que é precisamente esse tipo de contemplação acadêmica que forja maus cidadãos. A isso pode-se responder: exatamente aonde está nos levando a atual tendência de transformar trabalho histórico em jornalismo (ou em material para esse fim)? Por outro lado, não deveriam a história, a filosofia, e mais uma ou duas outras coisas bonitas, se firmar como sendo algumas das poucas rochas sólidas que o dilúvio do tempo e das eras não pode tocar, porque oferecem conhecimento como se oferecessem asilo?

Além disso, os leitores que estão em posição de decidir seriamente o destino de um livro já tiveram o bastante — e mais do que o bastante — de assuntos atuais, e anseiam por algo animador, de terras distantes.

Acrescente-se, ainda, que escrevemos e trabalhamos de maneira diferente quando o tema não é sustentado pelo interesse do momento. Sabemos que somos os mestres de nosso destino, e só podemos nos salvar despertando, como pudermos, um interesse interno pelo tema. Assim, fica-se protegido contra a prolixidade jornalística, *currente calamo*, contra golpes e contragolpes e contra o estilo alusivo que, em poucos anos, tornará o livro ininteligível.

Pórem, por mais que eu reconheça isso, em um aspecto o público deve ser levado em consideração no que diz respeito à escolha de um tema: aconselho-o a optar por um episódio histórico de interesse geral, cujo próprio nome interesse a tantas pessoas quantas for possível. Por duas vezes me saí excepcionalmente bem em relação a isso.

Também aconselho você a simplesmente repudiar fatos insignificantes — não de seu trabalho, mas da apresentação. Só é realmente necessário usar tais fatos quando são características de uma idéia, ou marca vívida de um tempo. Nosso sistema nervoso e nossa visão são muitos preciosos para desperdiçá-los no estudo de fatos externos do passado, a menos que sejamos arquivistas, historiógrafos locais ou algo do gênero, expressamente designados para esse propósito. Mas há sempre muitas coisas desse tipo que, inevitavelmente, têm de ser incluídas.

Jacob Burckhardt

E, por fim, nunca vá além de um volume, e lembre-se do silencioso desespero com o qual eu e você olhamos para essas monografias ou biografias de três volumes, cuja contribuição espiritual e intelectual poderia ser colocada em quatro ou cinco páginas. A concentração que recomendo não necessita ser demonstrada na forma de expressar-se, que, ao contrário, deve ser fácil e fluida; melhor economizar espaço, limitando-se ao supramencionado repúdio ao que não for absolutamente necessário.

Ao receber sua carta ontem, falei com meu colega Wilhelm Vischer, e descobri que um tema que, a seu pedido, havia anteriormente lhe sugerido foi preterido por outro, a respeito do qual ele me falou. Eu o aconselhara a pegar "A era de Carlos, o Temerário", de modo que este tema agora está livre.

Para outra pessoa, que também parece ter parado no caminho, certa vez recomendei "A Era do Concílio de Constança", como um grande mapa heterogêneo do período e dos países e mentes da época. Como você vê, gosto de temas que estão *à cheval* na fronteira entre a Idade Média e os tempos modernos. É verdadeiramente divertido descrever a diversidade da vida naqueles tempos, por causa de suas diferentes formas e de sua vitalidade. E muito antes que os carroceiros coloquem em movimento seus carros de lixo, e nos gritem coisas desagradáveis, já estaremos no topo das colinas, à distância.

No que concerne a seu humilde servo, agora trabalho somente para mim, isto é, para meu ofício. Mas na sua idade deve-se, é claro, escrever livros, de maneira que se possa conhecer, e mostrar aos outros, as dimensões de seus próprios poderes. No momento estou, principalmente, fazendo anotações para um curso de palestras que, se as circunstâncias o permitirem, serão proferidas em alguns anos, e isso agora me preocupa exatamente do mesmo modo que preparar um livro costumava me preocupar. Se você vier aqui, lhe direi do que se trata.

Escrevi muito mais e de forma bem mais incauta do que deveria ter escrito. Contudo, sinto-me como se estivesse conversando com seu querido pai.

Deixe a carta de lado e venha logo à Basiléia, para visitar alguém que não o vê desde que você tinha doze anos de idade.

Para von Preen*
Basiléia, 27 de abril de 1870

Primeiro de tudo, meus mais calorosos agradecimentos pelas magníficas fotografias! A escadaria[60] deverá produzir um efeito maravilhosamente misterioso; o teto do salão de baixo (que normalmente é aberto no local onde há uma escadaria dupla) correspondendo à bela antecâmara acima, com as escadas que conduzem a ela, é algo único no gênero; além disso, a decoração é no melhor estilo rococó, e o teto é do tipo que eu adoro, em especial nos palácios do sul da Alemanha, feito, evidentemente, por mão similar àquela do *Treppenhaus*, em Meersburg. Um dia devo vê-lo de perto, e examinaremos juntos o simbolismo clerical e o clero diocesano simbolizado, pois não se pode desfrutar de tais coisas sozinho.

Como você não parece capaz de esquecer Lörrach[61] e seus arredores, eu apreciaria visitá-lo um belo dia em Bruchsal, em primei-

---
[60] No Palácio do Bispo, em Bruchsal.
[61] A cidade em Baden, não muito distante da Basiléia, na qual Von Preen se encontrou com Burckhardt pela primeira vez.

ro lugar para agradecer-lhe pessoalmente e, depois, para levar-lhe algumas bisbilhotices de Oberland. Contudo, meu único descanso nessas férias, de outra forma inteiramente dedicadas à lida e ao trabalho, acabou-se; foi um dia passado em Thann,[62] que eu não visitava há mais de vinte anos, e cuja catedral novamente vi com admiração e espanto. Cada vez mais começo a ver o chamado decadente gótico tardio (assim como outros estilos, em sua forma final) sob uma luz altamente herética; a suposta decadência consiste, em sua maior parte, no prolongamento de seus efeitos finais, e na busca desses desdobramentos. Como regra, os estilos morrem em seu apogeu, pois, de outra forma, um estilo vigoroso não poderia seguir-se imediatamente àquele que morreu. Eu próprio não mais extravaso minha heresia em meio a estranhos; mas cada vez que encontro meu amigo Lübke[63] fico mais do que encantado em descobrir que ele tem opiniões semelhantes.

O que me lembra (os céus nos protejam!) um outro amigo, que morreu há doze dias em Paris: o admirável Mündler. Que Deus me perdoe pela associação de idéias, mas não é inteiramente nossa culpa se os poucos bens que nos restam logo nos trazem à memória as perdas que sofremos. Em acréscimo ao que M. conseguiu com o *Cicerone* (como você se condenou a lê-lo, devo lhe contar), Zahn e Mündler publicaram um suplemento especial, em cuja introdução Mündler refere-se a mim do modo mais afetuoso, e eu fiquei profundamente comovido. E isso estava destinado a ser sua última publicação! Quando um naturalista morre em meio a im-

---
[62] Na Alsácia.
[63] Lübke estava ensinando em Zurique durante esses anos.

portantes estudos e experiências, resta-nos o consolo de pensar que a mãe natureza irá oferecer configurações e problemas idênticos a um sucessor e à geração seguinte para que os investiguem; mas quem pode substituir um homem que adquiriu um vasto conhecimento geral das obras de arte espalhadas por toda a Europa e que só foram apresentadas uma vez? Uma insubstituível porção de conhecimento que ninguém pode herdar morreu com Mündler, assim como com Waagen há dois anos. E ele era um alemão sulista, de Kempten, na Suábia bávara, do mesmo modo que a melhor qualificação de Waagen era o fato de que ele veio de uma das cidades do Hansa, e não de Berlim. Nosso bom e velho amigo de Lörrach, que o visitou recentemente, sentiu-se obrigado, desde seu retorno de Berlim, a achar agradável a natureza do povo de lá, apesar de que, em Berlim, as pessoas se contentariam com uma simpatia política. Pois o irmão berlinense sabe, no fundo de seu coração, que é um indivíduo intolerável. E eu, que lá vivi por quatro anos, escuto, e fico quieto.

Você me pergunta o que ler! Ai de mim! Em meio à confusão de minha biblioteca, tornei-me um homem *paucorum librorum*. Gostaria de ter a *Educação Sentimental*, de Flaubert, mas ainda é muito caro para mim, e devo esperar por uma edição mais barata, embora não tenha paciência suficiente para as edições demasiado baratas, a *1 franc le volume*. A resenha no *Augsburger All. Zeitung* foi certamente escrita pela mão de um mestre, e eu gostaria muito de saber quem foi. Para começar, alguns romancistas alemães tomam uma ou duas verdades que lhes foram ditas da maneira mais respeitosa. Não posso evitar: para mim, romance e poesia são duas espécies intrinsecamente distintas; do romance, nas raras ocasiões em que pego um para ler, exijo realismo, e mais, posso mesmo suportar realismo cruel, pois muito pouco se aplica à minha vida. Por outro lado, da poesia exijo acabamento ideal, e nos primeiros animadores dias deste mês me presenteei com os *Poemas* de Mörike (quarta edição), que há muito queria possuir. Este homem maravilhoso é um dos mais reconfortantes fenômenos desta era; nele vemos como uma natureza nascida para a beleza pode se desenvolver de forma tão feliz e magnífica, mesmo nos ambientes e condições mais restritos...

Anteontem, a gorda e velha Alboni deu um concerto aqui. Ela trouxe excelente companhia consigo: um tenor (Hohler) *hors ligne*, uma pianista tão sublimemente bela que as pessoas enlouqueciam ante a mera visão de seus braços nus, o soprano, Battu, da Ópera de Paris, etc. Além de uma miscelânea de todos os gêneros, eles cantaram uma seleção da *Missa posthuma*, de Rossini, e só então a própria Alboni apareceu. Meu caro senhor, se um dia essa mulher cruzar o seu caminho, ouça-a, a qualquer preço! Nos últimos dez anos, da última vez que a ouvi *aux Italiens*, em Paris, até hoje, a meus ouvidos ela não perdeu absolutamente nada; seus tons altos e baixos, majestosos como os de um órgão, são os mesmos, e sua arte calma e perfeita permanece inalterada! Ao cantar a cadência final do *Agnus Dei*, ela fez o ar vibrar, e nosso miserável teatro estremeceu. Mas talvez você tenha tido o mesmo prazer em Karlsruhe ou em Baden, onde ela certamente cantou.

PARA VON PREEN
Basiléia, 3 de julho de 1870

Realmente ganha-se alguma coisa com suas epístolas! Não pense, nem por um instante sequer, que disponho de companhia como a sua em qualquer outro lugar; não mantenho correspondência com mais ninguém, exceto com o professor Lübke, e à noite ofereço minhas conversas pelos cafés. É sem dúvida em grande parte minha culpa se prefiro viver *par distance* de pessoas inteligentes quando não tenho certeza de sua real bondade, já que, em minha vida, deparei com espécimes muito curiosos. Talvez eu devesse confiar em alguns deles mais do que faço; mas a vida é curta e não tenho tempo para fazer experiências...

Assim como eu, você acha que tudo na velha Europa parece fora dos eixos este ano, e isso julgando a partir de um conhecimento inteiramente diferente dos assuntos do dia-a-dia. Realmente já não sei o que ganha a cultura alemã em fazer o indivíduo feliz em seu íntimo; todos esses pequenos centros culturais, onde o espírito alemão ficava *lado a lado* com o filisteísmo alemão, estão sendo explodidos com *éclat*, e, no fim das contas, a principal conseqüência da centralização é a mediocridade espiritual, que se torna mais desagradável pela crescente opressão do "trabalho árduo". O termo, reduzido à sua expressão mais simples, significa, *grosso modo*, em minha opinião, o seguinte: alguém que não tem, ou que não ganha, dinheiro suficiente para fazer figura em uma grande cidade irá, gentilmente, deixar de "existir". Se o espírito alemão ainda pode extrair, do âmago de seus verdadeiros poderes, uma reação contra a grande violência que lhe está sendo perpetrada, ou se é capaz de se opor a essa violência com uma nova arte, poesia e religião, então estamos salvos, mas, se não for, não estaremos. Eu digo: religião, porque sem uma vontade sobrenatural para contrabalançar o clamor do poder e do dinheiro, isso não pode ser feito.

Jacob Burckhardt

Nos últimos dias tenho examinado os dois primeiros volumes do *Kritische Gänge*, que contém o resumo fundamental de todo o descontentamento e entusiasmo de 1840 a 1844. Aqueles anos certamente pareciam prometer mais do que o que se cumpriu desde então. Mas o que, exatamente, aconteceu? Depois de as pessoas terem sido manipuladas por duas décadas e sempre instigadas a desejarem e a quererem algo, surge, de repente, um "voluntarioso" de primeira classe em Sadowa;[64] e, desde então, exaustas por todo o esforço anterior, elas caem a seus pés e passam a querer o que ele quer, e simplesmente agradecem a Deus porque há alguém lá para lhes apontar alguma direção.

À propos de Sadowa: você viu o atrevimento de Ollivier[65] dando a entender que o bem-sucedido plebiscito foi uma Sadowa francesa?

Há algo muito reconfortante no fato de que, armados com uma cultura e uma vida intelectual independente de nosso negócio, somos também homens diferentes nos negócios, e as pessoas suspeitam de que há alguém bem diferente por trás de Herr Oberamtmann, alguém a quem essa gente, por sua educação profana, não pode alcançar. É aí que os negócios do governo e os negócios financeiros dividem-se bruscamente; as finanças consomem inteiramente os homens, e os endurecem para tudo o mais. Aqui, de fato, ainda temos uma classe de homens de negócios que constitui uma esplêndida exceção, devido ao papel que eles desempenham na vida fora de seu trabalho, e ainda assim vejo tantos indivíduos que renegaram formalmente todo tipo de leitura. Eles

---

[64] Bismarck.
[65] O primeiro-ministro durante os últimos anos de Napoleão III.

dizem "com pesar" que não dispõem de tempo, e de fato não têm vontade, mas, com o atual ritmo de trabalho nos negócios, dificilmente se pode culpá-los. Vez por outra tenho um vislumbre da vida dos homens envolvidos em "grandes negócios", da perpétua correria em que eles vivem, sempre atentos ao telégrafo, e de sua profunda incapacidade de parar de falar sobre negócios mesmo à noite ou – se fosse possível – de se libertar de tudo isso. De vez em quando, um deles me diz: vocês, professores, são afortunados, vocês têm férias. Ao que respondo: com três ou quatro sócios em seu negócio, você também poderia encontrar tempo para férias em um sistema de rodízio; mas é dentro de vocês, de suas almas, que não há férias.

Você está cometendo apenas um erro em suas leituras: o fato de que está realmente lendo o *Cicerone*! Quando, com minha antiga despreocupação, escrevi o livro, não pensei que pudesse ser levado tão a sério, como muitas pessoas excelentes têm feito desde então. Recentemente, um americano subiu aos meus aposentos para desenvolver uma teoria completa a meu respeito, que ele relacionou a alguma passagem do *Cicerone* (sobre a assimetria da arquitetura romana). Tive a maior dificuldade que se possa imaginar para esclarecer-lhe quão inteiramente dissociado eu sou da arte e da literatura referente ao assunto. Estou encantado por você gostar do *Cortegiano* e *Galateo*, todo um mundo de *courtoisie* há muito desaparecido e que, embora não estejamos mais na Idade Média, ainda nos é inteligível. Só posso desfrutar do *Decameron* se me forçar a desfrutar da beleza e da limpidez de estilo conscientemente, lendo-o para mim mesmo em voz alta; as histórias, ou são muito longas e prolixas (comparando-se com nossa atual moda: contar antigas histórias de forma breve, apenas relatando-as), ou, então, no que se refere ao *gênero* picante, foram sobrepujadas por um novo gosto. Mas se você quiser algo realmente estimulante, consiga os volumes de Vasari, que contêm as biografias de Brunelleschi, Signorelli, Leonardo, Rafael, Michelangelo, etc.: apenas pule qualquer coisa técnica que você não entenda; a leitura de Vasari é das mais agradáveis, pois torna visível o crescimento das pessoas que ele está descrevendo.

Mas, se você quer saber sobre minhas leituras, bem, estou escrevendo esta carta entre duas das *Odes Olímpicas* de Píndaro, que tenho de ler como parte de meus deveres. Aqui e ali, apesar de toda minha admiração, me ocorrem pensamentos dos mais desrespeitosos, e de vez em quando vislumbro muitos filisteus festivos, e Píndaro, com toda sua grande compaixão, a persegui-los. Obviamente, Píndaro tinha de lidar, de tempos em tempos, com pessoas sem cultura. Mas há nesses poemas uma enorme quantidade de todo tipo de coisas sobre as quais preciso saber. É bem possível que três de minhas quatro semanas de férias sejam gastas com isso, pois de nada adianta fazer leituras fragmentadas, há que se dominar a fundo todo o drapejamento pindárico de uma só vez. Antes disso espero desfrutar de uma semana em Schwarzwald.

PARA VON PREEN
Basiléia, 20 de julho de 1870

Meus mais calorosos agradecimentos por suas cordiais saudações, antes que a fronteira seja fechada! Sob quais auspícios deveremos, um dia, novamente nos saudar? Aconteça o que acontecer, não devemos nos esquecer que é bom para nós, filhos do mundo, saber que, mesmo com razoável saúde e em circunstâncias aceitáveis, vivemos sobre um abismo, etc. – este é o sermão que prego para mim mesmo. E, ao que me parece, esta guerra, longe de originar-se de problemas específicos, tem, na verdade, suas raízes, justificativas e inevitabilidade ligadas às profundezas da natureza dos povos (que é apenas a natureza humana que ascendeu a um poder mais elevado). As últimas cenas apontam para um longo prelúdio. No fim, L. N. descobriu o que havia ocorrido entre A. e G.[66] em Ems, e eu não penso que os russos seriam gentis o suficiente para dizer-lhe. Depois o *ballon d'essai* subiu, o caso Gotthard, no qual os ministros franceses se fizeram de inocentes de uma forma magistral, *doux comme des agneaux*. A esse respeito, os outros pensaram: ahá! Ele não se preocupa, e jogou fora a candidatura para o trono espanhol. E quando eles estavam lá fora, nos *glacis*, ele baixou a grade levadiça e não conseguiram persuadi-lo a levantá-la outra vez. Nós agora devemos passar por isso juntamente com os demais. Digo *nós* porque não acredito muito na neutralidade da Áustria, e a nossa neutralidade, inevitavelmente, entra em colapso junto com a deles. Seus valorosos compatriotas estão despachando seus bens às pressas para cá – muito gentilmente, pergunto: "Por quê?"

Há somente um pequeno consolo histórico: até que ponto uma grande guerra é seguida por um longo período de paz, isto é, a clara proclamação de poderes reais e duradouros? Não quero dizer que é isso que se pretendeu com as recentes guerras, mas estou pressupondo uma grande guerra, que resulte numa paz duradoura. Mas, a que horrível preço! Pois apenas uma longa e destruidora

---

[66] Luís Napoleão, Alexandre II e Guilherme I.

guerra que instigue profundamente as nações (e, apesar de toda a ira, a atual situação está longe disso) produz tal efeito.

O resultado final pode muito bem ser um *Imperium Romanum* (somente quando estivermos mortos, é claro), e após muitos assírios, medos e persas. Esse tipo de *Imperium*, como sabemos, não será dinástico, mas uma administração centralizada com (graças a seus soldados) uma *beata tranquillitas*. Em muitos setores da sociedade, os homens de hoje desistiram de sua nacionalidade de forma gradual e inconsciente, e de fato odeiam todo tipo de diversidade. Prontamente trocariam suas literaturas e culturas individuais, se assim tivesse de ser, por um "vagão-dormitório". O que estou escrevendo soa incrível agora, sem dúvida, e, ainda assim, é profundamente verdadeiro.

Oh, se ao menos pudéssemos evitar o inevitável com suspiros e lágrimas!

PARA VON PREEN
Basiléia, 27 de setembro de 1870

...Desde que recebi sua carta tenho esperado e esperado para ver se uma pausa, um armistício, não poderia dar-me tempo para trazer algum tipo de luz ao problema. Mas os acontecimentos se seguem. A França está bebendo os refugos da miséria e da desordem, antes que realmente lhe permitam falar. Oh, meu querido amigo, onde isso tudo irá acabar? Será que ninguém percebe que a peste de que sofre o derrotado poderá também infectar os vitoriosos? Essa assustadora vingança seria apenas (relativamente) justificada se a Alemanha fosse, de fato, a vítima inteiramente inocente do ataque não-provocado, como tenta se fazer passar. Irá o *Landwehr* direto para Bordeaux e Bayonne? Logicamente, toda a França teria de ser ocupada por um milhão de alemães durante muitos anos. Sei muito bem que isso não acontecerá, mas é o que se poderia deduzir pelo que aconteceu até agora. Você sabe, sempre tive a mania de profetizar, e tenho me deparado com alguns assombrosos malogros; mas, dessa vez, simplesmente devo tentar descrever para mim mesmo o que está por vir. Agora, suponha que, após a ocupação de Paris, e possivelmente de Lyon, o Comando do Exército Alemão deixasse os franceses votarem no governo que quisessem. Muitas coisas dependeriam da forma como isso fosse arranjado; os camponeses e uma parte dos trabalhadores certamente votariam outra vez em Luís Napoleão.

Há um novo elemento na política que penetra mais a fundo, e a respeito do qual os antigos vitoriosos nada sabiam ou, pelo menos, não o usaram conscientemente. Eles tentam humilhar profundamente o vencido de forma que nunca mais ele confie em si mesmo a ponto de conquistar alguma coisa. É até possível que atinjam este propósito; mas se com isso a situação ficará melhor ou mais feliz, já é outro assunto. Que erro a pobre nação alemã cometerá se, uma vez em casa, colocar seus fuzis num canto e se devotar às artes e aos prazeres da paz! Na realidade, trata-se, antes de tudo, de uma questão de treino militar! E, após algum tempo, ninguém será capaz de dizer pelo quê está vivendo. Então poderemos ver a guerra russo-germânica no meio do cenário, passando, gradualmente, para o primeiro plano. Nesse meio tempo, nós dois poderemos agradecer aos céus, pois pelo menos Alsácia e Baden não estão coladas uma na outra, o que teria produzido uma combinação fatal. Isso tem se mostrado impossível devido ao fato de que as tropas de Baden receberam um papel fundamental no cerco a Estrasburgo; pois tomo a liberdade de presumir que isso não aconteceu por acaso. Uma entre duas coisas deve ocorrer: ou a Alsácia se tornará puramente prussiana ou permanecerá francesa. Precisamente *porque* o domínio alemão nessa nova *Länder* é tão difícil, ela só poderá ser administrada diretamente pela Prússia, e qualquer forma intermediária de guarda ou tutela feita pelo Império Alemão seria impraticável. Há outro aspecto extraordinário ao qual o mundo terá de se acostumar: a protestante Casa de Hohenzollern como efetiva protetora do Papa, que de agora em diante se torna súdito do reino da Itália.

Mas chega de política! Que os céus nos concedam um intervalo razoavelmente tranqüilo. A credibilidade do Filósofo[67] cresceu novamente nessas últimas semanas. Vive aqui um de seus devotos, com quem converso de vez em quando, desde que eu consiga expressar-me em sua língua.[68]

E então, saudações! Teremos de nos reorientar espiritualmente em mais de um aspecto. A Europa sem a divertida e decorativa França! Ufa! E mais algumas coisas que a Europa perdeu e que há muito têm sido enfatizadas no trabalho de Renan.

PARA VON PREEN
Basiléia, véspera do Ano Novo de 1870

...O que não aconteceu nos últimos três meses! Quem poderia imaginar que a batalha iria prolongar-se por este horrível inver-

---
[67] Schopenhauer.
[68] Nietzsche.

no, sem dar sinais de acabar ainda no último dia do ano? Lembrar-me-ei do fim deste ano por toda minha vida! E não por causa de meu próprio destino. Os dois povos intelectualmente mais importantes do continente estão degradando suas culturas, e uma enorme porção de tudo que encantava e interessava ao homem antes de 1870 dificilmente comoverá o homem de 1871 — mas que tremendo espetáculo se um novo mundo nascer de tanto sofrimento.

A mudança no espírito alemão será tão grande quanto no francês; primeiro, os clérigos de ambos os credos irão ver a si mesmos como herdeiros da desintegração espiritual, mas alguma coisa de muito diferente logo se fará sentir em um dos lados. As ações do "Filósofo" sobem rapidamente, enquanto Hegel, após as publicações deste ano de jubileu, poderá, muito possivelmente, aposentar-se em definitivo.

O pior de tudo isso não é a guerra atual, mas a era de guerras em que entramos, e à qual a nova mentalidade terá de adaptar-se. Oh, quantas coisas que as pessoas cultas passaram a amar terão de ser jogadas fora como luxo espiritual! E quão diferente de nós a nova geração será! Talvez os jovens nos vejam com os mesmos olhos com que as populações que acolheram os *émigrés* franceses os viam: unicamente interessados nos prazeres da vida.

Pense apenas no quanto muito do que tem sido escrito até agora irá desaparecer! Que romances e dramas as pessoas irão ler? Será que os autores amados pelos editores e pelo público porque conheciam e cortejavam as necessidades do século, ou, para ser preciso, do ano e do mês, irão sobreviver? Qualquer coisa capaz de continuar existindo deve conter uma boa porção do eterno. E se qualquer coisa duradoura vier a ser criada, isso só poderá ocorrer através de um esforço sobre-humano da verdadeira poesia.

Como professor de história, dei-me conta de um fenômeno muito curioso: a súbita desvalorização de todos os meros "acontecimentos" do passado. De agora em diante, em minhas aulas, enfatizarei a história cultural, e manterei apenas, da estrutura externa, o que for absolutamente indispensável. Pense um pouco em todas as batalhas mortas e sepultadas nos cadernos de anotações de todos os VV.EE[69] em suas cátedras universitárias! Felizmente para mim, nunca me aprofundei muito nesse tipo de coisa. Mas veja que estou novamente falando de mim, quando o tempo bem poderá vir a rir de todas as nossas ações e esperanças pessoais.

Aguardamos que a qualquer momento uma batalha em nossas vizinhanças, na área entre Besançon e Belfort, assim como esperamos por uma grande decisão política em alguma outra parte da França. A posição da Suíça, por mais forte que seja nossa determinação em manter uma estrita neutralidade, não permanecerá a mesma, ainda que a paz fosse assinada hoje. O resto devemos entregar a Deus.

"Ponha sua casa em ordem", etc., é o que de mais sábio nós, da Europa central, podemos fazer. Tudo será muito diferente do que foi.

E com tudo isso sonho com uma pequena viagem ao sul da Alemanha neste verão, durante a qual talvez possa visitá-lo em Bruchsal. Que incurável é o nosso otimismo...

---

[69] *Viri Eruditissimi.*

Para von Preen
Basiléia, 6 de março de 1871

Meu único anseio é por uma grande reação nas mentes e espíritos de ambos os povos. Sei que desejar algo muitas vezes nos transforma em tolos, e pensamos ver luz quando se trata apenas do piscar de nossos olhos, mas, ainda assim, algum dia a luz terá de vir. Porém, quanto menos as pessoas se sentirem em casa nesses dois Estados, mais certa e mais violenta será a mudança. A grande maioria irá, naturalmente, se contentar com o simples prazer do alívio, mas muitos exigirão algo novo e melhor.

Nesse meio tempo, veremos os *viri eruditi* em suas cátedras de história na Alemanha refazendo suas expressões faciais a partir do que eles têm sido nestes últimos quatro ou cinco anos, o que talvez não ocorra sem uma estocada vinda de cima. Talvez apenas o talento e o trabalho árduo, e não somente o entusiasmo, irão, mais uma vez, mover as pessoas para a frente. Pois a audiência, seja de gente da área ou não, terá passado, nesse intervalo, por todo um processo de fermentação, e o que era futuro agora é passado. Certificados de batismo são lidos agora de forma bem diferente da que ocorria oito meses atrás.

Todo tipo de idéia maluca por vezes me ocorre... Recentemente perguntei-me se, para reduzir a verba destinada à família real, o rei da Baviera não poderia parar de pagar Richard Wagner, que então partiria tristemente... para Berlim.

O que você me diz do velho judeu Crémieux, que encabeçou a lista de contribuições com cem mil francos para pagar de uma vez os cinco bilhões?

Jacob Burckhardt

Para von Preen
Basiléia, 2 de julho de 1871

Agora que os terríveis dias, sob cujo impacto sua última carta foi escrita, estão um mês atrás de nós, o que você diz mais uma vez me dá o que pensar. Sim, petróleo nos porões do Louvre e chamas nos outros palácios são uma expressão do que o Filósofo chama de "a vontade de viver"; é o último desejo e o testamento de loucos demônios que desejam causar uma grande impressão neste mundo; de tudo o que se há lido desde então em documentos interceptados, etc., o modelo principal disso tudo era, no fundo, Eróstrato.[70] E agora eles estão construindo escolas. Todos os que arquitetaram essas coisas podiam ler, escrever e até redigir artigos de jornal e outras literaturas. E aqueles na Alemanha que pretenderam fazer o mesmo tipo de coisa com certeza não são menos "educados". Apenas olhe para a Inglaterra, repleta de riquezas, e secretamente mantida em estado de sítio por elementos análogos! Por duzentos anos as pessoas na Inglaterra imaginaram que todo problema poderia ser resolvido por meio da Liberdade, e que se podia deixar os antagonistas se repreenderem mutuamente em uma livre interação de argumentos. Mas, e agora? O grande dano teve início no século passado, principalmente através de Rousseau, com sua doutrina da bondade da natureza hu-

---

[70] Eróstrato, de Éfeso, incendiou o Templo de Ártemis na noite em que Alexandre, o Grande, nasceu, em 356 a.C. Sob tortura, confessou que havia incendiado o templo para se imortalizar. Seu nome foi condenado ao esquecimento, mas, ao que parece, Burckhardt contava com o fato de que Von Preen conhecia o incidente. "O Filósofo" é, como antes mencionado, Schopenhauer.

mana. Com base nisso, os plebeus e as pessoas educadas destilaram a doutrina da idade do ouro que viria infalivelmente, desde que as pessoas fossem deixadas por sua conta. O resultado, como qualquer criança sabe, foi a completa desintegração da idéia de autoridade na cabeça dos mortais, e é claro que, em conseqüência, periodicamente somos vítimas do poder absoluto. Enquanto isso, a idéia da bondade natural do homem transformou-se, entre o estrato inteligente da Europa, na idéia de progresso, isto é, fazer dinheiro e desfrutar de confortos modernos sem perturbação, com a filantropia para acalmar a consciência. Contudo, anteontem, os vitoriosos prussianos acharam necessário declarar estado de sítio em Königshütte.

A única salvação concebível seria que esse insano otimismo, em menor ou maior grau, desaparecesse do cérebro das pessoas. Mas, então, nosso atual cristianismo não está à altura da incumbência; ele optou por isso e acabou se misturando ao otimismo nos últimos duzentos anos. Uma mudança terá de vir, e virá, mas só Deus sabe à custa de que sofrimentos. Nesse meio tempo você está construindo escolas — pelo menos você pode assumir essa responsabilidade perante Deus; enquanto eu instruo meus alunos e meu público. Não faço grande segredo de minha filosofia a meus alunos; os mais inteligentes me entendem, e, ao mesmo tempo que faço tudo o que posso para honrar a verdadeira felicidade que o estudo e o conhecimento oferecem — por menor que possam ser —, sou capaz de dar a cada um algum grau de consolo.

JACOB BURCKHARDT

Para von Preen
Basiléia, 12 de outubro de 1871

Arte e erudição, meu caro senhor, continuarão a ir de mal a pior. Agora veremos o que a *Filosofia do Inconsciente* de Hartmann, que encomendei e aguardo com aflição, nos trará. Se bem que nosso antigo Filósofo já seria suficiente. Pense no que ele poderia ter escrito a respeito dos recentes acontecimentos, em um capítulo suplementar sobre a "vontade de poder"!

"Quem, afinal de contas, é você, que anseia ser feliz? Apenas diga-me!"

Dentro de quatro semanas estarei dando uma palestra aqui na universidade sobre "Fortuna e Infortúnio na História" — na qual discutirei, tão gentilmente quanto possível, a impropriedade, na maioria dos casos, do termo "boa fortuna", e concluirei, o mais delicadamente possível, de uma maneira que reconcilie as pessoas com o destino. Se deixamos o público alarmado, não conseguimos conquistá-lo, e os mais espertos, os mais insolentes, nos ridicularizam...

Para von Preen
Basiléia, 23 de dezembro de 1871

Receio que os anos 30 e 40 deste século não nos pareçam mais agradáveis pelo simples fato de que éramos mais jovens então, mas porque eram de fato tempos incomparavelmente mais divertidos.

Não podemos nos esquecer das palavras de Renan sobre o período da Monarquia de Julho: *ces dix-huit années, les meilleures qu'ait passées la France, et peut-être l'humanité!* O fato de que desfrutamos de algo que não é nem mais, nem menos do que um incerto armistício, foi proclamado, da maneira mais clara possível, no decreto de ontem de Bismarck...

Felizmente, terei as duas as mãos ocupadas se quiser ter a mínima chance de ver pronto no início de maio meu ciclo de palestras para o próximo verão (a história da cultura grega). Não me sobra tempo para leituras externas — mesmo na hora do café e na breve *siesta* que o segue (o que restaura minhas forças maravilhosamente), leio as Tragédias gregas, etc., deitado em meu sofá, de forma a devotar todo instante possível à rotina diária de praticar o grego. Meu consolo é a garantia de que, gradualmente, venho absorvendo uma boa porção de conhecimento da antigüidade de forma independente e diretamente das fontes, e que serei capaz de apresentar a maior parte do que tenho a dizer como sendo de minha autoria. Mas, em troca desse orgulho, não posso fazer nada senão dizer *Vale* à minha cátedra de professor.

O *bonbon* que uso para me dar coragem é uma viagem de seis semanas à Itália, do fim de setembro até o início de novembro de 1872. Nesse meio tempo, imagino a divina recompensa com cores tão maravilhosas que, no fim, poderei até abrir não de sua realização. Às vezes, discuto honestamente comigo mesmo se não faria melhor indo somente à Riviera, a Spezia, por exemplo, e passando quatro semanas deitado ao sol, ou então instalando-me em Siena — de súbito, me ponho a pensar em Palermo. E, ao cabo, ficarei satisfeito com uma ou duas viagens a Rheinfelden e Lörrach, e em poupar rios de dinheiro...

Para von Preen
Basiléia, 17 de março de 1872

Antes de tudo, meus mais sinceros agradecimentos por ter chamado minha atenção para o importante livro de Konstantin Frantz.[71] Ele com certeza manteve sua cabeça acima do nevoeiro. É claro que ele é obrigado a deixar que o leitor tire as conclusões mais sérias, e temo que elas sejam as seguintes: se, como resultado do sentimento cada vez maior de desequilíbrio e confusão, as coisas ficarem fora de controle, a única solução será outra guerra exterior. Naturalmente, como você sabe, em relação a essas questões, é impossível me ensinar e me converter, e eu relaciono as últimas três guerras ao desejo de lidar com dificuldades internas.

Para Arnold von Salis
Basiléia, 21 de abril de 1872

...Você poderia muito bem ter ficado com o Calderón; na verdade, não preciso de nenhuma tradução de Schlegel ou de Gries neste verão e basta você pedir que lhe mando as cinco. Tenho outras preocupações; como os franceses dizem: *J'ai d'autres chiens à fouetter*. Infelizmente, espera-se muito mais de meu novo ciclo de palestras

---
[71] Konstantin Frantz, autor de diversos livros sobre a Europa e a questão alemã sob um ponto de vista pró-austríaco e antiprussiano.

(sobre a história da cultura grega) do que sou capaz de oferecer, e meu único consolo é que há de haver um fim para o setembro do ano de 1872. Excluindo-se a mínima recreação necessária, sento-me o dia todo ante meu trabalho, mirando apenas uma coisa: quão mal-acabado e amadorístico todo o ciclo promete ser, embora esteja empenhando nele todo o esforço erudito que posso...

Herr B. lhe dirá em detalhes tudo sobre as conferências de Nietzsche (trabalhando em nossa universidade); ele ainda nos deve uma última, da qual esperamos algumas soluções para as questões e lamentações que lançou em estilo tão grandioso e ousado. Mas, nesse meio tempo, ele foi a Waadtland, para recuperar-se por dez dias. Nietzsche se mostrou encantador em alguns trechos, e então se ouviu de novo uma nota de profunda tristeza, e ainda não vejo como os *auditores humanissimi* irão extrair disso algum conforto ou explicação. Uma coisa ficou clara: um homem de grandes talentos, que adquire tudo em primeira mão e passa adiante.

O que você diz sobre estarmos vivendo um período de transição é sentido por todas as pessoas pensantes a respeito de tudo. Mas há um ponto em particular para o qual quero chamar sua atenção: as preocupações e inquietações reservadas às coisas espirituais nos próximos anos, resultantes de uma ênfase cada vez maior nas coisas materiais, da mudança geral nos assuntos mundanos que está fadada a seguir o aumento do custo de vida (em 150%) que se anuncia, e do fato de que estamos no início de uma série de guerras, etc. As coisas chegaram a tal ponto que as mentes privilegiadas, que há dez anos devotavam-se à erudição, à Igreja ou ao serviço público, estão agora se transferindo em número considerável para o mundo dos *negócios*. E isso ocorre em tal proporção que as universidades estão sentindo falta de *material* quando têm de cobrir uma brecha (isto é, de jovens acadêmicos suficientemente respeitados que não estejam cegos nem surdos para pesquisas especiais). A esse respeito ouvi, de uma bem-informada fonte, comentários sobre admissões inacreditáveis.

Se não estou enganado, falei-lhe de minhas crenças fundamentais durante a última guerra: algo grande, novo e libertador deveria vir da Alemanha, e mais, em *oposição* ao poder, à riqueza e aos negócios; isso terá de ter seus mártires; deve ser algo cuja natureza irá flutuar acima das águas e sobreviver à política, à economia e a outras catástrofes. Mas o quê? Aí você me questiona. Pode até ser que nós também falhemos em reconhecê-lo, se isso vier ao mundo.

Nesse ínterim, no que nos diz respeito, vamos prestar muita atenção e aprender e aprender até explodir.

Para von Preen
Basiléia, 26 de abril de 1872

...Não estou sendo injusto. Bismarck apenas tomou as rédeas do que, no devido tempo, teria acontecido sem ele e contra ele. Bismarck percebeu que a crescente onda de social-democracia iria, de uma forma ou de outra, trazer à tona um estado de franco poder, fosse por meio dos próprios democratas ou por meio dos governos, e disse: *Ipse faciam*, e embarcou em três guerras, 1864, 1866, 1870.

Mas estamos somente no começo. Você não sente que tudo o que fazemos agora parece mais ou menos amadorístico, caprichoso, e se torna cada vez mais ridículo em contraste com os elevados propósitos da máquina militar, elaborada até os últimos detalhes? Essa última está fadada a se tornar o modelo da existência. Será mais interessante para você, meu caro senhor, observar como o maquinário do Estado e da administração é transformado e militarizado; para mim – como as escolas e a educação são tratadas, etc. A classe dos trabalhadores, entre todas as outras, passará por um período dos mais estranhos; suspeito que, no momento, isto soe como uma completa loucura, mas, ainda assim, não posso pôr de lado a idéia de que o Estado militar terá de se tornar "industrialista". O acúmulo de seres, o amontoado de homens nos pátios e nas fábricas não podem ser abandonados eternamente à sua sede de riquezas; um planejado e controlado grau de pobreza, com promoção e uniformes, começando e terminando diariamente ao rufar dos tambores, é o que logicamente deverá advir. (É claro, conheço a história o suficiente para saber que as coisas nem sempre se sucedem de maneira lógica). Naturalmente, o que for feito deverá ser bem feito – e, então, nada de misericórdia, seja para aqueles acima ou para aqueles abaixo. No jornal de ontem, ou no de anteontem, foi publicado o programa do sindicato dos carpinteiros de Berlim, você o encontrará com facilidade nos jornais berlinenses. *Lisez et réfléchissez!*

O desenvolvimento de um poder soberano inteligente e duradouro ainda está de fraldas; poderá, talvez, vir a vestir pela primeira vez sua *toga virilis* na Alemanha. Há ainda mares inexplorados a serem descobertos nessa esfera. A dinastia prussiana está tão assentada que nunca mais ela e seus líderes poderão voltar a ser tão poderosos. Parar esse caminho está fora de questão; a salvação da própria Alemanha vem se delineando...

JACOB BURCKHARDT

Para von Preen
Basiléia, 28 de junho de 1872

O que o Dr. Kaiser lhe escreveu é verdade.[72] Pelo bem de Curtius, mantive profundo silêncio em torno do assunto, mas quatro semanas depois o assunto se espalhou por Berlim e Leipzig e chegou aqui. Neguei tudo para boa parte dos estudantes, para que não tivesse de receber nenhum cumprimento público. Eu não iria para Berlim por dinheiro algum; deixar a Basiléia atrairia uma maldição sobre mim. Nem tampouco é grande meu mérito no que tange a esse assunto; para nada serviria um homem de cinqüenta e quatro anos que não soubesse onde reside sua modesta porção de (relativa) boa sorte.

Tivesse eu aceitado, estaria em um estado de espírito suicida; em vez disso, porém, as pessoas se sentem agradecidas em relação a mim e, aqui e ali, cumprimentam-me discretamente. Oficialmente nada se sabe do assunto, pois eu queria evitar qualquer estardalhaço. Por outro lado, é um grande triunfo para Treitschke — boa sorte para ele!

Por que sou tão diabolicamente pressionado por minhas palestras? Porque não passarei minhas férias de verão (de meados de junho a meados de agosto) em minha escrivaninha, mas em Viena. O amigo Lübke esteve aqui não faz muito, vindo diretamente de Viena, e advertiu-me para que visse a cidade antes da Exposição, custasse o que custasse, ou a viagem se tornaria inviável por causa

---

[72] Ernst Curtius havia indagado confidencialmente se Burckhardt aceitaria a cadeira de professor de história que Ranke deixara vaga. Kaiser vivia em Lörrach.

do aumento dos preços. De forma que, agora, estarei indo a Viena numa época em que a cidade costuma estar deserta, e poderei dar uma boa olhada no Belvedere, etc. Nada além de trabalho árduo e fadiga; na verdade, eu iria o quanto antes para algum lugar nas montanhas: e agora devo me apressar para rever as lacunas da última parte de minha aula; o que não posso solucionar tenho de remendar, e o que não posso remendar, tenho que dar um jeito. Apenas reze para que eu não me traia ante meus alunos. Até agora, sessenta (!) dos que se inscreveram continuam fiéis.

Você certamente me encontrará aqui no fim do verão, já que a dourada fantasmagoria da Riviera, e até mesmo de Palermo, é, naturalmente, incompatível com o projeto de Viena...

PARA VON PREEN
Basiléia, 3 de outubro de 1872

...Viena, que, creio eu, você conhece, foi maravilhosa; três semanas de imperturbável gozo e uma série de encontros amigáveis com pessoas desconhecidas; e mais uma vez descobri que, desde que o ar e a água sejam bons, o forte calor não só não prejudica como pode ser divertido. Realmente, nada tenho de preciso para contar-lhe; um dia passava-se como o outro, enquanto eu, de maneira mais ou menos assídua, colhia minhas observações e anotações sobre arte e antigüidade, e desfrutava de uma existência aprazível e confortável. A política raramente era mencionada; quando ocorria de a conversação seguir esse rumo, eu me deparava com a mais espantosa desatenção. Uma coisa tornou-se-me muito clara: o crescente desagrado em relação aos todo-poderosos judeus e sua imprensa extremamente venal. Todo o caso Gabriel[73] em Linz foi, simplesmente, uma maquinação da imprensa judaica vienense, cujos patrocinadores não podem passar sem esse tipo de coisa, nem que seja pelo bem de sua própria segurança. Há um duelo constante em andamento entre Israel e os chamados ultramontanos. É muito fácil perceber quem está apoiando isso por fora.

A política pode nos desagradar por completo, mas tem o poder de nos chamar até a janela, mesmo que não queiramos ouvir. A última coisa com a qual ela está nos amedrontando é a possível ressurgência da Comuna, "prevista" por Bismarck, que, supõe-se, obteve uma *carte blanche* no encontro dos três imperadores para que prossiga "experimentando" com a França. A isso adiciono o seguinte fato: um considerável número dos melhores e mais pacatos trabalhadores da França (franceses, *nota bene*) tem se candidatado para trabalhar em um dos maiores locais de trabalho daqui, declarando expressamente que previam a Comuna chegando, e que não queriam passar por ela outra vez.

E então há o assustador êxodo da Alsácia! Muitas pessoas estão dizendo que, se a Prússia tivesse sabido, isso nunca teria... etc., etc., — mas a Prússia precisava apenas ter perguntado a qualquer velho habitante da Basiléia que conhecesse a Alsácia para que descobrisse o que estava por acontecer, por exemplo, até mesmo em 1867 (quando encontrei um prussiano "relatando" os sentimentos e condições reinantes na Alsácia — e não se tratava exatamente de um indivíduo agradável. Ele deve ter levado muitas novidades para

---

[73] A imprensa judaica havia acusado um padre carmelita de perturbar a mente de uma jovem no confessionário.

Berlim!). Mas eles queriam uma Polônia, e agora conseguiram uma; sem uma chaga supurada, o sul da Alemanha simplesmente não poderia ser mantido em ordem.

Eduard von Hartmann, que, "para um filósofo", escreve um pouco demais em jornais, escreveu recentemente um artigo curiosamente pessimista no *Gegenwart* de Lindau sobre as condições políticas gerais da Alemanha. E agora vem o velho Rosenkrantz com algumas observações sobre a crescente uniformidade de nossa civilização. As pessoas começam a sentir-se como se estivessem indo à missa noturna num domingo chuvoso — mas, no momento, o mais prudente a fazer é ser tão alegre quanto possível, e não se comportar como se houvesse maus presságios no céu. Se o mal não ocorrer, então nosso comportamento terá sido proveitoso.

Além disso, jurei temporariamente que nunca, de maneira alguma, assumiria outra vez, de vontade própria, um grande e opressivo trabalho como o da última série de palestras, e que apenas continuaria trabalhando com diligência nas já existentes, nas aulas habituais. E, depois, quão miserável me sentiria se estivesse a caminho de Berlim com tudo de que disponho. Do modo como as coisas estão, ocupo qualquer tarde agradável em tranqüilas e contemplativas expedições a umas boas estalagens em Oberalemannien. Passei o dia de anteontem *ad Cervum*, onde Kaiser falou muito sobre uma carta que recebeu de você. A agente do correio está seriamente rejuvenescendo, pois dentro de quatorze dias seu trabalho e preocupações terão acabado. Na verdade, com os anos, nenhum de nós, ao cabo, estará mais aqui — *isch's Gottswill, so sterbe mer alli!* Se for a vontade de Deus, todos nós morreremos, como diz Hebel.

JACOB BURCKHARDT

PARA BERNHARD KUGLER
Basiléia, quarta-feira 20, de novembro de 1872

...Minhas mais calorosas congratulações por sua posição em Tübingen. Qualquer um que fale sem anotações para uma audiência de cem pessoas, e que seja economicamente provido como você é, meu caro senhor, pode dar-se o luxo de rir-se de tudo. Não importa nem um pouco se você está "no corpo docente" ou não, ou o que um certo número de caçadores de vagas do Norte pensa, ou finge pensar, de suas opiniões; você está fadado a que lhe queiram e a que lhe ofereçam trabalho; apenas não dê mais nenhum passo em relação a esse assunto, e ostente um gentil ar de desdém por determinadas pessoas; então elas serão corteses.

É mais divertido ficar de fora das camarilhas e claques, sem nada pedir, apenas olhá-las, e, quando a ocasião se apresentar, deixar as pessoas saberem que: "vocês não podem nem me assar nem me grelhar, e um belo dia serei erguido e carregado sobre suas cabeças". Isso, na verdade, acontece de modo muito inesperado, enquanto os *viri eruditissimi* estão todos examinando seus almanaques para descobrir se há alguém que já chegou aos setenta e cinco e está pronto para uma aposentadoria.

Então, pois, coragem! Dedique cada vez mais o seu tempo às aulas sem anotações, e cuide para que mesmo neste semestre suas aulas sejam desvinculadas de papéis! Chega-se a idéias bem diversas das que se tem ensinando com anotações, e com isso a gente se torna um homem bem diferente! O que se produz também é diferente, assim como a maneira de ler as fontes...

Para Bernhard Kugler
Basiléia, 11 de dezembro de 1872

Sua proposta me dá o maior dos prazeres,[74] e tomo como um presságio da melhor qualidade que os nomes Kugler e Burckhardt devam uma vez mais aparecer no mesmo frontispício.

Concedo-lhe poderes soberanos para aumentar e modificar o texto. Você poderia dizer algo assim em um breve prefácio:

"O autor original, estando um tanto afastado do assunto por causa de outro trabalho, concedeu carta branca ao editor, não apenas em relação ao material, mas também no que diz respeito ao ponto de vista e à avaliação dos fatos. Como resultado do trabalho dedicado a esse assunto nos últimos treze ou quatorze anos, e das grandes mudanças ocorridas tanto no Norte quanto no Sul, opiniões foram modificadas em diferentes aspectos, sem que o autor possa, de forma alguma, ser responsabilizado por isso".

O que você tem a dizer sobre aumentar o livro, fazendo-o em dois volumes, dois pequenos volumes, talvez? Naturalmente, nesse ponto Seemann teria a última palavra.

À propos Seemann: ele é o único proprietário do livro, e eu não tenho qualquer participação nessa propriedade. Escrevo-lhe isso para que você possa fazê-lo colaborar, e muito: é o que ele bem merece pela maneira desleixada e incorreta com que a segunda edição foi preparada.[75] Repito: acima de tudo, nada de *égards* em relação a mim, pois, do ponto de vista pecuniário, o livro de forma alguma me diz respeito.

---

[74] A terceira edição do *Renascimento*.
[75] Preparada pelo próprio Burckhardt para o editor Seemann.

Jacob Burckhardt

A idéia de colocar meu livro em suas mãos é boa demais para ter partido de Seemann; aquele homem dos mil talentos, Lübke, deve ter maquinado isso.

Fica entendido que lhe dou total permissão para reformular inteiramente o material, como se fosse novo, organizar os assuntos principais, etc.

Não basta ter apenas as mãos livres, mas também os cotovelos, e ser inteiramente livre.

Com toda pressa, *Glück auf!*

Para von Preen
Basiléia, noite de Ano Novo de 1872

Acabei de ler suas melancólicas páginas novamente e começo a me sentir tentado a pregar-lhe o seguinte sermão: você pode agradecer a Deus se for ignorado, isto é, se a humanidade lhe dá a entender que outros estão na moda; confie na contemplação, *nota bene*, em reunir suas opiniões sobre o mundo e sobre a época, e em escrever observações. Sua carreira tem sido suficientemente ativa e versátil para torná-lo íntimo de inumeráveis esferas da existência, e, ainda assim, você não teve de navegar tão longe em altos mares a ponto de estar fadado a perder seu encantamento pelos estudos.

Adquiri todo o Grillparzer, e, agora, é com espanto que percebo, depois de ler os Dramas, a Autobiografia e livros de anotações de todo o tipo deixados por esse fugitivo do mundo, quão útil e proveitosa uma vida reclusa como a dele pode ser para a posteridade...

Em relação ao fracasso da espontaneidade na Alemanha, você provavelmente encontrará uma profecia a respeito em uma ou outra de minhas cartas de dois anos atrás, se, por azar, as tiver guardado. As coisas só podem ser mudadas pelos ascetas, por homens independentes da vida terrivelmente cara das grandes cidades, distanciados da atmosfera do convívio social e do horrível luxo que subjugam a literatura e a arte; por homens capazes de ajudar o espírito nacional e a alma popular a se expressarem. Por enquanto, Richard Wagner ocupa a vanguarda da cena. As pessoas tentaram colocá-lo na categoria dos tolos, o que ele não é. Trata-se de alguém ousado e impiedoso, que domina seu tempo com maestria. Tolos são aqueles que ele esmagou sob seus pés e obrigou a lhe prestarem homenagens sem reservas. É bom lembrar que houve uma ocasião em que Bismarck foi chamado de tolo. Nesse meio tempo, um aspecto muito importante de sua música vem se tornando demasiado claro para mim: é de fato possível ficar afastado dela e da multidão de pessoas nervosas que a apreciam. Eu, em vez disso, toco coisas muito belas de uma maneira muito ruim em meus aposentos, e não preciso prestar contas a homem algum.

O motivo pelo qual Filius não foi convocado para o serviço militar é, para mim, um completo mistério; mas congratulo pai e filho pela liberação, que é um grande e verdadeiro benefício para a educação mais elevada.[1]

Não li nem conheço nenhum trabalho sobre história recente (sob cujo título nosso encantador século está sem dúvida inserido); desde Gervinius perdi o interesse por tais livros, e, no que tange a esse assunto, a saber, o citado século, eu o vejo através de meu monóculo unilateral. Em sua posição, eu pegaria o primeiro bom livrinho que de alguma forma aborde superficialmente os fatos, pois sua interpretação está passando por uma completa e radical mudança e ter-se-á que esperar alguns anos antes que a história do mundo, a começar por Adão, seja pintada em vitoriosas cores alemãs e orientada para 1870 e 1871. Eles certamente também ganharão a próxima guerra, mas as fundações nacional-liberais de seu ponto de vista podem, nesse meio tempo, começar a exibir alguns conceitos capazes de provocar fissuras.

Que o ano de 1875 possa trazer a você, meu caro senhor, paz, serenidade, resignação à vontade do destino e uma mente lúcida para observar o mundo!

PARA FRIEDRICH NIETZSCHE
Basiléia, 25 de fevereiro de 1874

Ao lhe transmitir meus sinceros agradecimentos pelo mais recente trecho[76] de *Pensamentos Intempestivos*, só posso, no momento, responder-lhe em poucas palavras, após ter lido rapidamente seu poderoso e significativo trabalho. Eu realmente ainda não tenho o direito de fazer isso, pois a obra exige ser desfrutada linha por linha, e avaliada após muita consideração; ocorre, porém, que quando o assunto nos diz respeito de forma tão íntima, de imediato somos tentados a dizer algo.

Em primeiro lugar, minha pobre cabeça nem de longe foi capaz de refletir, como você é capaz de fazer, sobre as causas finais, os objeti-

---

[76] "Dos Usos e Desvantagens da História".

vos e a conveniência da história. Como professor e mestre, posso, contudo, declarar que nunca ensinei história pelo está contido sob o pomposo nome de "história mundial", mas sim como um estudo propedêutico: meu objetivo tem sido dar às pessoas a estrutura indispensável para que seus estudos futuros, sejam do que for, não se tornem sem propósito. Fiz tudo o que podia para levá-las a adquirir um domínio pessoal do passado – em qualquer modelo e forma – e, pelo menos, não as deixar enfadadas com isso; eu queria que elas fossem capazes de colher os frutos por si próprias; nunca sonhei em treinar eruditos e discípulos no sentido mais estrito desses termos, mas quis apenas fazer com que cada membro de minha audiência sentisse e soubesse que todo mundo pode e deve apropriar-se dos aspectos do passado que mais os atraem, e que é possível encontrar satisfação ao fazê-lo. Sei perfeitamente bem que tal objetivo pode ser criticado como forma de incentivar o amadorismo, mas isso não me preocupa muito. Em minha avançada idade, podemos agradecer aos céus se descobrirmos algum tipo de princípio ao ensinar na instituição à qual pertencemos *in concreto*.

Isso não pretende ser uma justificativa, pois você, meu caro colega, seria a última pessoa a esperar tal coisa de mim. Trata-se simplesmente de um breve resumo do que alguém desejou e tentou fazer até agora. Sua amigável citação na página 29 deixa-me pouco à vontade; quando a li, ocorreu-me que a imagem no final não é inteiramente minha, e que Schnaase pode ter-se expressado de forma similar em alguma época. Bem, espero que ninguém traga o assunto à baila.

Dessa vez você despertará o interesse de numerosos leitores porque o livro coloca uma incongruência realmente trágica ante nossos olhos: o antagonismo entre o conhecimento histórico e a capacidade de fazer ou de ser e, depois, novamente, o antagonismo entre o enorme amontoado de conhecimento adquirido e as razões materialistas da época.

Com renovados e sinceros agradecimentos...

PARA VON PREEN
Basiléia, 31 de maio de 1874

Minhas mais sinceras congratulações por ter sido liberado de Bruchsal,[77] um lugar muito interessante, à sua maneira, mas de forma alguma adequado a você e a sua família...

Mais uma vez, no ano passado, passei algumas horas andando por Karlsruhe após deixá-lo; tudo que poderia ter sido feito numa planície certamente o foi, e algumas coisas, como os novos banhos, são realmente muito boas. E, do ponto de vista social, você com certeza encontrará tudo o que poderia desejar. Você sabia que há poucos anos havia a possibilidade de que eu fosse para a Escola Politécnica no lugar de Woltmann? Nós, então, teríamos sido compatriotas e colegas de trabalho. Desde então venho tendo que tomar e retomar a mesma decisão: a de que não me mudarei daqui. Durante muitos anos, previ situações aqui que não prometiam ser exatamente agradáveis, e sabia que não haveria uma "velhice pacífica" ou alguma coisa do tipo para mim, mas nunca fiz nenhum gesto para emigrar. Aconteça o que acontecer na Basiléia, quero estar aqui.

---
[77] Von Preen tinha sido nomeado para Karlsruhe.

Em abril passei dezesseis dias em Paris comprando gravuras, litografias e fotografias para meu novo trabalho como professor de história da arte, que então iniciei. As pessoas teriam gostado de *la république des honnêtes gens*, e falado de forma favorável de Thiers, mas, a sós, elas suspiram: *ce qu'il nous faudrait, ce serait un gouvernement fort*, e nos ambientes de negócios isso é falado com sinceridade. No momento, estou ensinando história cinco horas por semana, história da arte três horas, e, além disso, mantive minha aula, a terceira, que ocupa quatro horas, no Pedagogium. Ninguém agora pode dizer que como meu pão no ócio e no pecado. Embora de fato eu ensine história da arte apenas três horas por semana, descobri que tenho de aperfeiçoar minhas aulas muito mais do que imaginava; já não acho que meu caderno de notas de Zurique (1855-1858) seja bom o suficiente para minha atual audiência (ou, talvez, eles não estejam mais de acordo com a maturidade que, permita-me o autoelogio, adquiri desde então). Tenho de prosseguir valendo-me de visões gerais e sendo claro e breve. E, se as condições aqui não ficarem muito problemáticas, tudo indica que passarei seis meses de férias na Itália e farei uma pequena excursão até Atenas, o que significa que uma respeitável soma em dinheiro será gasta.

É gentil e generoso de sua parte honrar meu velho e esquecido *Constantino* com sua atenção. Se não houvesse perdido meu trabalho aqui em 1852, logo após terminar o livro (o que forçosamente me atirou em direção à história da arte), eu teria escrito uma série de descrições histórico-culturais da Idade Média, das quais *A Cultura do Renascimento* seria a imagem conclusiva. Mas ocorre que envelheci sem fazê-lo, ocupado com outras coisas, e sempre tive o bastante para viver.

JACOB BURCKHARDT

Para Bernhard Kugler
Basiléia, 14 de junho de 1874

Ocupar-se com a história da Espanha para Heeren e Ukert implica assumir um trabalho extremamente especializado por alguns anos, além de uma escravidão nada insignificante que poderia facilmente exercer um efeito nocivo em seu trabalho de professor. Mas, é claro, não sei como você vê essas questões; qualquer um que supervalorize o ofício de ensinar, como eu faço, talvez devesse se manter fora da discussão. Se os editores nos dessem tempo para podermos fazer uma *opus vitae*, deixando que tudo amadurecesse como deve, não haveria nada melhor; ocorre, porém, que somos parte de uma série, e Perthes Jun., ou quem quer que seja o editor, pretende produzir muitos e muitos volumes por ano. Além disso, o mais importante de tudo é: fica-se preso a determinado estilo, a uma quantidade definida de material, e tem-se que exibir um certo nível de erudição *in rebus hispanicis* aos guardiães do academicismo alemão, tudo cuidadosamente preparado. Porém, para alguém tão obstinado quanto eu, isso seria absolutamente inaceitável; em livros falo somente o que me interessa e abordo assuntos que me pareçam importantes não para Kunz, o culto, ou para o professor Benz, mas para mim. Agora tentarei, por uma vez, me colocar em seu lugar, e falar como personagem: "Chega o editor e me oferece um trabalho que não me dará um instante de paz por seis ou oito anos, se eu for capaz de completá-lo da maneira exigida pelos círculos eruditos especializados no assunto. Mas o assunto propriamente dito é interessante, e me sinto tentado. Então, de repente, uma idéia me ocorre! Minha situação em relação às coisas mundanas é tão boa que não preciso me matar de tanto suar; deixarei para outro a história da Espanha de segunda categoria de Perthes e irei à Espanha por conta própria, tão logo isso seja possível, estudar o país e escrever a seu respeito exatamente como *eu quiser* — dois volumes em vez de seis, apenas como eu *quiser!*"

E agora peço-lhe que perdoe minha impertinência. Longe de mim querer poupar-lhe esforço mental e cansaço, quero apenas poupar-lhe a escravidão a normas fixadas por outros sem qualquer participação sua.

E quanto ao pobre "Concílio de Constança"? Bem, se você não o quiser, aconselharei outra pessoa a assumi-lo, e, se ninguém o fizer, acabarei eu mesmo trabalhando nesse maravilhoso tema. Minhas congratulações por ter escapado do Tübingen *Jubiläumsschrift*. Esse tipo de coisa é trabalho para miolos-moles e velhos de guerra, e não para aqueles que ainda têm de navegar em alto-mar...

PARA BERNHARD KUGLER
Basiléia, 5 de outubro de 1874

De minha parte, eu, que coloquei meus trabalhos nas costas de outros, e que não escrevo livros, desfruto de uma boa saúde de que há muito não tenho o direito de desfrutar, embora esteja preparado para vê-la declinar gradualmente, ou a qualquer momento, o que com paciência aceitarei. Mas, a meu ver, o erudito ofício de escrever o que quer que seja é um dos *métiers* menos saudáveis que existem, enquanto ensinar (por mais problemático que possa ser, e por mais circunstanciais que os estudos e preparativos precisem ser) é um dos mais saudáveis *métiers* do mundo. Estar sempre em pé, caminhando e falando, dar um bom passeio uma vez por semana independentemente do clima, uma garrafa do que há de melhor uma vez ou outra, quartos que não sejam demasiadamente aquecidos no inverno e um colarinho aberto, isso é que é bom. A única coisa que tomo o cuidado de evitar são os pés molhados. Agora, veja meu *Cicerone!* Pouco depois de trabalhar na segunda edição, o esplêndido Mündler morre; quase no fim da terceira edição, o livro custou a vida de Zahn; o bom, espiritual e gentil Bode irá, espero, assumir a quarta edição, mas ele está doente, e eu, o causador original disso tudo, disponho ainda de vigorosa saúde. Mas tenho um duro inverno à frente, com oito aulas por semana (algumas novas), quatro horas na sala de aula, e seis palestras noturnas para o público em geral. Mas tinha de ser assim...

PARA VON PREEN
Basiléia, 30 de dezembro de 1874

...Invejo-lhe uma coisa: só agora, com toda a maturidade de sua experiência, você está lendo a *História dos Papas*, de Ranke, enquanto eu, que o devorei em meus anos de estudante e sabia trechos de cor, já não posso mais sentir o velho encantamento. Este livro, e o primeiro volume da *História Alemã na Era da Reforma*, são, em minha opinião, suas obras-primas, ao passo que, a meu ver, muitas coisas estão faltando em seu *História Francesa*, e no *História Inglesa* há até mesmo uma certa monotonia, porque nesse livro ele perde o sentido e a medida da história universal. Por outro lado, tenho grande consideração pelo maltratado

História Prussiana. As coisas mais recentes, desde Wallenstein, são, de fato, impressionantes realizações de sua idade madura, mas eu o peguei expressando um certo número de sentimentos partidários contra a Casa da Áustria, e não mais confio nele no que diz respeito a determinadas questões. Em conversas diz-se que ele ainda é incrivelmente vivaz; neste verão, ele marcou com um sujeito – que depois me relatou o assunto – um encontro das dez às doze da noite, e o deixou no velho e conhecido estado de puro enlevo.

PARA VON PREEN
Basiléia, 31 de dezembro de 1874

O famoso despacho[78] espantou muita gente que não se espanta com facilidade; trata-se, simplesmente, da política de Felipe II vista por outro ângulo – ele achou que não poderia continuar existindo a menos que tudo à sua volta estivesse profundamente enfraquecido. Nada tenho contra o fato de a imprensa estar sendo comprada numa escala até então desconhecida, sendo financiada ou, em todo caso, obrigada a publicar artigos *gratis* (sejam eles de Roma, Londres ou Paris); essa é simplesmente a forma como o poder se comporta no século dezenove, mas o que considero intolerável em certos jornais é o servilismo não-solicitado e excessivamente zeloso com o qual eles desempenham a função de policiais para o Mestre. *Surtout pas de zèle!*, como disse um dos ministros de Napoleão...

---
[78] O despacho de Bismarck sobre o caso Arnim.

Para Robert Grüninger
Roma, 1º de abril de 1875

Como cheguei aqui ontem à noite, e desde então tenho percorrido os afrescos de Rafael, a Pinacoteca e a Capela Sistina nesta manhã, quero lhe escrever antes que comece minha visita noturna ao Coliseu, etc., pois, nos próximos dias, o tempo pode ser curto para cumprir minha promessa. Por mais elegante que o Albergo Centrale possa ser, tenho uma mesa mal-ajambrada, de modo que você terá de agüentar minha caligrafia... A jornada noturna pelo Monte Cenis, com uma boa *chaufferette* e uma lua cheia, foi bem tolerável; às quinze para as cinco despertei de um sono restaurador em Turim e então, como Ulisses indo de Scheria para Ítaca, desembarquei na Itália em meu sono (de forma prosaica, isso significa que dormi durante todo o caminho). Eu dispunha de duas horas e meia em Turim, e andei pela cidade enquanto os últimos lampiões a gás, a lua cheia e a acinzentada luz da manhã combinavam-se entre si como as três orquestras em *Don Giovanni*. Fui direto para o Terraço Cappucini para esperar o nascer do sol; de lá vê-se toda a cadeia dos Alpes sobre o Pó, e toda a magnífica cidade; só tive tempo suficiente para ver as montanhas começando a avermelhar-se e reluzir. Mas havia gelo e neve em toda parte na descida para Alessandria; foi incrivelmente belo descer para o cálido ar primaveril de Gênova, que transmitia uma verdadeira sensação de primavera com sua vegetação predominantemente conífera, embora se pudesse ver muito bem que, mesmo aqui, o verde viçoso era de fato raro.

... As multidões nas igrejas eram enormes, *le donne per divozione e gli uomini per veder le donne*, e havia algumas mulheres realmente belas, que raramente são vistas durante o resto do ano. Infelizmente, quase todas estavam vestidas *alla francese*; o figurino nacional, que eu costumava ver sendo usado por toda a classe média, é agora comum apenas entre os pobres. A rota de Gênova a Spezia é mais um túnel do que uma paisagem, mas é maravilhosa em alguns lugares, que recordam Sorrento e Amalfi. Por outro lado, Spezia não ficou na memória nem correspondeu às expectativas, embora tenha passado uma noite muito agradável falando de política com três italianos; e realmente devo louvar minha sorte de viajante, pois não tive de passar uma única noite sozinho e sem minha *conversazione*.

Para Max Alioth*
Roma, 5 de abril de 1875

... Meu respeito pelo Barroco cresce cada vez mais, e estou quase propenso a vê-lo como o fim apropriado e principal conquista da arquitetura vital. Ele não apenas dispõe de recursos para tudo o que serve à finalidade como também para a beleza da aparência. Falaremos mais sobre isso quando nos encontrarmos.

Gozo de excelente saúde, apesar de correr de um lado para outro; entre outras coisas, fico feliz por não ter de conhecer *ex officio* quem pintou os retábulos na capela x em St. Thingummybob. Eu enfio o focinho em toda parte, e agora percebo quão diferente Roma é de, digamos, Gênova, que se parece com um lugar onde crianças montaram um cenário teatral de segunda categoria, obliquamente, em cima de cada rocha. As coisas do início do Renascimento que vi ao longo do caminho comoveram-me profundamente, a saber, a igreja de Santa Catarina em Siena e sua fachada, a pequena escadaria, pátio, saguão e edificações externas. Por outro lado, o Palazzo del Magnifico me enganou completamente; no passado eu o havia visto apenas em parte, pelo lado de fora, e pensei, pelo porta-archote de bronze, que o interior deveria conter algo da época dos déspotas, mas não encontrei nada mais impressionante do que um pequeno pátio com um corredor arqueado, pelo qual, presume-se, o último déspota passava para ir ao toalete.

...Roma está muito mudada, o Corso lembra um pouco Paris no entardecer e à noite; a cada passo percebe-se a invasão de italianos com todos os seus dialetos, ouço milanês, napolitano, etc. Algumas coisas são caras, mas não tanto quanto eu temia. Existem hoje maiores facilidades, e a comida e a bebida são boas como sempre foram. O vinho tinto do ano passado, mesmo em *trattorie* como a Tre Ladroni e a Archetto, é tão intenso e imponente quanto um Burgundy, e se eu fosse capaz de beber sozinho em grande escala, tornar-me-ia um beberrão. Nos cafés, pode-se obter, por quinze centavos, um café que põe no chinelo nossas miseráveis *cafetiers* da Basiléia e sua água suja vendida a trinta centavos. E, note bem, o café também não é cultivado na Itália, e sem dúvida pagam impostos mais altos aqui do que na Suíça. Sempre procuro ver, mesmo no menor dos cafés, o que eles colocam no pequeno nicho acima do balcão; ocasionalmente ainda se vê a Madona com uma pequena lamparina à frente; em um ou outro lugar também se vê a Madona, mas, em vez da lamparina, o que está disposto à sua frente são algumas garrafas de um exclusivo licor envelhecido; nos cafés mais sofisticados, em vez da Madona você encontra um busto de Vittorio Emmanuele, geralmente cheio de poeira, que se acumula em sua testa, nas órbitas, no enorme nariz e por cima de seu bigode com pontas reviradas, o que o torna bizarro. A propósito, até meu retorno da Itália estarei me ocupando completamente com essas coisas.

No momento, o que mais caracteriza Roma para mim é o número de alemães; hoje, no Palácio dos Césares, eles são maioria. No Vaticano, há poucos dias, acompanhei um grupo de alemães que tinha um austríaco decrépito como cicerone; você deveria ter ouvido tudo o que ele lhes disse! Hoje, no grande saguão do Museu Capitolino, onde ficam os centauros, aconteceu uma coisa incrível; era um dia de acesso livre, e alguns dos pobres de Roma circulavam por ali; uma simpática senhora com uma criança perguntou-me, um tanto alarmada, onde tais criaturas podiam ser encontradas; e eu tive de garantir-lhe que elas eram apenas *immaginazioni de' scultori, perchè*, acrescentei, *sarebbe troppo l'intelligenza dell'uomo insieme colla forza del cavallo*. Mas não é maravilhoso esculpir para um povo que pensa que até as coisas mais arrojadas são reais? Que talvez ainda respeite figuras femininas alegóricas como *Sante persone*? Enquanto, no Norte, toda criança sabe *a priori* que a arte é apenas uma brincadeira.

...Já estou vivendo em meio a uma mixórdia de fotografias e estou apenas no começo. Certas dúvidas vão gradualmente se formando em minha mente, não por mim, mas por aqueles que virão depois de nós: elas irão desbotar, enquanto até mesmo a menor das litografias durará; todo mundo agora optou pela fotografia, e as pessoas dirão: se elas desbotam, podemos fazer milhares mais —

JACOB BURCKHARDT

ocorre apenas que as coisas não são eternas! Encontrei boa parte do Camposanto, em Pisa, muito mais danificado do que antes, e o mesmo aconteceu com o Palazzo Publico, em Siena.

PARA ROBERT GRÜNINGER
Roma, 13 de abril de 1875

Você pode imaginar o prazer que sua carta me deu! E então a cópia do *Allgemeine Schweizer Zeitung* também chegou ontem, e neste exato momento, em meu retorno de uma longa excursão, chega uma carta de Max Alioth, que eu também tenho de responder, e para quem, nesse meio tempo, vão meus agradecimentos.

Que quadro ideal da Itália você pinta, enquanto meu comportamento em Roma é tão comercial e volúvel que ainda nem vi S. Pietro in Montorio, assim como não fui ao Pincio. A única coisa que me permiti ver foi S. Paolo; anteontem, na manhã de domingo fiquei tentado a visitar algumas das igrejas mais distantes, a Santa Sabina, entre outras; e então fui um pouco mais além no Aventino, entre muros de jardins, e de repente vi um bom pedaço da Campagna diante de mim, a oeste, que me pareceu tão distante quanto o mar, e S. Paolo quase a meus pés. Pus-me a vagar por ali e pela primeira vez percebi inteiramente as gigantescas proporções do interior, e anotei mentalmente algumas observações gerais sobre o problema dos tamanhos colossais na arquitetura, o que me é muito útil. Veja só como nos tornamos prosaicos.

O triste nisso tudo é a total falta do do nobre lazer necessário à verdadeira meditação, como o que desfrutei no inverno de 1847 a 1848, e tenho de captar e registrar minhas observações a toda velocidade. No caminho de São Paulo para casa, vi, à porta de uma *osteria*, uma garota de dezessete anos da Campagna, pobre e suja, mas de uma beleza indescritível, de comover a alma. Apesar de tudo devo dizer que, ao longo destes vinte e nove anos desde que vim aqui pela primeira vez, as pessoas não decaíram fisicamente, de forma alguma, embora o colorido camponês esteja se tornando mais raro. Por outro lado, turistas estrangeiros são muito mais horríveis do que costumavam ser, e a visão da Piazza di Spagna, como ela é agora, me desespera. Não suporto os ingleses, mas há outras nacionalidades que suporto ainda menos.

Bode está aqui, de forma que agora nos encontramos em um lugar ou outro, e andamos por toda uma galeria, como por exemplo a Pinacoteca do Vaticano ou a Borghese, de maneira crítica, discutindo autenticidade, conservação, etc. Ele de fato possui um olho incrivelmente bom, e, quando penso que ele poderia morrer enquanto estou concluindo a quarta edição do *Tschitsch*,[79] fico tentado a dizer: querido Bode, Mündler morreu na segunda edição, Zahn morreu na terceira, poupe-se! — mas um culto cavalheiro do norte da Alemanha iria simplesmente rir da minha cara. Sua morte seria uma pena, não apenas por todo o seu conhecimento, mas por ser um querido companheiro. Assim como outras boas pessoas que conheço, ele vem de Brunswick. Bode é o único alemão que conheço, apesar de ver multidões deles nas galerias, etc. A maioria pertence à moderna classe de peregrinos penitentes que já não buscam indulgências nos Altares Privilegiados com grãos dentro dos sapatos e vergões nas costas, mas que fazem penitência entediando-se até a

---

[79] O *Cicerone*.

morte em frente a obras de arte de que não tiram nenhum proveito. Os italianos nunca me causam essa impressão nas galerias; ou passam rapidamente, ou olham as coisas de maneira apropriada. Talvez esteja sendo complacente comigo mesmo, mas acho que estou compreendendo muito do que antes me era oculto nas obras de arte, e que minha capacidade de observar aumentou substancialmente; seria preocupante se não fosse assim. Se eu tivesse pelo menos três meses! Em vez de estudar as coisas, tenho de correr de uma *bottega di fotografo* a outra, e barganhar, o que é contra minha natureza, e quando consigo algo sempre é pouco.

...Passo as noites ou no Teatro Quirino, *chez* Pulcinella, ou, mais freqüentemente, no Teatro Rossini, próximo à Minerva, onde aprecio especialmente *Precauzioni*, de Petrella, *Don Procopio*, de Fioravanti, e *Falsi Monetari*, de Rossi. Neste último, o compositor, que no momento está em Roma, foi chamado, e a platéia, achando que ele se encontrava não no palco mas na primeira fila de camarotes, voltou-se para lá... e quem recebeu as *honras* foram duas cortesãs, cheias de jóias e maquiagem, em meio a risadas gerais. *Aída* teve duas apresentações, mas a lotação esgotou-se em ambas, de forma que tive de desistir; raras vezes ela é apresentada aqui, e isso é deliberado; o proprietário da partitura e da ópera (Ricordi) não permite que ninguém, exceto um certo Nicolini, cante a parte do tenor; quanto a mim, tenho de estar predisposto a ir ao teatro e ser capaz de decidir, meia hora antes de começar, se entro ou não; e então estarei pronto para suportar de tudo, como até mesmo ficar de pé por três horas.

Itália é *Italia aeterna*, e ainda hoje cavalgam sem sela, como faziam há vinte e nove anos, não apenas porque têm equilíbrio e destreza mas porque estão firmemente moldados a seus animais, e assim é em tudo; encontrar-se e conversar com essa gente é sempre divertido, e eles são e continuarão sendo seres humanos. Nesse ínterim, saudei Roma por você do parapeito de minha janela, voltando-me para a Villa Medici e Trinità de' Monti.

Minhas mais sinceras saudações a você, aos cavalheiros de "O Moinho" [VonderMühll] e a todos os outros iniciados aos quais você pode mostrar esta carta, se tiverem interesse.

Para Max Alioth
Roma, 16 de abril de 1875

...Quanto ao resto, Roma está intacta em tudo o que é essencial, com exceção das cercanias de Santa Maria Maggiore, e ainda possui aquela galáxia de soberbas perspectivas arquitetônicas com a qual nenhuma outra cidade na terra pode rivalizar; o decisivo não é, de modo algum, a beleza clássica de construções individuais, mas sim os grupos inteiros de edificações que parecem ter sido reunidos em diferentes épocas, como que seguindo um grande e homogêneo plano. Pois, naturalmente, se as pessoas cuspirem nas mãos e trabalharem por vinte e cinco séculos, algo grandioso poderá emergir. (Ocorreu-me que vinte e cinco séculos cuspindo nas mãos não forma um quadro muito bonito disso tudo, ainda que não seja tão risível quanto *les quarante siècles censées de contempler l'armée Française le jour de la bataille des pyramides*). E o que é novo é tão bom quanto, se não melhor, do que em outros lugares. Deus sabe que gosto mais da estação do que da Gare du Nord em Paris, com seu *néo-grec*; os afrescos de Podesti no Vaticano são melhores do que a maioria dos de Kaulbach, e até mesmo o monumento à Immacolata na Piazza di Spagna, deixando-se de lado seu significado, vale a pena ser visto sob o ponto de vista artístico, e os Profetas não são, de forma alguma, ruins. O mais ridículo monumento que vi em minha viagem é, sem dúvida, a fonte em Chambéry, com quatro enormes elefantes emergindo dos quatro lados de um obelisco, o que significa que eles estão todos dentro do obelisco. E imagine o "movimento" desse conjunto. Por outro lado, em Turim, encantei-me com a mais gloriosa de todas as estátuas eqüestres, Emmanuele Filiberto.

Até agora tenho conseguido evitar os alemães, com exceção de meu bom Bode; o lugar ainda está fervilhando de alemães, embora a migração para Nápoles já tenha começado; os fotógrafos estão ocupados noite e dia e mal conseguem manter o estoque de *souvenirs*. Meu principal fornecedor, Crippa, um cômico milanês, sustenta que "*la fotografia, sinora, non è che una fanciulla*", mas em breve será bem diferente.

Para Max Alioth
Dresden, Hotel Stadt Wien, 24 de julho de 1875

Tagarelando com você e contando-lhe o que me aconteceu até agora, descansarei e me recuperarei de todo esforço e fadiga. E, também, sou afortunado por possuir uma mesa que tem exatamente a altura correta em relação à cadeira, enquanto em Roma tinha de escrever numa pequena e abjeta *Katzentischlein* que, de quebra, era duas polegadas mais alta do que devia. Mas, então, Roma é Roma, e Dresden é gloriosa, mas é apenas Dresden.

Sábado cedo, após uma noite de sono razoavelmente boa no trem-expresso, desembarquei em Frankfurt. Febril construção de palácios por judeus e outros empresários, e em estilo renascentista *alemão*, que nosso amigo Lübke transformou em moda. Todo tipo de ornamentação canhestra foi, naturalmente, contrabandeado sob esse nome; pessoas que são incapazes de produzir algo belo não conseguem fazê-lo qualquer que seja o estilo, e todos os "motivos" e "temas" do mundo não ajudam um homem sem fantasia. A maioria do que foi construído no estilo do Renascimento italiano é horrorosa, apesar de sua riqueza; por exemplo, enormes janelas emolduradas por pilastras e frontões projetados sem nenhum pedestal. E você devia ver os edifícios clássicos!

Denn die reichen Jüden
Baun mit Karyatiden*

o que deverá ficar evidente quando Kalle e Schikselchen e Papa, com seus famosos narizes, aparecerem nas sacadas entre mulheres tiradas de Pandroseion. Depois, há fachadas fragmentadas em uma massa desarmônica de pequenas cenas alternadas, como uma cena de Richard Wagner. Se apenas elas fossem inábeis, mas, pelo menos, genuínas fantasias! Em vez disso, o que não falta é habilidade. Aqui e ali deparamo-nos com algo realmente brilhante, mas o efeito predominante é como lhe descrevi.

À tarde, o caminho para Marburgo, um passeio de três horas, e uma visita a Santa Elizabeth reafirmaram meu antigo respeito pelos

---

* Os ricos judeus / Constroem com Cariátides

JACOB BURCKHARDT

homens do século treze, cujas edificações parecem nascer do próprio solo, como plantas vivas. No fim da tarde fui para Cassel, onde permaneci por cinco dias, até ontem à noite, e estudei a galeria de pinturas. Como nessa viagem copio minhas anotações a lápis em algumas folhas de papel separadas assim que volto à hospedaria, o dia se passa de forma mais trabalhosa: tenho de fazer assim, porque nunca encontraria tempo para copiar minhas anotações após meu retorno à Basiléia. Mais, depois, sobre os impressio-nantes tesouros da galeria; mas não creio que você conheça Cassel, e você deve conhecê-la...

Hoje à noite o *Postillon von Longjumeau* será apresentado, e estou determinado a ir, custe o que custar. Mas o teatro provisório é com certeza pequeno, e estou em dúvida quanto a alguns aspectos do Teatro Semper, cujo exterior está quase concluído, e temo que, embora seja maior e mais rico, nunca substituirá o antigo.

Para von Preen
Basiléia, 19 de setembro de 1875

Kaiser me disse que você encontrou "o Filósofo" tão disseminado entre as pessoas educadas da Áustria quanto o é em outros lugares. Estou cada vez mais convencido de que ele veio numa missão especial para nossa era. À medida que as ilusões do "Progresso", que eram predominantes desde 1830, começaram a desaparecer, tornou-se essencial ter alguém para nos dizer que tudo isso pertence ao reino das ilusões, e como abandonar a tempo nossas vãs esperanças. Apenas compare isso com o terrível reino deste mundo, o impiedoso otimismo que está brotando em toda parte, mesmo entre os trabalhadores que vivem com a insana crença de que serão capazes de desfrutar de uma vida de confortos, que não tem qualquer relação com o estado da sociedade. No fim haverá uma intensa batalha entre otimismo e — não pessimismo, mas — "malismo" (perdoe-me pela tola palavra).*

Tudo isso não é um mero sonho. Houve épocas no terceiro e no quarto séculos em que, sem contar com a influência da *Völkerwanderung*, o pessimismo havia se tornado uma postura quase que universalmente reconhecida, pelo menos teoricamente. Com que cara ficará o tipo de "Progresso" de 1830 se um dia se perceber — se é que se perceberá — que ele serviu, simplesmente, para: (1) unir os homens e mesclá-los (através das ferrovias); (2) ser um instrumento de demolição para que um modelo diferente pudesse ser construído no terreno limpo e revirado? Mas, quando muito, verei apenas o começo disso, e, com certeza, não é grande meu anseio em ajudar no trabalho.

PARA VON PREEN
Basiléia, 27 de fevereiro de 1876

...Já não escuto mais muita música, exceto quando eu mesmo a produzo em meu pianino. Compartilho inteiramente de seu gosto por boa música para dançar, e muito me entusiasmo com algumas do gênero, especialmente as vienenses, enquanto outras produções vienenses não escondem o fato de que são meramente vestígios do que já passou. Em relação a Offenbach, eu, também, digo: *à tout pécheur miséricorde*; algumas de suas coisas são encantadoras e espirituosas. Há apenas uma pessoa da qual não quero ouvir falar, o assassino da ópera atual: você sabe a quem me refiro...

---
* No inglês, "malism".

JACOB BURCKHARDT

Para von Preen
Basiléia, 17 de novembro de 1876

Exponha qualquer idéia, qualquer proposta que seja no sentido conservador, e praticamente nada resultará disso; apenas idéias desintegradoras e niveladoras têm algum poder real. Você encontrará o ponto a que chegamos abordado da mesma forma em nosso *Allgemeine Schweizer Zeitung*, mas não há nada a ser feito. Nosso Referendo Federal e Cantonal às vezes nos deixa frustrados em relação às idéias de M. Homais e companhia, e, dessa vez, eles estão perplexos quanto ao que fazer, mas a coisa por si só é, na verdade, mais um paliativo. Nenhuma inquietação, por maior que seja, poderá lacrar a fonte do mal, que é a liderança das massas, que são facilmente conduzidas, e a profunda falta de respeito demonstrada pelo radicalismo — não em relação aos velhos modelos políticos conservadores (pois não espero piedade deles a esse respeito), mas pelas leis e regulamentos de sua própria criação. É isso que torna a situação irremediavelmente insegura. Enquanto isso, o dever e a diplomacia exigem que, embora não possamos sorrir para tudo, que ao menos não fiquemos com os rostos tão sombrios. De minha parte, há muito simplifiquei minhas precauções relacionando cada questão à Universidade da Basiléia e simplesmente perguntando se isso ou aquilo é bom ou não para ela. Desde que eu não seja nem culpado nem cúmplice de nada que lhe faça mal, ficarei satisfeito com o rumo exterior de minha vida *in globo*. O período escolar começou há quatro semanas, e as palestras públicas adicionais também já começaram — dentre elas, duas já se realizaram e outras duas ainda estão por se realizar. Além disso, já fui à Ópera seis vezes, e tem sido muito bom, considerando-se tudo. No dia 2 de dezembro, nossa simples e bela sala de concertos será inaugurada com a Nona Sinfonia, etc., de modo que tenho de ver se consigo um lugar, pois a sociedade em questão irá ocupar quase mil e quinhentas cadeiras. Será que alguém hoje em dia sente o *Freude, schöner Götterfunken*? Os que o fazem devem ser muito jovens. E também nossa Sala de Concertos é um edifício mais agradável do que o seu Festhalle e os programas que costuma oferecer.

PARA VON PREEN
Basiléia, 13 de abril de 1877

...A abdicação e o retorno do grande homem[80] me dão a sensação de que ele não sabe o que fazer a seguir; ele se enganou em todas as questões internas importantes, e com certeza pode-se acreditar quando diz que sua saúde está arruinada. Naturalmente, poder-se-ia pedir-lhe que voltasse mais uma vez, mas seria ele de grande ajuda? Possivelmente ainda poderia guiar-nos no caso de uma grande crise européia, se houver alguma como resultado da guerra turca que parece iminente, mas, internamente, ele não pode mais salvar o Império...

Entre os livros recentes, *As Origens da França Contemporânea*, de Taine, Tomo I, *O Antigo Regime* (Paris, Hachette, 550 páginas), é sem dúvida uma leitura recomendada, de fato vale a pena possuí-lo. O autor tem duas grandes qualidades: vê claramente os contornos e as cores espirituais, e escreve de forma inesperadamente correta e

---

[80] Bismarck.

simples. Presumivelmente (de acordo com o prefácio, página v), serão três volumes: *Antigo Regime, Revolução, Novo Regime.*

PARA VON PREEN
Basiléia, 30 de março de 1877

...Desde que lhe escrevi pela última vez, tenho explorado assiduamente Oberland nos domingos e feriados, mas não posso expressar a impressão da natureza que uma pessoa obtém dos encantos da paisagem e de um detalhado conhecimento de sua história. Na juventude, meus sentimentos eram sempre por lugares distantes e longínquos, e foi apenas nos últimos anos que me tornei inteiramente nativo. Mas então, infelizmente, sou de todo inexperiente em botânica; encanto-me com cada pequenina flor, mas nunca aprendi nada sobre elas, de forma que tenho de ver a natureza mais ou menos *en bloc*. Mesmo meu conhecimento da mais nobre planta de Oberland é por demais incompleto. E foi assim que no último domingo, no "Hirsch", em Haltingen, pus a mão em um vespeiro ao cometer o inocente erro de dizer, na frente de Beck, que o Isteiner era melhor vinho do que o Schlingener. Tive de ouvir um sermão sobre o fato de o Isteiner ser um vinho de menor importância, tido em alta conta na Basiléia porque um certo velho cavalheiro argumentou sob as mesmas premissas que outro velho cavalheiro usou para supervalorizar o Pisiatello na Itália. Também visitei Liel novamente desde que lhe escrevi; não posso evitar interessar-me pelo proprietário da velha biblioteca de lá, e o quadro de Angelica Kaufmann é, talvez, um daqueles nos quais ela é a mais agradável entre aquela geração de débeis imitadores do clássico. Suspeito apenas de que uma amizade lá poderia custar parte de minha liberdade, e no futuro apressar-me-ei a...

Fim de tarde

A chuva constante parou; o sol está brilhando quente e próximo; a chuva logo começará novamente, mas, hoje em dia, recebe-se cada hora de sol com gratidão. A sensação geral aqui é, sem dúvida, um pouco diferente da sua ou da de qualquer lugar no Oeste. O chão ainda não está tremendo com bancarrotas, como em Zurique, onde o pânico predomina, mas as coisas por aqui tampouco parecem melhores. A isso somam-se as irresponsáveis medidas decretadas por nossa atual maioria e o modo como o ânimo das classes "trabalhadoras" é explorado. (Se apenas pudéssemos nos livrar, de uma vez por todas, dessa expressão infame e injusta, algo já teria sido conquistado.) E, é claro, estamos nos preparando para um Festival...

PARA MAX ALIOTH
Munique, 7 de agosto de 1877

A velha Munique de Ludovico I é muito antiquada. Olhando-se nos sebos, como eu faço, as publicações daquele período, e observando nelas a delicada devoção das gravuras, os retratos românticos e toda a vulgar arquitetura, pintura e escultura romântica passando diante dos olhos, o quão inteiramente obsoleto isso tudo parece ser! Uma noite fui ao Ludwigskirche; Cornelius[81] ainda me

---

[81] Um pintor da Escola dos Nazarenos.

causa uma certa impressão, mas o prédio é uma coisa ignóbil, e a única questão a seu respeito é se o pior é seu interior ou seu exterior. Por outro lado, quão gloriosos são os majestosos Theatinerkirche e São Miguel! Em comparação a eles, todos os modernos edifícios daqui são tão enfadonhos e medíocres que nos fazem sentir "relativamente enjoados". Contudo, faço uma exceção do Arco do Triunfo,[82] do Propyläen e da Alte Pinakothek. Na verdade, não há nada de excepcional em relação às coisas novas, e Frauenkirche teve seu gótico "purificado" – o Frauenkirche que conheci há vinte e um anos, com seus maravilhosos portões barrocos de ferro-batido diante das capelas laterais, o primoroso arco de triunfo sobre a tumba do imperador Ludovico no meio da nave (que irrompe da forma mais bela e iluminada) e, é claro, as abóbadas estão pintadas de azul com estrelas douradas, de forma que não parecem estar nem na metade da altura em que estavam, e os pilares octogonais estão pintados na cor *creme*, etc. – em vez de agradecer aos céus que uma edificação que tinha apenas uma modesta decoração gótica tenha sido tomada e curada por um alegre barroco.

PARA MAX ALIOTH
Munique, 11 de agosto de 1877

Infelizmente, você está absolutamente correto em sua opinião sobre o Maximilianeum; trata-se de uma pasta de *papier mâché*, e é muito frágil quando se vê o outro lado. Ainda assim sou por demais grato pelo novo edifício porque, ao menos externamente, se-

---
[82] Em Schwabing.

gue as formas renascentistas e deixa nosso espírito livre do miserável gótico na Maximilianstrasse...

Hoje me permiti ser conduzido com uma multidão de pessoas pelas salas da Residenz, que você certamente conhece. Nada direi sobre os afrescos, embora deva admitir que, ao chegar aos dois *Schönheitskabinette*[83] de Ludovico, apesar de Stieler e do medonho estilo "almanaque" de pintor da corte que os retratos ostentam, a idéia, em si, era nobre, e somente um rei poderia tê-la executado. A arquiduquesa e a filha do sapateiro jamais poderiam ter sido persuadidas a posar para seus retratos nem mesmo pelo mais rico dos cidadãos comuns, nem tampouco teriam concordado com um concurso de beleza inteiramente neutro, independente da posição social. O modo como o curador nos contou onde todas as damas viviam e com quem se casaram foi divino. No espelho de uma pilastra em uma das salas, datada de 1856, estava pendurado o retrato de Lola Montez, com seus olhos tímidos e belos; o mesmo foi agora substituído por Frau X, "*geborene* Daxelberger", a filha de um caldeireiro de "Minchen", prosseguiu o curador. A sala do trono, com suas doze estátuas douradas, é a única que tem algo de grandioso, embora os Wittelsbachs dourados sejam iluminados por trás. E então veio o principal, que talvez você não tenha visto, os aposentos do imperador Carlos VIII, que datam de 1730-1740, o mais adorável rococó na terra, superior até mesmo aos salões de Versalhes no que diz respeito à criatividade, liberdade e elegância. Da maneira como tudo é feito, somos conduzidos para lá em meio a um enxame de pessoas, mas me deixarei conduzir mais algumas

---

[83] Duas salas contendo retratos das famosas belezas da época.

JACOB BURCKHARDT

vezes para imprimir as maravilhosas formas em minha mente. E ainda há mais: as ante-salas seguem num crescendo para os quartos e para a fantástica magnificência do *cabinet de toilette*...

Para Max Alioth
Munique, 15 de agosto de 1877

Hoje as lojas estavam fechadas porque era a Assunção (e, é claro, minha loja também, Helgen); no entanto, a Ópera estreou. Não sei exatamente qual poderia ser a relação ideal entre elas, mas, há vinte e oito anos, fui ao teatro da Ópera e ouvi várias obras que, desde então, têm dormido o sono dos justos (*Macbeth*, de Chalard, *Caterina Cornaro*, de Lachner, e o *Terremoto de Lima*, esse tipo de coisa), e, entre outras coisas, conheci o *Tannhäuser*. Hoje foi *Aída*, de Verdi, com toda pompa e decoração egípcia; o terceiro ato, com suas palmeiras e o pequeno templo às margens do Nilo sob a luz do luar, foi deveras fascinante. Nachbauer, como Radamés, estava com uma voz maravilhosa, e as duas mulheres eram pelo menos bonitas de se olhar; entre os três baixos estava Kindermann, a quem há vinte e um anos ouvi, entre outras coisas, como Wolfram, e ele em nada havia mudado, de forma que tive de perguntar a meu vizinho se não se tratava de um filho do velho homem. Mas não, era ele. Boa parte da música é sofisticada, porém apreendida e filtrada de várias peças (até mesmo de Wagner e de *Jessonda*, de Spohr), mas há também alguns Verdi realmente maravilhosos e inspirados; e no segundo e no terceiro ato ele é, por vezes, o velho Verdi, embora a forma seja mais severa. Faltam as cativantes melodias ritmadas do começo de sua carreira, mas sua música ainda possui alma; o final do segundo ato, até o terceiro, é muito bonito, e o dueto entre Amonasro e Aída, *Tu verras cette terre adorée*, é tão lindo que me comove até as lágrimas, como nenhuma outra obra de Verdi; ele está cheio de coisas novas, tudo dele próprio. Aos sessenta, Verdi ainda tinha algo para dar que eu nem sequer suspeitava. Há alguns bons momentos no quarto ato, mas não a contínua beleza do terceiro. Ouça isso quando puder, mas, se possível, não na Basiléia! A ópera necessita dos grandiosos espaços dos palcos de Munique. Os pequenos africanos que executam danças burlescas nos diversos balés sem dúvida ficaram com olhos brilhantes de gatos porque se lhes puseram óculos verdes. Sexta-feira *Fidélio*, sábado *Lohengrin*...

Para von Preen
Basiléia, noite de Ano Novo de 1877

...A placa de bronze da qual você me falou é muito engraçada. Nós também temos pessoas querendo experimentar essa forma de imortalizar sei lá o quê, mas elas ainda receiam o ridículo e os riscos públicos. Há sempre uma certa cota de "figuras públicas" tentando colocar uma coisa ou outra *en train* por puro vazio interior e solidão, simplesmente para convencerem-se de que ainda estão vivas. Alguma coisa deve acontecer, e, quando não conseguem pensar em nada mais, elas começam a perturbar os outros para a criação de um memorial. No ano passado, um dos mais desastrados entre os doidivanas locais sugeriu que eu me colocasse à frente de uma associação para um monumento a Hebel, que também daria nome ao local proposto (o mais absurdo que se possa imaginar). Eu me retirei imediatamente dessa história, e escrevi-lhe uma honesta carta moral, ressaltando a séria responsabilidade que se assume ao se propor monumentos em momentos pouco auspiciosos, que por muito tempo não resultarão em nada, e que talvez nunca resultem. Depois disso, o camarada me deixou em paz e começou a se agitar por causa de alguma outra coisa.

PARA VON PREEN
Basiléia, 21 de fevereiro de 1878

...As excessivamente longas horas às quais seu admirável filho mais jovem tem de se acostumar na escola despertam-me toda a simpatia. Mas, como nação, estamos fadados a sermos esmagados pelo aprendizado. Às vezes desenvolvo as opiniões mais heréticas, que nenhum professor ousaria expressar. Considerando-as puramente como um negócio, as escolas são os empreendimentos menos gratificantes que existem, do bê-á-bá às mais elevadas alturas acadêmicas, porque muitíssimo pouco do que é aprendido é retido e de fato usado. Nas classes mais avançadas do Ginásio certamente há muito suor desnecessário e excessivo, cujo único objetivo é mostrar de antemão ao jovem, de forma alegórica e simbólica, como (na maioria dos casos) a vida realmente é. Sua importância, porém, não é, geralmente, entendida ou percebida porque a sedutora liberdade da Universidade reluz ante seus olhos como uma indenização. E assim eles enxergam apenas os tormentos dos últimos anos na escola. Freqüentemente, os liceus não conseguem encontrar, para as matérias mais difíceis, professores que possuam um nível até mesmo medíocre; pois bons professores não são, de forma alguma, encontrados com freqüência...

Para von Preen
Basiléia, 7 de julho de 1878

Recentemente um pastor da Igreja Reformada foi escolhido por meio das mãos daqueles que não vão à igreja, e para a infelicidade daqueles que vão. Como você sabe, eu não pertenço a esta última categoria; houve uma época em que estudei teologia por quatro semestres com o maior interesse, e então descobri que não possuía a fé exigida pelo púlpito, e, assim, me transferi para o campo da história. Mas o que não posso entender é a audácia de um reformista ocupar um púlpito e até realizar rituais em cujo significado ele não acredita! Como ele pode se impor a uma congregação após obter o cargo como resultado de um *malentendu*, a saber, como resultado do voto dado aos que, pressupõe-se, pertençam à congregação, quando, na verdade, trata-se de uma congregação que não existe?...

Para Max Alioth
Gravedona, lago de Como, terça-feira, 30 de julho de 1878

Ontem cedo, sob uma boa chuva, deliciosa e muito necessária, cheguei ao lago de Como. Veja bem, na boléia, junto com o Postilhão, que pôs seu tapete sobre meus joelhos, de forma que, com meu guarda-chuva, mantive-me bem seco. Depois, peguei o vapor de Cólico para Gravedona, onde encontrei o suposto "bom" hotel fechado e, em vez disso, acabei instalado de forma bem mais confortável em um genuíno albergue lombardo. De minha cama posso ver pela janela nada menos que quatro capelas nas montanhas, a mais alta delas a uma altura vertiginosa. Até agora a única carne que comi na Itália foram as *côtelettes*, que nessa taverna atingiram um grau supremo de excelência. Com elas comi *minestra di paste*, grandes feijões cozidos na manteiga (uma *délice!* têm o gosto de castanhas), e bebi um quente, ainda que excelente, Barbera. Em qualquer um dos pequenos e sujos cafés daqui encontrei café (*nero*) por vinte centavos, de forma que é um mistério para mim como um café tão bom pode ser preparado em um país com impostos de importação tão altos como a Itália.

Há, na verdade, duas curiosas igrejas romanescas em Gravedona, e outras coisas além disso — mas o que são elas comparadas com a majestosa Villa nas rochas, logo acima do lago, que o cardeal Tolomeo Galli mandou construir, e o que é mais, por Pellegrino Tibaldi? Quadrada, com quatro poderosas *loggias* nos cantos e, no meio, a enorme sala que ocupa dois andares e se abre, através de três janelas, para um pórtico que dá para o lago. Do pórtico, emoldurado por dois pilares, com pilastras de mármore vermelho de cada lado, vislumbra-se uma paisagem do tipo que só se pode vislumbrar no Como. A melhor fachada de Tibaldi é a do jardim, onde o andar principal da fachada que dá para o lago torna-se o térreo, porque o jardim está mais acima. Sei que desenhei essas formas de uma maneira horrorosa, e a parte central aberta da edificação saiu muito estreita, e depois desenhei colunas iônicas e toscanas como salsichas alongadas, mas você irá me perdoar.

O edifício nunca foi terminado por dentro, e seria uma tarefa maravilhosa pintar e decorar essas *volte a specchio* e todo o tipo de abóbadas de estuque. O prédio propriamente dito é sólido e está em perfeito estado de conservação. Ele passou do cardeal ao duque del Vitto, de Nápoles, que veio aqui raras vezes e não podia impedir que *certi gentiluomini del paese* ocupassem o andar térreo de tempos em tempos para, sem dúvida, realizar orgias. Foi apenas em 1819 que o último del Vitto vendeu tudo ao avô do atual dono, o advogado Pero, e agora a construção inteira está cheia de casulos para a produção de seda, e o cheiro familiar (meu pote de tinta, que estava quase seco, foi renovado em bom estilo italiano com um pouco de vinho tinto, e eu prossigo) faz-me retornar ao ano de 1846, em Nápoles, onde encontrei casulos como principal produto de um Palazzo perto de Porticci, sob os auspícios de um prefeito que há pouco conseguira expulsar a última Maîtresse do duque de San alguma coisa. No meio do amplo salão, entronizada em uma enorme mesa, entre quatro mulheres fiando casulos, estava a mãe do dono atual, uma velha e enorme *donna* lombarda, com imponentes e, ao mesmo tempo, encantadoramente belos olhos; à sua volta havia mais mesas ocupadas por outras fiandeiras e, enquanto eu me sentava e desenhava no jardim, da sala das operárias ressoou uma grandiosa canção, na qual se ouvia uma dessas profundas vozes de contralto, que entre nós você teria de procurar com uma lanterna. À noite, Signor Pero foi até a estalagem. Sentamo-nos *all'italiana* na cozinha, e entabulamos uma conversa interminável, bebendo um bom *vino nostrano*, que não pode ser desprezado nem mesmo em comparação com o Barbera, pois não afeta tanto assim nossos nervos. Foi a primeira vez em minha longa vida que bebi com o proprietário de um grande edifício clássico, e o camarada me pareceu positivamente respeitável...

Jacob Burckhardt

Para Max Alioth
Bolonha, 13 de agosto de 1878

Ontem, seguindo para Bolonha em uma carruagem aberta, tive de admitir que a cidade das arcadas possui ruas belas e pitorescas em maior número do que as outras quatro ou cinco grandes cidades italianas, embora as demais possam ser superiores no que tange aos edifícios individuais. Na mesma noite, vi um novíssimo e discreto palácio barroco que se parecia exatamente com um dos esplêndidos palácios antigos; uma rica marquesa (Lambertazzi, ou algo assim) o construiu para especulação e o aluga por altos preços, sendo que ela própria vive em um palácio menor nas cercanias. Esse tipo de coisa só é possível na Bolonha de hoje em dia, com seus inúmeros funcionários públicos e os ricos que continuam chegando. Um bom número de ruas, que antes eram pavimentadas com pedras arredondadas, é agora pavimentado com boas pedras polidas. É claro que as finanças públicas estão levando o cântaro à fonte até secá-la. Eu amo a magnificência, mas uma tolice como o novo palácio, a *cassa di rasparmio*, está além dos limites, e faz-me lembrar da excelente estação ferroviária de Zurique, que tanto pesa nos cofres do falido Nordostbahn. (Em Florença, que está falida, os bancos não fizeram pagamentos por cinco dias na semana passada, até que alguém veio em seu socorro.)

Os italianos são os mesmos de sempre; na noite passada, *Norma* foi apresentada no enorme teatro a céu aberto, em um clima perfeito, para uma audiência de pelo menos mil pessoas, com lugares na platéia a 50 centavos, cadeiras a uma lira, etc. Os cantores, considerados de terceira classe, eram, ainda assim, deveras respeitáveis.

Você deveria ter visto o público, os pequenos artesãos, trabalhadores manuais, gente de negócios, etc., e como eles se comportavam muito melhor do que o público de um teatro superior e mais caro costuma se comportar, conversando, marcando o tempo com suas bengalas e cantando junto suas melodias favoritas, etc. Aqui tivemos silêncio absoluto, exceto pelo aplauso nos momentos certos; o público modesto realmente queria ouvir sua velha ópera favorita. O único fato a lamentar é que, quando Norma começou sua grande ária, *Casta diva*, a brilhante lua cheia decidiu ocultar-se por trás de uma nuvem. Mas o auditório estava adequadamente iluminado, com cerca de noventa lampiões de gás; nenhuma confiança foi depositada na lua.

Há uma coisa aqui que é horrível: a perpétua mania de cuspir. No trem contei o número de vezes que um homem fumando um *Virginia* cuspiu: cerca de quinze. Na igreja, as pessoas recitando as orações cospem o tempo todo; e há uma poça, úmida ou seca, sob cada genuflexório. O fato é que esse povo alegre e agradável é periodicamente transformado em uma vasta multidão de figuras expectorantes. Uma coisa realmente lhes invejo: seus belos dentes! Pode-se dizer que um homem assim contará muitos amores e, por Júpiter!, nenhum está faltando. É realmente um prazer vê-los bocejar...

Para Max Alioth
Bolonha, 15 de agosto de 1878. Noite.

...Hoje é *Assunta*, então, ai de mim!, encontrei uma de minhas igrejas favoritas daqui, San Salvatore, inteiramente decorada por dentro com aqueles horríveis *ornati*, com os pilares vestidos com panos de um vermelho púrpura sujo, com imundas franjas douradas, como palhaços de circo em um número de corda bamba. É de tijolo, o mais belo e simples barroco que já vi, sem cores por dentro — exceto pelos panos. Antes eu tinha ido aos banhos, há um afluente do Reno que corre para Bolonha, em uma ilha na qual Augusto, Antônio e Lépido formaram o Triunvirato no ano 42 a.C., isto é, decretaram o banho de sangue que custou a vida de quatro mil romanos de todos os partidos, conservadores, progressistas, de centro, nacionais-liberais. Agora nos banhamos nas pequenas salas de pedras, para as quais o mencionado rio corre, trazendo consigo sua lama, de modo que receio ter saído mais sujo do que entrei; estava quase que com medo de que algum velho *crotte* dos tempos de César Augusto chegasse flutuando pela abertura, pois minha veneração pela antigüidade não chega ao ponto de dar-lhe boas-vindas.

Na Itália, como em toda parte, os agitadores estão trabalhando para produzir a mesma desintegração; um jornal socialista realmente pernicioso é publicado aqui, *la Stella*. As coisas chegaram a um tal ponto que até mesmo os chamados jornais respeitáveis têm de concordar com quase tudo *a priori*, como se fosse evidente, o que, por si só, já é um assunto sério. E o som dos garotos gritando *la gabzittah! la stellah!* com suas vozes agudas penetra os nossos tímpanos. Desde que se tornou conhecido o fato de que os socialistas tiveram seus candidatos reconhecidos em todas as principais cidades alemãs, a maioria entre as massas urbanas não é segredo.

Está quente, mas há um pouco de movimento no ar — e tudo está tão claro e tão bonito! Apenas gostaria que houvesse um jeito de medir o azul, de maneira a convencer aqueles que não querem acreditar no céu italiano. Agora que são quase sete horas, aquela maravilhosa nuança levemente esverdeada começa a se misturar próximo ao horizonte; à distância posso ver, por minha janela, a maciça estrutura de São Petrônio, brilhando e flamejando sobre os telhados durante o pôr-do-sol. Mas estou ansioso pelo Adriático, onde serei capaz de lavar o lodo do Reno. Rimini e Farno são, naturalmente, estações de banho.

Uma vez houve um certo Abbé Trublet que encolerizou Voltaire ao escrever um tratado "Sobre as Verdadeiras Causas do Enfado do Henríade"; agora estou estudando as verdadeiras causas do enfado causado pelos quadros de Caracci – não todos! No entanto, identifiquei o ponto no qual Ludovico Caracci degenerou: foi quando ele apenas expunha seus conhecimentos gerais, e não mais sentia qualquer conflito psicológico nos indivíduos e suas ações; finalmente, na colossal Annunziata sobre a abside de São Pedro, ele deu-se conta de si mesmo, caiu na melancolia e morreu...

Para Max Alioth
Bolonha, 25 de agosto de 1878

Cheguei aqui vinte e quatro horas antes do que pretendia, e comecei a escrever-lhe uma carta de reserva. Desde que lhe escrevi, na penúltima quinta-feira, tenho me esfolado por cada pequeno e miserável buraco ao longo da ferrovia: Imola, Forli, Cesena, Rimini, Pesaro, Fano, Ancona e Loreto, não nessa ordem, é claro, mas alguns indo e outros vindo, deixando de lado apenas Sinigaglia, porque era *fiera*, e Faenza, porque eu realmente havia visto pequenos buracos suficientes, e precisava com urgência de uma cidade maior e mais confortável. Há muito para ver e meditar em toda parte, e mesmo o mais miserável dos buracos, Imola, possui uma coisa ou outra e, de quebra, um revoltante tipo de estuque. Além disso, gradualmente começou a ficar quente outra vez, ainda que em um grau tolerável; não se pode fazer amizades nos pequenos cafés desses buracos miseráveis, onde geralmente não há gelo. Por sorte nunca perdi de vista um vinho realmente bom ao longo de todo o caminho de Forli a Ancona, um Sangiovese; pode-se sentar em uma rua estreita, com uma deliciosa brisa vespertina, e bebê-lo lentamente por horas, enquanto se conversa. Na verdade, nunca me faltaram conversações nessa viagem, e mesmo anteontem, em Fano, conversei das oito até a meia-noite com um rico homem de negócios de Bolonha, que tinha estado na Alemanha e em toda parte, e que era um zeloso wagneriano; Mariani, o último diretor da Ópera de Bolonha, era íntimo amigo seu, e deu um jeito de levá-lo a todas os ensaios para a apresentação bolonhesa de *Lohengrin*! Pela primeira vez em minha vida ouvi um educado italiano falar de forma ousadamente objetiva sobre Rossini, Bellini e Verdi; isso me deixou com os cabelos em pé. Ele abordou Wagner por um ângulo místico-psicológico; o compositor pode apenas ser desfrutado se alguém se entregar inteiramente a ele, e mergulhar na música, isto é, diametralmente oposto ao que na Itália é normalmente considerado diversão. Diante disso, encontrei novas esperanças ao pensar que os italianos nunca aceitariam que se lhes forçassem essa suposição. Ele, é claro, era capaz de reconhecer que todos os jovens compositores italianos atuais vão à escola de Bayreuth. Ao que pensei comigo mesmo: não é de se admirar que todos eles só produzam uma ópera tolerável por ano, pois desaparecem rapidamente após um *succès de réclame*, com exceção de, quando muito, uma ou duas operetas cômicas. Mas, de qualquer forma, fiquei interiormente protegido de sua eloqüência por um talismã, pois na quinta-feira, quando lhe escrevi, havia ouvido *Norma* outra vez, e na companhia de pelo menos mil e quatrocentos silenciosos espectadores, em um feriado (*Assunta*).

Eu tinha de ver Forli por conta de seus afrescos; em Rimini, os de São Francisco e do Arco de Augusto, dos quais possuo seus desenhos, são os mais deslumbrantes; consegui obter um bom número de fotografias de São Francisco (monumentos, pilares, capelas). Além disso, estava ocupado tomando banho de mar, e percebi que se banhar no meio do dia, em gloriosas águas, é um assunto muito sério, que torna os mortais preguiçosos e avessos ao trabalho pelo resto do dia. (A propósito, a cidade de Rimini gastou um milhão em luxuosas casas de banho e hotéis, etc., que não dão lucro, e todos os dias pode-se ler a respeito no jornaleco local. Ancona também construiu demais e agora está em dificuldades.) Em Ancona, assim como aconteceu em 1847, fiquei novamente encantado com o Arco de Trajano e com o Loggia de' Mercanti; e eu teria desenhado os dois fantásticos e magníficos portões barrocos do Arsenal se não houvesse perdido todo o gosto por desenhar. Um deles, o Arco Clementino, é absolutamente *non plus ultra*. Deve haver uma Porta Pia em algum lugar em Ancona que se parece com a romana, da qual tenho apenas uma fotografia; realmente não podia me forçar a ir de portão em portão no calor. Loreto, onde você não parece ter ido, é a mais edificante; primeiro de tudo, a deliciosa colina, o vento fresco e a água das fontes escorrendo, depois a igreja, iniciada em estilo gótico e sobre o qual cada estilo concebível foi superposto, e, finalmente, as esculturas! As fotografias da Santa Casa são absurdamente baratas; e os quinze profetas e sibilas podem ser obtidos separadamente por apenas quinze centavos.

De Pesaro fui a Monte Imperiali, que eu não queria perder e que, como você sabe, vale a pena ser visitado, nem que seja só pela vista. Se apenas tivesse sido terminado! Alguém realmente deve ter tentado algo gigantesco, mas desde a última Majestade, o arquiteto Semiramis, que construiu os jardins suspensos, ninguém mais ousou fazê-lo. Mas não farei nenhuma outra expedição ao interior do país, é muito inseguro. Anteontem à noite, uma hora após o pôr-do-sol, bem perto de Bolonha, o conde Aldronvandi foi arrebatado de sua pequena carruagem por camorristas, levado à sua Villa e roubado em mais de mil liras. Algumas coisas muito curiosas estão acontecendo aqui: a Romagna está sendo minada pela Internacional. Assim como em outros lugares, na Itália um sistemático *laisser-aller* e *laisser-faire* trouxeram à luz algumas estranhas situações. Hoje, o *Epoca* (de Gênova) traz a seguinte caricatura trágica: um homem ergue sua cabeça decapitada para três terríveis cabeças coroadas, dizendo: *Insensati*, vocês pensam que fazendo isso podem cortar a cabeça do socialismo? Em vez disso vocês podem forçar os ricos capitalistas *di associare il loro denaro al lavoro!* (isto é, dar o dinheiro deles aos trabalhadores). Certamente levará algum tempo até que o otimismo profundamente enraizado deste país cante o seu *Pater peccavi*.

Se ao menos eles não fossem tão cruéis com os animais! Por exemplo, há velhos homens gordos guiando por aí carroças de duas rodas puxadas por burros! Eles golpeiam seus animais continuamente (e, como obviamente os animais não são fortes o suficiente, com certeza darão a seus donos uma boa lição ao morrerem cedo). E, nas noites de domingo, o Signor Marchese desce o Corso de Bolonha tão rápido quanto possível com uma parelha de cavalos, fustigando os sensíveis animais incessantemente com seu chicote, de modo que Sua Excelência possa ser vista pela população feminina da cidade em um perpétuo *prestissimo*. Creio que posso afirmar que tal espetáculo seria impossível em qualquer lugar do Norte. Depois, numa *bottega,* havia uma tartaruga gigante exposta; pensei que poderia ser um animal bem-preservado, e paguei meus dez *centesimi*. Na verdade, era uma besta colossal, com a cabeça tão grande quanto a de uma criança, que fora capturada na Córsega no dia 6 de julho. Só que, durante a captura, havia levado uma pancada ou um tiro nas costas, e o dono explicava a um homem que a brincadeira não duraria muito pois o animal tinha *cancrena* (gangrena). Pensei na advertência *tat twam asi*, em Schopenhauer, e teria gostado de golpear o sujeito na cara...

Segunda-feira, 26 de agosto

Bolonha é divinamente bela e charmosa; ontem visitei apenas os palácios e igrejas na via Galliera, um por um, e levei umas boas duas horas apenas passeando por lá, já que não mais faço anotações. Meu favorito é o Palazzo Zucchini, logo atrás do Hôtel d'Italie, com um pátio realmente fantástico e uma das escadarias mais refinadas do mundo, decorada com o melhor Luís XVI, e que dá para uma plataforma oval, com o teto pintado de cor clara.

JACOB BURCKHARDT

Para Max Alioth
Milão, sexta-feira à tarde, 30 de agosto de 1878
Em um café no Corso

Está um delicioso dia chuvoso, não um chuvisco, mas uma verdadeira chuva do campo; o sol fez uma ou duas infames e vãs tentativas de nos enganar; foi um fracasso total.

Architekturlied aus Italien*

An manchem schönen Vestibül
Verstärkt' ich schon mein Kunstgefühl,
An manchen schönen Stegen;
Es ist wahrer Segen.

Ich bin im Welschland wohlbekannt,
Jetzt durchgeschwitzt und hartgebrannt,
Und tu mich nicht genieren,
Krummkrüpplich zu skizzieren.

Denn neben Dir ist alles Tand,
O Du, halb Dreck-halb Götterland,
Wo alles hoch und luftig
(Der Mensch bisweilen schuftig).

---

* Canção de arquitetura italiana
Nos belos átrios à parte/Reforcei meu sentido de arte,/Em alguns belos atalhos refugiado/ Encontro tudo abençoado.
Em terras latinas tenho boa fama/Agora todo suado pela ensolarada chama,/Não sinto nenhum pudor /em exibir a corcunda da dor.
Pois ao teu lado tudo é superfície/Tu, terra, metade divina, metade imunda,/Onde tudo é aéreo e eminente/(e o homem tantas vezes decadente).

Cartas

Und mein Programm mist bald gesagt,
An allem was da schwebt und ragt,
Gebälk, Gewölb and Kuppeln
Mich noch recht vollzuschnuffeln,

Damit mir Atem übrigbleit,
Wenn Basel mir den Angstschweiss treibt,
Und enge Häuserreihen
Ob mir zusammen keien.

PARA VON PREEN
Basiléia, 9 de dezembro de 1878

...Durante quase seis semanas na Itália (do fim de julho até o início de setembro) passei um dos períodos mais adoráveis e divertidos, mas a atmosfera estava tão densa com miasmas revolucionários que quase se poderia pegá-la; e também a incerteza estava crescendo. Depois disso, não estou surpreso com o que tem acontecido desde então, e não ficarei surpreso com o que está por vir. A Itália querendo ser uma grande potência e um estado militar centralizado é uma colossal inverdade fadada a incorrer em punições a cada passo. A atual situação em Roma, com um homem como prisioneiro voluntário no Vaticano e outro como prisioneiro involuntário no Quirinal, certamente está

Meu programa logo desmoronando/Em tudo que paira se elevando/Abóboda, cúpula, viga/ Muito mofo até irriga,
E ajuda a respiração a não faltar /Quando a Basiléia destila o angustiar, /E filas de casas espremidas/Me fazem a alma oprimida.
Tradução de Marcia de Sá Cavalcante Shuback.

JACOB BURCKHARDT

entre as maiores ironias da história! E estando a apenas meia hora de distância, podem ver um ao outro por sobre os telhados. Calorosas saudações à distância! Depende apenas de muito pouco agora – se a dinastia puder se manter. Não se pode obter segurança simplesmente expulsando-se seus iguais e herdando a terra!

Comecei meu período de inverno com três *coram publico* noturnas especiais, e falei sobre Talleyrand, sem deixar de inserir uma nota de animação aqui e ali, o que, dizem, o público muito apreciou. Mas já tive o bastante de palestras públicas; estou entrando agora em meu sexagésimo primeiro ano de vida, e considero Talleyrand um apropriado canto do cisne para minhas aparições públicas. Os problemas e as distrações que se tem como "palestrante" são grandes demais quando se possui outro trabalho...

Quanto mais velho fico, mais me afasto de coisas demasiado condimentadas, e cada vez mais gosto das coisas inofensivas e daquelas às quais se está acostumado. Ontem ouvi *Martha* com um prazer infantil que foi da primeira à última nota. Nela há, é claro, momentos muito superficiais e trechos muito medíocres, mas, em troca, também há muito de comovedor e belo. Gradualmente, estou formando uma coleção inteira de partituras de piano (óperas, oratórios, canções, etc.), que vão se empilhando ao meu redor, e elas ocupam minhas noites solitárias, quando não quero trabalhar após as oito horas. Pergunto-me se o barateamento de tantas coisas belas (especialmente as Edições Peters) não será percebido e apreciado durante as próximas duas décadas, se alguém algum dia escrever a história do gosto no século dezenove...

10 de dezembro

A propósito: você percebeu que, em seu último livro,[84] Nietzsche deu meia volta em direção ao otimismo? Infelizmente, o estado de sua saúde (visão fraca, constantes dores de cabeça, com violentos ataques dia sim, dia não) não é, de maneira alguma, o motivo de sua mudança. Ele é um homem fora do comum, que adquiriu um ponto de vista individual e pessoal a respeito de quase tudo...

PARA NIETZSCHE
Basiléia, 5 de abril de 1879

...Obtive o suplemento ao *Humano* por intermédio de Herrn Schmeitzner, e o li e ponderei a seu respeito, mais uma vez maravilhado ante a plenitude e a liberdade de sua mente. Nunca, como bem se sabe, penetrei no Templo do genuíno pensamento, mas por toda minha vida me encantei nos corredores e átrios dos períbolos, onde a imagem, no sentido mais amplo da palavra, reina. Seu livro abastece completamente, em cada aspecto, a classe de despreocupados peregrinos à qual pertenço. Onde não posso segui-lo, observo, com um misto de medo e prazer, para ver quão convicto você caminha à beira dos mais vertiginosos rochedos, e tento formar para mim mesmo alguma imagem do que você deve ver nas profundezas e à distância. O que aconteceria se La Rochefoucauld, La Bruyère e Vauvenargues tivessem seu livro em mãos no Hades? E o que o velho Montaigne diria? Nesse meio-

---

[84] *Humano, Demasiado Humano*. Veja a próxima carta.

JACOB BURCKHARDT

tempo, encontrei uma série de frases suas que deixariam Rochefoucauld, por exemplo, com inveja...

PARA MAX ALIOTH
Londres, quinta-feira, 31 de julho de 1879
Hotel Europa e Paris, Leicester Square

A viagem foi simples e sem desastres; terça-feira, cedo, passei três horas em Paris; na terça e na quarta de manhã, Amiens, depois Calais e uma gloriosa travessia de noventa e três minutos para Dover, e ontem, por volta das seis horas da tarde, eu já estava em meu hotel.

Hoje estive no Museu South Kensington das dez e meia até as cinco e meia, e as coisas estavam de tal modo arranjadas que desfrutei completamente do bom restaurante do museu, e consumi um pequeno charuto antes de começar novamente minha inspeção.

Era mais do que tempo de ver Londres novamente; há uma falha na forma como você ensina arte se não conhecer esse espantoso labirinto de coleções. O edifício propriamente dito é incrivelmente opulento em suas partes já concluídas; há setores inteiros nos quais os pilares (e o que é mais, do lado de fora) são decorados com três fileiras de medalhões com relevos ricamente trabalhados, enquanto o salão correspondente no interior pode ocultar apenas uma coleção de coloridos fornos de ladrilhos da Floresta Negra. Na verdade, há muito lixo em exibição — entre outras coisas, uma bota de Schliemann, inteira, e uma mostra completa de vasos japoneses. Mas nos andares de cima estão os desenhos de Rafael, e *La Vierge aux Candélabres*, entre outras coisas. Um bom número de Michelangelos originais, entre os quais o

Cupido, além dos muitos modelos. Quase tanto Della Robbia quanto em Florença, uma magnífica seleção de obras originais de grandes escultores florentinos, a imagem completa de uma sacristia de Brunellesco, altares e tumbas inteiras em gesso; portões originais completos e, finalmente, um colossal molde de gesso da gigantesca entrada de Santiago de Compostela. Um enorme museu de história natural está sendo construído nas redondezas, em um poderoso estilo normando-romanesco, com quatro torres, como uma catedral renana. Era mais do que tempo de o Museu Britânico livrar-se de suas coleções de história natural e devotar-se inteiramente à antigüidade.

A alta dos preços aqui é enorme, e, assim que minhas aquisições e arranjos preliminares forem concluídos, espero sobreviver com vinte francos por dia, e talvez ser capaz de comprar minha meia garrafa do chamado Bordeaux. Mas Londres não é lugar para você, há que se tolerar uma série de desconfortos ao longo do dia.

À noitinha, quando voltava de South Kensington, às seis horas, deparei-me com um pequeno restaurante em meio ao apinhado Strand, chamado Restaurante Cleópatra, porque de lá pode-se ver a recém-erguida Agulha de Cleópatra no fim de uma estreita rua que desemboca no Tâmisa. Após uma deliciosa sopa e um linguado igualmente bom, desci a rua e examinei o obelisco de perto. Até onde pude ver, decifrando os hieróglifos com dificuldade, eles dizem, em um dos lados: Seja qualquer coisa do mundo no Egito, exceto rei ou vice-rei, não vale a pena; (2) Que eu levei uma vida de depravações é uma das muitas mentiras da história; (3) Em Alexandria os cães levantavam suas pernas aqui; não o fazem em Londres, embora fosse mais divertido no Egito do que aqui, entre inúmeros Mr. Smiths, Hodgsons e Dobsons, etc.; (4) ilegível.

JACOB BURCKHARDT

Para Max Alioth
Londres, 1º de agosto de 1879

Como estava cansado feito um cão ontem, devo acrescentar algumas coisas de memória. A fachada da Gare du Nord em Paris é um escândalo; as pilastras iônicas são de tamanhos diferentes, as inclinações dos telhados elevam-se de topos ornamentais, dos menores para os maiores, e as enormes janelas com a parte superior arredondada, dispostas de forma a irromper a superfície da parede entre elas — é o mais infame feito arquitetônico do século, o que não é pouco.

O interior da Catedral de Amiens é de tirar o fôlego, de tão sublime, e onde teria a Catedral de Colônia sido inspirada se não nesse modelo? Da nave vê-se o coro, dividindo-se de forma magnífica nas naves laterais, e essa visão nos dá a sensação de pulmões e peito expandindo-se, e em toda parte aquela vontade de elevar tudo às alturas.

No trem entre Amiens e Calais havia um homem que falava com muita sensatez sobre os ricos fazendeiros nos arredores de Paris, de forma que o tempo passou rápido até chegarmos a Boulogne, onde descemos. Quando revelei que era suíço, tornei-me consciente da genuína simpatia que remontava ao tempo de Bourbaki.[85] Na verdade, percebi mais de uma vez que, desde então, as pessoas nos têm em alta conta.

Durante o resto do tempo viajei na companhia de uma resoluta *femme de chambre*, que estava a serviço da duquesa de Newcastle. Ela irá, penso eu, fazer carreira na Inglaterra.

---

[85] O general que comandava os exércitos franceses na fronteira suíça em 1871.

O barco de Calais para Dover era um desses novos modelos, feito, na verdade, de dois outros barcos, com o motor no meio, o que reduz bastante o movimento; mal sentimos alguma coisa, apesar de vermos pequenos navios à nossa volta balançando-se um bocado. As pessoas falam do *tunnel sous-marin* como se fosse certo; é claro que as passagens serão caras, mas ao partir para a Inglaterra os filisteus terão de prometer às suas mulheres que não irão em navios; eles reclamarão dos preços, mas pagarão. Os mais sábios já estão lamentando antecipadamente que o excelente serviço marítimo que agora existe será desativado.

Em Londres, tomei um *cab* imediatamente, e fui de *Gasthof* a *Gasthof* até encontrar o que queria. O condutor era "um homem bem honesto" [sic] e ficou satisfeito com uma gorjeta deveras modesta; olhei-o nos olhos e pensei ter reconhecido um metodista ou algum desses austeros homens tementes a Deus. O hotel é realmente francês, mas meu serviçal é de Ticino, de Aquila, Val Blegno.

Descobri ontem à noite que podia beber um bom vinho tinto francês por dois *shillings* a garrafa (quase um litro), e fumar ao mesmo tempo, o que não posso fazer nas melhores "lojas de vinho". Resumindo, estou contente.

Se apenas pudesse decifrar o quarto lado da Agulha de Cleópatra, mas é um trabalho hercúleo. Contudo, a esperança ainda não está perdida.

Para Max Alioth
Londres, 2 de agosto de 1879

Eu pretendia ir ao Museu Britânico ontem, mas encontrei os Mármores de Elgin e quase todo o setor grego fechado. Após isso, decidi-me de imediato e fui de bonde, *do lado de fora*, ao centro da cidade, ver São Paulo e uma ou outra coisa; mas não me disporei novamente a ficar no meio da multidão, a menos que seja obrigado a fazê-lo. Então comi uma forragem para enganar em um dos mais antigos *pubs* da cidade, que eu já havia visitado há dezenove anos (The Bell, Old Bailey), e fui de metrô novamente ao Museu South Kensington.

Meu espanto aumentou consideravelmente. Aonde nossa história da arte nos levará, se as pessoas continuarem a colecionar no atual ritmo, sem que ninguém tente ter uma visão geral disso tudo? Se eu tivesse um ano para passar aqui, enrolaria minhas mangas, cuspiria nas mãos e faria o que pudesse, com a ajuda de outros, para formular de modo tão claro quanto possível a lei que existe nas *formas*. Entretanto, não posso mudar o curso de minha vida por causa de tal esplendor. E que benefícios podem trazer aos londrinos esses grandes estímulos estéticos, se a paisagem urbana está sendo arruinada por um horror colossal com finalidades puramente utilitárias, e em comparação com o qual nossa ponte é perfeitamente inocente?[86] Uma repulsiva ponte de ferro-batido, alta e reta, foi construída, cortando diretamente a principal vista da cidade, e com uma linha férrea cruzando-a, um horroroso baú de mulher com o topo arredondado construído acima (a estação principal em Charing Cross). Quando caminhei ontem à noite pela Ponte Waterloo sob a luz do luar, e notei como a vista maravilhosamente pitoresca do Parlamento, da Abadia de Westminster e do Palácio Lambeth foi cortada ao meio, eu poderia ter chorado. A luz noturna e a lua cheia assomando tor-

---

[86] A nova ponte na Basiléia que Burckhardt desaprovava totalmente.

naram tudo ainda mais penoso. Mais embaixo, em direção à Ponte de Londres, há uma monstruosidade similar em ferro-batido, também conduzindo a uma colossal estação final. Oh, Senhor! O que não será sacrificado ao *senso prático* do século dezenove? E como Londres irá se parecer em cem anos, ou mesmo em dez, se mais e mais dessas terríveis decisões tiverem de ser tomadas por causa do crescimento populacional? Ao mesmo tempo, fico a cada dia mais espantado de ver que as pessoas não são esmagadas pelas multidões, e que o abastecimento e a manutenção são tão organizados.

Amanhã, com clima bom, espero, irei para Hampton Court.

A rainha Vitória é tratada com condescendência; seu rosto nos selos e moedas permanece o mesmo do início de seu reinado, quando, na verdade, deve estar agora bem mais envelhecido.

Apontamentos do diário
6 de agosto

Em qual dos estranhos livros do destino está escrito que alguém só seria capaz de formar uma opinião sobre alguns dos mais importantes desdobramentos da escultura e da pintura italianas em Londres? Deixe-me dizer-lhe isso: no *Catalogue Raisonné* da National Gallery está registrado, de forma muito negligente, quais *nobili* italianos e quais funcionários públicos venderam seus quadros por debaixo dos panos para os ingleses, a maioria, note bem, desde o Regno, desde 1859-60. A leitura do catálogo deve ser penosa para um italiano patriótico. E, pelo menos, posso rastrear as coisas até Londres; mas qualquer coisa que os russos e os americanos possam ter abduzido eu não tenho como encontrar. Aqui em Londres, pelo menos sentimos que as principais pessoas que controlam as aquisições têm, de fato, uma visão ampla. Isso é particularmente verdadeiro no caso dos diretores do Museu South Kensington, que devem supor que o espírito dessa nação altamente talentosa e ainda relativamente vigorosa um dia despertará, apropriar-se-á dessas coisas maravilhosas e as utilizará à sua própria maneira. Oh, se apenas ganhar o pão diário não custasse tão terrível trabalho! O que falta é lazer, a mãe da contemplação, e a inspiração que dele emana. A arte, em seus períodos mais grandiosos, nunca se poupou do esforço, mas o empenho intenso deve alternar-se com recolhimento interior, o que, nesta ilha, é privilégio "de poucos felizardos".

Enquanto isso, há algum proveito para a arte, e pelo menos as pessoas estão novamente construindo fachadas de prédios sem se preocuparem se, daqui a noventa e nove anos, a casa voltará para o marquês de Westminster ou para o duque de Bedford. Dizem que, não faz muito tempo, o mencionado marquês aumentou sua enorme propriedade quando expirou o prazo de um grande número de arrendamentos, e que a viu crescer tanto que mal pode ver tudo o que possui. Porém o que mais ele pode fazer além de comer, e talvez sua digestão seja mais frágil que a minha. E minha cama no Hotel Europa e Paris é excelente, de forma que ele não pode dormir melhor. Então, o que sobra? Talvez ele tenha de ser cuidadoso e não fumar charutos, o que eu ainda faço. Sem dúvida, ele tem um camarote no melhor teatro, e fica entediado nele. A melhor coisa que ele tem é sua magnífica coleção de quadros, mas não sei se obtém verdadeiro prazer com isso. E então há as sessões na Câmara dos Lordes, que podem, em certas circunstâncias, ser dolorosamente enfadonhas. E preside sabe Deus quantos eventos esportivos, que provavelmente o repugnam até a náusea!

Noite

Acabo de voltar do mais esplêndido café de Londres, "Spiersandponts", que, presume-se, devia ser soletrado "Spears and Punts", mas não, e é chamado de "Spiers and Pond". Para começar, há um salão enorme, inteiramente decorado com majólica que "poderia ser lavada" — se apenas o maldito teto não fosse de *papier mâché!* O balcão é duas vezes mais longo do que os do nosso St. Martin, e todos os painéis do balcão também são em majólica, e, então, um salão lateral — o mais charmoso pequeno salão superior que você possa imaginar — não está com inveja? — e dois quintos de toda a parte de cima do salão coberta de flutuantes deusas de majólica — com uma escadaria no mesmo estilo saindo dele; amanhã jantarei lá, seja pelo preço que for. Acrescente a isso a magia da iluminação a gás oculta — e quem poderá resistir?

...Enfim vi o maravilhoso quadro de Rubens, *Le Chapeau de Paille*, pela primeira vez; ocorre apenas que é um chapéu de feltro com uma pena, e chama-se, na verdade, *Le Chapeau de Poil*, que algum inglês bêbado amante da arte deve ter entendido mal. Sob o chapéu de feltro abriga-se a segunda mulher de Rubens, Hélène Fourment, provavelmente pintada como noiva. Com exceção do canto da bochecha direita, tudo está à sombra da ampla aba do chapéu e, ao mesmo tempo, sob uma pálida luz, o diabo sabe como — e tudo se acende graças aos maravilhosos olhos azuis-escuros.

Jacob Burckhardt

Quinta-feira, 7 de agosto. Noite

Fui novamente ao café de majólica Spiers and Pond. O bar, com mais ou menos vinte metros, é servido por seis *dames du comptoir*, que usam uniforme, um vestido preto, e o cabelo penteado *à l'enfant*. Desta vez eu vi o salão de jantar, igualmente charmoso, mas o vestíbulo entre o café e o salão de jantar é mais bonito. Um amigável *sous-chef* forneceu-me o nome do arquiteto e o soletrou em francês; ele se chama Werity — pensei de imediato, isso soa belga ou flamengo, e ao ir para casa perguntei a meu hospedeiro e descobri que pelo menos um dos proprietários, chamado Pond, é belga, e o cérebro por de trás de tudo, enquanto Spiers, dizem, é apenas um cifrão (presume-se que tenha fornecido o capital).

Além desse magnífico café, uma mera bagatela para eles, os dois possuem:

1. Uma das maiores importadoras de vinho da Inglaterra;
2. um enorme negócio de açougue;
3. os restaurantes dos trens para Edimburgo e Aberdeen; e
4, 5, 6. um monte de outras coisas.

Pode-se apenas perguntar com espanto: *quem* poderá fazer dinheiro ao lado de pessoas como essas?

Mas retomo o assunto das *dames du comptoir*. Se alguém usa um penteado *à l'enfant* e tem os ossos do maxilar, ou um aparato de mastigação, muito desenvolvidos, a parte superior do rosto parecerá pequena em comparação com a inferior. Isso me entristeceu.

Uma ou duas delas pentearam os cabelos para trás das cabeças, e imediatamente ficaram muito mais bonitas.

A tragédia de Londres – agora estou falando apenas para estrangeiros – é a raridade de lugares do tipo em que se pode esticar as pernas sob a mesa e ficar tanto quanto se queira. O café acima mencionado possuía essa característica, e, embora a maioria fique de pé junto ao bar, existem adoráveis divãs do outro lado para quem os quiser.

...A única questão é se, com os charutos caros como são, não terei de acostumar-me, como quase todo mundo e pelo menos por algum tempo, enquanto estou em meu quarto, aos *brules-gueules* com tabaco turco. O tabaco cipriota já pode ser encontrado, como resultado da recente *conquête*. Conheço o vinho cipriota destruidor de cérebros de Veneza, e não o beberei.

Se eu apenas pudesse me situar pelos jornais daqui! Mas sempre que compro um daqueles volumosos pasquins, encontro um porta-voz do radicalismo inglês. É realmente insuportável não ser capaz de consultar um londrino culto, e no final terei de travar conhecimento com alguém. Meu tradutor com certeza está viajando, de outro modo eu o teria procurado em seu clube, onde poderia obter seu endereço. Mas, repito, era mais do que tempo de eu vir a Londres; dentro de um ano não mais me teria arriscado.

Manhã de terça-feira, 12 de agosto

"Eu falo algum inglês" – *Ich spucke einiges Englisch* seria, provavelmente, a melhor tradução; o inglês é muito difícil para mim, e realmente não tenho vontade de adquirir o sotaque desse idioma, ao passo que em francês e italiano faço todo o sacrifício possível para pronunciar corretamente as palavras. E depois, mesmo onde se pode esperar que se fale francês, muito poucos ingleses o falam. Pode muito bem ser por aversão, mesmo quando o entendem, pois o que acontece comigo em relação à pronúncia inglesa acontece com eles em relação à francesa; não a querem aprender, e sabem que são desajeitados e ridículos quando falam francês. Apesar de que, na Itália, encontrei um bom número de ingleses falando muito bem o italiano, e até com elegância.

Na National Gallery encontram-se até mesmo sarracenos; ontem havia um, preto como piche, e outro cor de *café-au-lait*, e ambos pareciam estar comunicando suas opiniões um ao outro de maneira entusiástica, embora eu os tivesse visto apenas diante de pinturas inglesas cuja "realidade" deve tê-los atraído. Mas eu realmente gostaria de saber que observações fizeram diante de Rafael. O "Lázaro", no grande Sebastiano del Piombo, lhes deve ter agradado, pois o oriental está a meio caminho de ser "um de nós", apenas um pouco mais pretensioso do que os dois bons sarracenos do museu.

Por outro lado, ocorreu-me que não pode haver filólogos ou arqueólogos alemães aqui, pois eu certamente os teria reconhecido de longe no Museu Britânico. Esse grupo tem suas únicas e longas férias agora, mas imagino que existam arqueólogos alemães aqui e ali que se comportam como se tivessem estado em Londres, mas que nem sequer cruzaram o canal. De minha parte, passo muito bem sem eles.

Quarta-feira de manhã

...Se apenas eu tivesse algo mais interessante para escrever! Mas quando se tem relações apenas com coisas, e raramente com pessoas, como é meu destino aqui, pode-se apenas escrever sobre coisas, enquanto as pessoas seriam, é claro, a parte realmente interessante. Mesmo considerando-se que, de alguma silenciosa obra de arte, uma voz do passado de fato nos fala, como por exemplo a Agulha de Cleópatra. Mas eu dificilmente ousaria visitar suas cercanias; ontem – eu estava inteiramente sóbrio, não tomei nenhuma bebida alcoólica o dia todo, pois parei de beber antes do anoitecer – decifrei as claras e terríveis palavras que se seguem, e mais, não se tratava de egípcio comum, mas de um dialeto, provavelmente do baixo Nilo: "Desapareça daqui!" Não tive a coragem de perguntar: sua Majestade refere-se a mim, especificamente? – e me afastei com a cabeça curvada.

Sábado à noite

...Hoje visitei o Parlamento; agora que voltou a funcionar, as visitas são novamente permitidas. Ainda posso me lembrar da impressão que o edifício me causou em 1860, e quão poucas pessoas compartilharam dela, mas, desde então, o estudo do gótico – em particular, do gótico inglês – progrediu tanto que muitas coisas parecem estar faltando naquele rico trabalho em madeira; em poucas palavras, profunda falta de sentimentos. Uma ou duas coisas permanecerão magníficas para sempre, especialmente o salão octogonal no centro; o fato de que nas salas e corredores a luz vem exclusivamente de cima produz um belo efeito solene, com as paredes sólidas embaixo e com aberturas de janelas apenas em cima. A Torre Vitória, onde a rainha faz sua entrada, com seu colossal salão, é grandiosa. Mas todos os corredores internos são estreitos, simplesmente porque tinham de ser góticos. Gostaria de ver o desprezo de um italiano por isso.

JACOB BURCKHARDT

Ontem fui também a Westminster, durante as horas em que eles levam uma multidão de mortais pelo coro, pelas galerias, etc., e à capela de Henrique VII (na verdade, um magnífico segundo coro). Lá, bem no fundo, a família real enterra seus convidados, como por exemplo os irmãos de Luís Felipe, que morreram jovens na Inglaterra – de modo que um dos nichos ao fundo estava fechado, e trabalhadores estavam burilando e martelando: para Lulu.[87] Todos os ingleses decentes percebem que essa é a maneira adequada de tratar famílias nobres que foram visitadas formalmente quando estavam no topo da roda da fortuna; e deixam os escritores radicais tagarelar, e as pessoas não começam a se perguntar de imediato até onde "pode-se concordar com suas idéias"...

Domingo de manhã

Enfim um dia de consistente chuva, e mais, um domingo chuvoso, e em Londres! Talvez eu me force a sair esta tarde, para uma terceira visita a Hampton Court, se o tempo ficar apenas um pouco melhor. De outra forma ficarei em casa e arrumarei minhas anotações e fotografias. Aqui, elas são feitas infinitamente melhor do que em Munique ou Dresden! Todas as fotografias originais, bem maiores do que as *cabinet*, custam apenas um *shilling* cada – enquanto em Munique e Dresden as de tamanho *cabinet* custam, em sua maioria, três ou quatro *shillings*, e costumam ser tiradas de gravuras ou de litografias. Isso ocorre simplesmente porque aqui não há monopólio.

---

[87] A tabuleta ordenada por Luís Filipe para seu irmão.

Quanto ao Aquário Real, devo observar que, em comparação a isso, tudo o que tenho visto sob a forma de *café-chantant*, sala de música e *Tingeltangel* ficam diminuídos. O Aquário não é um "*tingeltangel*" melhorado, mas um genuíno Palácio de Cristal, se de outra forma fosse, eu, é claro, não o teria mencionado. Nós, londrinos, ignoramos meras bagatelas.

Deliciosa comida! Nunca em toda minha vida recebi uma alimentação tão de acordo com meu gosto, e, ainda assim, almoço e jantar, juntos, mal chegam a custar-me seis francos. Se meu alojamento não fosse caro, eu diria que viver aqui é barato para uma metrópole moderna. O sistema de alimentação é mais próximo ao de Viena, que, bem sei, está no topo de sua lista. Com sopa e uma refeição com carne, fico de estômago cheio; então, café preto, *ecco tutto*. A melhor coisa é que não se é obrigado a beber vinho ou cerveja; a cerveja tem de ser despachada do *pub* mais próximo, pois os ingleses só bebem cerveja bem fresca — mas, em seu lugar, o excelente café que fazem nos restaurantes é visto como equivalente. Consumo vinho apenas à noite. No café de majólica encontrei um respeitável mas deveras embriagado reverendo, que queria me converter para sua Igreja, uma idéia que eu não pude acolher.

Quinta-feira de manhã

...A cerveja clara é certamente muito boa, mas por princípio, ou melhor, por hábito, apenas bebo *spirituosa* à noite. O reverendo embriagado encontrou alguns novos amigos, igualmente semiclericais, é óbvio, e estou satisfeito por abster-me de sua companhia.

JACOB BURCKHARDT

Deve ter feito frio na Basiléia nesses últimos dias, mas no domingo, com uma ininterrupta chuva, certamente fez mais frio aqui. Ontem, graças a Deus, estava pelo menos mais quente, embora ainda chovesse. Hoje, se Deus quiser, não choverá. Na verdade, espero por algum sol no Museu South Kensington, para que possa ver seu efeito sobre os desenhos de Rafael e a *Madonna de' Candelabri*. Isso é algo com o qual você ainda não se deparou, a parcimônia de Londres em relação à luz do sol, e a maneira como se espera por cada raio de sol razoavelmente brilhante, quando então se apressa a conclusão de certos trabalhos, antes que os céus sejam novamente selados.

Londres, 30 de agosto

Acabei de ver Stähelin a caminho de seu *cab*; ele espera estar se banhando na Ilha de Wight no fim desta tarde. É meu dever revelar toda a grandeza do que ele conseguiu fazer, inteiramente sozinho, durante os últimos três dias, pois provavelmente ele apenas escreverá a respeito de forma muito modesta.

Ouça e se maravilhe! Na quarta-feira, St., com a ajuda de sua distinta aparência inglesa e suas ousadas táticas, tornou possível para nós uma visita à famosa Galeria Bridgewater, onde ficamos deslumbrados com pelo menos dois genuínos Rafaéis e vários Ticianos de primeira classe. Na quinta-feira, ele me conduziu à galeria do duque de Wellington, cuja entrada é excepcionalmente difícil, com suas preciosidades e quadros de inacreditável valor, entre os quais o *Getsemani* de Correggio! Depois, ao lorde Dudley-Ward, onde vimos as *Três Graças* e a *Vierge à la Légende*, de Rafael, *As Três Idades do Homem*, de Ticiano, um enorme Murillo e outras coisas fantásticas. Depois, à Galeria Grosvenor, com *Júpiter e Antíope*, de Ticiano, dez (10) Claude Lorrains, espanhóis a gosto, um inigualável Rubens, etc. Sexta-feira ele me levou a lorde Northbrook (o antigo banqueiro do Baring), onde nosso assombro começou logo no início: a primeira Madona de Rafael, o grande retrato de Murillo com o cão de caça,[88] e pelo menos dois genuínos Jan van Eyck (miniaturas de inestimável valor), a bela *Herodias* de Pordenone, etc., tudo isso cercado por Ruysdael, Hobbema e tudo o que é grande e famoso. Após o almoço visitamos o conde de Lansdowne, apenas "segunda classe", mas, ainda assim, com dois Murillos, um sublime Sebastiano del Piombo (um retrato colossal), etc., etc., e toda uma galeria com esculturas antigas, entre as quais uma cópia da Amazona de Cresilas do Museu de Berlim, razoavelmente bem-preservada. Estou certo de que, se dispusesse de mais tempo, ele teria me levado à famosa coleção particular da rainha no Palácio de Buckingham. Ele tem o poder de certas artes mágicas secretas que agem sobre curadores e zeladores. Parte disso também se deveu ao momento favorável, já que os *Herrschaften* estão no país agora que o Parlamento foi reaberto, e provavelmente prontos para outra rápida visita à cidade, antes que os quadros sejam novamente cobertos com protetores. Você pode imaginar minha expressão quando esses tesouros foram revelados. E talvez eu seja capaz de ver a Galeria Grosvenor mais uma vez no domingo, agora que fui introduzido lá por St.

Mas em breve será, para mim, tempo de fazer as malas, e na quarta-feira parto para Calais, se o mar não estiver muito terrível. Continuo indeciso quanto a ir à Bélgica ou diretamente a Paris. Escreverei imediatamente do continente.

---

[88] O retrato de Andrés de Andrade.

Agora devo terminar, pois ainda tenho de ir ao Museu South Kensington, e jogar a carta na caixa de correio, por causa do Sabbath; se deixar de fazer isso hoje a carta não será despachada até segunda-feira.

Minha cabeça está tão cheia quanto uma casa; esses últimos dias foram realmente cheios de maravilhas. Ontem à tarde, fomos de Lansdowne para Regent's Park, ver os animais e nos recuperarmos, e encontramos inúmeras semelhanças com os homens, o que não pudemos evitar.

Para von Preen
Basiléia, 2 de janeiro de 1880

...Consegui passar por 1879 sem nenhuma séria inconveniência e sem graves imprudências; no fundo, o mais humilhante de tudo são os falsos dentes da frente, que estou usando desde o fim de março. Em meu círculo familiar, uma ou duas coisas agradáveis e nenhuma perda; entre amigos e conhecidos, nenhuma perda, mas continuidade e, espero, um sólido futuro. Renunciarei a viagens em 1880, e as substituirei por um trabalho sério — mas não maçante — que será assumido sob a suposição de que, no momento ou pelo menos neste ano, o mundo em geral prosseguirá manquejando como antes.

As perspectivas em geral e em particular são certamente melancólicas; uma crise financeira está nos atormentando, assim como a vocês, e, mesmo que não tenhamos um ano ruim, este ano não será significativamente diferente do último, agora que certos grupos e classes de homens, que com certeza não entendem nada de crédito, foram, sem muita dificuldade, atraídos para isso. Oh, que vasta multidão de mortais deveria, para seu próprio bem, ser colocada sob guarda! O tradicional sistema legal e a constituição eram uma espécie de guarda, bastante ruins em seus procedimentos, mas pelo menos uma espécie de guarda.

No momento, recomendaria prudência e grande moderação aos semitas, e não mais acredito que a agitação irá arrefecer. O liberalismo, que até agora defendeu os semitas, não será capaz de resistir à tentação de agitar esse ódio em particular. O liberalismo não conseguirá ficar olhando por muito mais tempo enquanto conservadores e católicos possuem o trunfo mais popular que existe e o manipulam contra eles. Assim que se tornar seguro para o Estado envolver-se em vez de olhar, haverá uma mudança. Os semitas terão, então, de se penitenciar por sua injustificável interferência em tudo, e os jornais terão de dar o aviso-prévio a seus editores e correspondentes, se quiserem continuar vivos. Esse tipo de coisa pode facilmente tornar-se contagioso de um dia para o outro.

Você estava certo quanto a ter passado o verão no ar fresco das florestas de Herrenalb, enquanto eu vagava pela imundície de Londres, e em 17 de agosto, um dia extremamente frio, celebrei o mais medonho domingo de minha visita. Entretanto, isso tinha de ser feito, por causa de meu trabalho, e vi muitíssimas coisas. Se tivesse esperado mais um ano nunca teria me decidido a fazer a viagem...

Se houve um agradável *augurium* para o Ano Novo nos últimos dias do ano que passou, foi o degelo e o vento do sul. Assim como você, eu de fato senti-me muito bem durante o inverno, mas sofre-se da mesma forma ante o pensamento da grande escassez geral, e uma espécie de calamidade também caiu sobre mim, a saber, o congelamento de um certo cano. Como você sabe, agora vivo com solteironas que há muito não são jovens. Diplomatas poderiam ter estado presentes em nossas conferências sobre o assunto, e teriam admirado o equilíbrio que se manteve entre clareza e delicadeza de sentimentos. Agora que a temperatura subiu sete ou oito graus, tudo melhorou.

Aqui também as obras de caridade têm sido feitas em larga escala, apesar de que, talvez, a grande simpatia demonstrada pudesse ter sido melhor se fosse parcialmente oculta; no fim das contas, não teria sido necessário reduzir as arrecadações. Curiosamente, as cidades alsacianas mais próximas, que tinham de ser alimentadas e abastecidas com roupas, dessa vez não entraram na conta.

As repercussões das notícias sobre o ultraje de Madri, que rapidamente seguiu o de Moscou, foram assustadoras. (*Ad notam*: há poucos dias, um niilista eslavo supostamente afirmou que as pessoas ouviriam mais coisas dentro de vinte dias – talvez isso fosse apenas jactância.) Conheço somente um paralelo na história, a saber, o século e meio no qual os Assassinos ameaçaram todos os governantes do Oriente Próximo, e executaram inúmeros Seljuk turcos e sultãos. Qualquer um que é, representa ou possui qualquer coisa deve admitir claramente para si mesmo que os príncipes, que agora estão sendo perseguidos como caça, são meros precursores de todo um lote. O sistema de ocidentalização compulsória que Pedro, o Grande, impôs sobre a nação por quase dois séculos agora está se vingando. O caráter nacional russo teria ficado muito melhor e mais saudável sob uma tolerável barbárie, e a Europa Oriental também, isto é, não sob sua própria barbárie, mas sob a dos russos, caso ela tivesse sobrevivido.

PARA VON PREEN
Basiléia, 3 de dezembro de 1880

Senti-me impelido a, mais uma vez, dar-lhe sinal de vida, o que, ao mesmo tempo, oculta o desejo egoísta de receber alguma coisa de suas mãos até o Ano Novo. Nós estamos correndo como sempre; este semestre é marcado por uma freqüência maior — quase duzentos e cinqüenta estudantes! Geralmente não há muito mais do que isso em Freiburg.

De minha parte, começo a sentir as doenças da idade, especialmente a asma. O doutor a cujos cuidados confiantemente me entrego diz que assim são as coisas, e que se pode viver com isso até uma idade avançada, o que nem mesmo quero. O que me incomoda mais do que tudo é que terei de reduzir consideravelmente minhas caminhadas de domingo. E a asma é acompanhada por uma predisposição a suar com muita facilidade, isto é, nos predispõe a pegar resfriados; em resumo, comecei o capítulo no qual uma pessoa tem que se preservar e, conseqüentemente, fica satisfeita em ter de desistir de escrever livros.

A Basiléia está fervilhando com música; Rubinstein fez apresentações entusiásticas em duas noites, mas eu o perdi em ambas as ocasiões; gradualmente me permiti alimentar um preconceito contra ouvir qualquer virtuose. O último que ouvi foi Sarasate, e agora, quando me lembro disso, nada tenho para dizer a respeito dele. Em relação às vozes é um outro assunto, e de Vogel, a quem há três semanas ouvi como Fausto, lembrar-me-ei por muito tempo. Hoje há um concerto, mas amanhã será *Armide*, e eu irei assisti-la. Já a ouvi duas vezes, há quarenta anos, em Berlim, mas desde então não voltei a ouvi-la. Admiro a coragem de nosso empresário teatral; ele

JACOB BURCKHARDT

deve estar contando com várias apresentações, pois chega até a jactar-se de um novo *ad hoc mise en scène*.

Para Eduard Schauenburg
Basiléia, 12 de janeiro de 1881

Ao receber sua pequena nota, imediatamente comecei a indagar, e descobri que Fräulein Anna iria ficar com uma família que conheço bem e que são meus amigos, e recebi um convite deles para sábado à noite. Fui primeiro ao ensaio e ouvi uma voz no *Erlkönigs Mutter* que era como o som de órgão e de sinos, e que me tranqüilizou inteiramente quanto à apresentação. Encontrei sua encantadora filha mais tarde, durante minha visita noturna, e fiquei espantado com a semelhança de certos tons de voz e expressões. Então, no sábado, chegou a hora da apresentação, e, imediatamente depois da ária de Saint-Saëns, que ela canta com liberdade, poder e beleza fora do comum, o público, em número deveras considerável, irrompeu em três salvas de palmas. Devo observar que nossa audiência aqui normalmente tende para a frieza, e antes disso já recompensou artistas bem-conhecidos com quase nenhum aplauso. Mais tarde, sua filha estava muito melhor no *Erlkönigs Mutter* do que estivera no ensaio.

Em resumo, pelo que tenho ouvido aqui posso desejar-lhe toda sorte do mundo, e não deve estar longe o tempo em que Fräulein Anna se tornará uma especialista indispensável nos grandes concertos alemães toda vez que uma bem-treinada, poderosa e natural contralto for necessária.[89]

---

[89] A filha de Schauenburg morreu pouco depois.

PARA VON PREEN
Basiléia, 19 de fevereiro de 1881

...Em relação à *política*, você disse claramente o que eu pressinto de forma obscura. Será possível, no futuro, um "governo forte e sério"? De qualquer maneira, a ilimitada e insondável irresponsabilidade que o *laisser-aller* produziu em nossas populações urbanas iria, para assombro do mundo, esconder-se nos cantos se alguma vez fosse firmemente atacada. Entre nós, a irresponsável malícia de alguns poucos moleques de rua causa aversão às pessoas decentes — aquelas que estão prontas para fazer sacrifícios em um cargo público —, ou então, secretamente, os levam a não tomar posse, de forma a limitar sua atividade à caridade e a esse tipo de coisa. Oh, há muito a dizer a esse respeito.

Então o grande homem em Berlim avisou que irá permanecer em seu cargo, aconteça o que acontecer; o que significa, mesmo que a maioria no Reichstag e no Landtag fique contra ele, e ele tenha de novamente decidir a questão por meio das armas. O grande teste apenas poderia vir em alguma forma material, não como em 1863 – e tudo foi resolvido por algum tempo, quando a intencional festa em Colônia foi adiada. Como você diz, "todo mundo tem sugado o poder", e descoberto que a mamadeira é doce.

As vantagens econômicas que o grande homem promete são, aventuram-se a pensar os partidos, atingíveis sem o tipo de ajuda que ele representa, embora o fato de que todos querem alguma coisa diferente é, naturalmente, uma vantagem para ele. Como você acertadamente diz, esta é "uma geração que não conhece Joseph e os pais", que não pensa e sente nem historicamente, nem de uma

JACOB BURCKHARDT

forma puramente política, que perpetuamente se parte em frações e, *in summa*, não serve para nada, nem mesmo para si mesma. Assim são os corpos parlamentares, capazes de chegar a inesperadas decisões majoritárias de um dia para o outro, como a jovem e o bebê...

Para von Preen
Basiléia, 1º de maio de 1881

Nos últimos dias o radicalismo, em toda a Suíça, deu mais um passo brusco para a frente, e, a menos que tudo me engane, há um movimento europeu atrás disso, e o seu país logo irá experimentar algo semelhante. Sinto bem no fundo que alguma coisa vai explodir no Ocidente, já que a Rússia, por meio de atos de violência, foi reduzida a um estado de confusão. Esse será o início do período no qual teremos de passar por cada estágio da confusão, até que, finalmente, um verdadeiro poder venha à tona, baseado na pura, ilimitada violência, e esse poder pouco levará em conta o direito do voto, a soberania do povo, a prosperidade material, a indústria, etc. Esse é o inevitável fim do estado constitucional, baseado na lei, se sucumbir à contagem das mãos e às conseqüências disso. Você deve me perdoar, caro senhor, se o importuno com opiniões que não desejo tornar conhecidas aqui.

Para Max Alioth
Basiléia, 14 de junho de 1881

...Gostaria de ver o Salão em sua companhia; não tenho medo de ir desacompanhado em meio a qualquer quantidade de antigas obras de arte, mas tenho horror do novo quando estou sozinho, e, diante dos mais importantes pintores de nossa época, fico, via de regra, oscilando entre admiração por sua habilidade e aversão pelo resultado. Ante muitos pintores franceses e europeus desde Eugène Delacroix, há que se tolerar, em primeiro lugar, um insulto pessoal a nosso senso de beleza e ainda dizer o que for possível de seu talento figurativo sem virar o rosto. Nenhum dos grandes mestres do passado afrontou-me dessa maneira, exceto, talvez, Rembrandt.

15 de junho

Hoje o tempo está fechado e ameno. Se minha saúde permanecer como está, devo passar agosto e setembro na Itália, que simplesmente tenho de ver novamente antes de morrer; em setembro, com alguma sorte, irei até Roma, cidade que as pessoas como nós devem visitar regularmente.

Felizmente, as cercanias da Basiléia ainda são lindas, e mais uma vez, no último domingo, obtive por lá grande prazer em um longo e solitário passeio. Em comparação a isso, *les environs de Paris* são verdadeiramente medíocres.

Para von Preen
Gênova, 5 de agosto de 1881

...Por que, de fato, vim à Itália? Principalmente para refrescar algumas grandes impressões artísticas antes que me torne incapaz de tais viagens. Dessa vez tudo está correndo esplendidamente bem; imponho-me limites estritos e deixo de lado muitas coisas que só poderia ver à custa de muitas queimaduras de sol e de muito sol nos olhos; arrasto-me por lugares onde, em anos anteriores, corria; sou muito moderado no que concerne à minha alimentação, e em vez disso me regozijo com o vinho do país.

Que povo impressionante! O primogênito da Europa! Não importa o que acontece com eles; no que se refere à política podem ser fracos e infantis — as palavras de Alfieri ainda são verdadeiras: *l'Italia è il paese, dove la pianta "uomo" riesce meglio che altrove*; qualquer um que não acredite nisso precisa apenas olhar uma companhia de *bersaglieri** passar correndo. Ontem, no trem entre Savona e aqui, onde viajei na terceira classe, uma mulher roliça mas muito bonita subiu no vagão com um violino e cantou uma canção popular com uma voz límpida, acompanhando-se com o instrumento, e — oh, inveja minha! — podia-se ver seus trinta e dois dentes, todos em perfeitas condições.

Está muito quente outra vez, mas razoavelmente suportável em Gênova, com suas ruas elevadas e estreitas. As noites são divinamente belas e frescas; chega a ficar bem fresco, a ponto de puxarmos um cobertor leve sobre o lençol — *nota bene*, é claro que com as janelas escancaradas. Provavelmente não há sensação mais perfeitamente deliciosa do que a maravilhosa sensação do ar fresco da manhã no quente sul. Em Savona, certa vez acordei e vi uma flamejante estrela que a princípio pensei tratar-se de um meteoro, até que percebi que era a velha Vênus, mas na claridade de uma noite mediterrânea.

Agora devo me arrastar para a Bolsa de Valores, não para negociar, nem mesmo por causa do nobre e belo edifício de Galeazzo

---

* A Infantaria do Régio Exército italiano, criada em 1836.

Alessi, mas porque há perto dali um estúdio fotográfico, onde ofertarei algum dinheiro. Recompensar-me-ei por esse enorme sacrifício com um *sorbetto*, no café perto de *della Costanza*, que, com alguma emoção, ontem visitei. Foi lá, quando era um jovem estudante na casa dos trinta, que tive meu primeiro vislumbre de Bellini ao ouvir um harpista e um clarinetista tocando um *potpourri* de *Romeu* — e na noite passada, mais uma vez, de uma *birreria* próxima veio o som das mesmas peças de *Romeu*; algo que um crítico de música alemão de 1845 teria declarado impossível.

6 de agosto

Estarão as poucas gotas de sangue italiano que chegaram a mim por meio de diversos casamentos, desde o século dezesseis, movendo-se em minhas veias? Seja como for, tudo o que vejo me parece tão natural, tão ligado a mim. Não tenho o que reclamar de meu destino; tornei-me um filho da Basiléia não de todo inútil, ao passo que daria um italiano muito inadequado; ao mesmo tempo, estou muito feliz porque não mais tenho a sensação de ser um estranho aqui. Sinto-me tão em casa aqui quanto em Frankfurt ou Dresden, e me é mais fácil encontrar e conversar com pessoas. Basta apenas cumprimentar de imediato os genoveses por seus novos prédios e pelo crescimento da cidade, que são de fato assombrosos, e eles já abrem caminho para outros assuntos. É muito grande a atual antipatia pelos franceses, e dificilmente eles se reconciliarão, a menos que os franceses desistam de seus direitos sobre Túnis, o que não parecem dispostos a fazer às pressas. Em minha tola avaliação, a França deve, de fato, agradecer a Deus que alguma outra nação européia, uma nação prolífica, é claro, esteja pronta para ocupar toda a Tunísia, e expulsar os árabes passo a passo. Os franceses, que nem ao menos dispõem de homens suficientes para colonizá-la de forma adequada, estão destinados a "educar e civilizar" os árabes na Argélia — e nada poderia ser-lhes mais útil do que os italianos abrindo uma brecha no Islã, em Túnis — mas, em vez disso, os franceses conseguiram uma segunda Argélia ao redor de seus pescoços, e prenderam uma corrente a seus pés, para grande alegria da Alemanha. Além disso, estão enfurecendo uma nação que, sob certas circunstâncias, teria ao menos lhes protegido o flanco.

Para Max Alioth
Basiléia, 10 de setembro de 1881

...É o mesmo tanto na Itália quanto na França; o crescimento dos negócios e dos aspectos materiais, e o pronunciado declínio na segurança política que acompanha esses negócios e prazeres em questão; os bons liberais e mesmo aqueles envolvidos em negócios radicais podem cair de joelhos ante os líderes do povo e implorar-lhes que não cometam nenhuma tolice. Mas, para serem reeleitos, os líderes do povo, os demagogos, devem ter as massas a seu lado, e elas, por sua vez, exigem que alguma coisa sempre esteja acontecendo ou, caso contrário, não acreditam que o "progresso" esteja em curso. Não se pode escapar desse *cercle vicieux* enquanto continuar existindo sufrágio universal. Uma coisa após a outra terá de ser sacrificada: posições, possessões, religião, modos civilizados, conhecimento puro — enquanto as massas puderem pressionar seus *Meneurs*, e enquanto algum poder não gritar: Calem-se! — e não há o menor sinal disso no momento. E (conforme há muito lamentei para você) esse poder pode, de fato, emergir apenas das profundezas do mal, e seu efeito será horripilante.

Hoje iniciei novamente minhas classes no Pädagogium (quatro vezes por semana), embora tenha direito a férias inteiramente livres. Mas com isso dá-se um bom exemplo, e o trabalho não é tão grande. Além disso, tenho de selecionar minhas fotografias, entregá-las em série para o encadernador, etiquetá-las e, enfim, dispô-las em portfólios. Essa tem sido, em várias ocasiões, minha ocupação de outono, uma pequena atividade muito agradável. Infelizmente, o discurso de reitor me foi impingido porque o professor Miaskowski partiu para Breslau como reitor da universidade bem no meio de seu mandato, e, com Steffens doente, sou agora o mais velho no que concerne à faculdade. Isso não acarreta muito trabalho, mas bastantes preocupações.

PARA MAX ALIOTH
Basiléia, 6 de março de 1882

...Surgiu recentemente um minucioso artigo no *Figaro* sobre o pintor de gatos Lambert. É realmente desastroso que o bom camarada tivesse de explorar até o fim este filão de forma tão rápida; tivesse ele sido um holandês vivendo há duzentos e cinqüenta anos, teria desenvolvido os motivos de gato um após o outro, com constância e tranqüilidade, e teria cuidado para que trinta e tantos reais amigos da arte, vivendo na Holanda naquela época, esperassem pacientemente e recebessem seus quadros em ordem. Entretanto, sua última pintura provavelmente teria sido tão valiosa quanto alguma de um período anterior. Mas hoje em dia as coisas acontecem de forma bem diferente...

JACOB BURCKHARDT

Conheci a Vitória de Samotrácia apenas quando foi exibida em seu muito inadequado pedestal na passagem do salão das Cariátides ao salão central; lá, na penumbra, era dificilmente visível. De qualquer forma, é uma obra de importância capital, dada por um rei do período diádoco. Estou descobrindo outras coisas do mesmo período que são muito poderosas e cheias de movimento, pertencentes ao altar de Pérgamo, cujas fotografias pedi que me enviassem. Os arqueólogos já estão ocupados em compará-las com Fídias e denegri-las. Eles nunca ficam felizes até que tenham provado que algo é decadente. Como é esplêndido que você comece a ver a luz no que diz respeito a Prud'hon; ele foi um oásis sob o Império. Seus contemporâneos, insuportavelmente maçantes, tinham por vezes um vislumbre de seu próprio *néant* interior; certa vez, quando Davi estava sentado em silêncio com um dos pupilos diante de seu Leônidas, por fim levantou-se e disse: *Vois-tu, c'est toujours le vieux chien!*

PARA VON PREEN
Basiléia, 13 de abril de 1882

...Atenha-se à sua frívola felicidade; faço o mesmo, com todas as minhas forças, e não permito que a perspectiva do que está por vir (embora seja demasiado claro) me perturbe. Cada alegre estado de espírito é um ganho genuíno, e, depois, você tem seus filhos para traduzir as coisas deste mundo em juventude e esperança. Meu círculo de amigos limita-se às pessoas alegres, pois nada há a se ganhar com aqueles que se tornaram amargos. Nem tampouco penso que alguém ao meu redor poderia reclamar que deprimi seu espírito; e, depois, como os velhos costumam fazer, realmente começo a amar a solidão (combinada com um pouco de música).

Todo mundo tem o direito de pensar o que quiser sobre a situação, paz ou guerra. Ainda há, é claro, segredos diplomáticos em questão, mas eles não são mais decisivos; o perigo está a plena luz do dia, para todo mundo ver. Uma diferença principal entre o presente e os últimos anos está no fato de que os governos dos grandes países, como por exemplo a França, não são mais capazes de conduzir negociações secretas, porque os ministros mudam com tanta freqüência que nenhum tipo de discrição pode ser garantido. O mesmo serve para a Itália; quem sonharia em confiar ou segredar qualquer coisa ao Signor Mancini e seus amigos?

Mas a incrível insolência que está se espalhando por toda parte na Rússia, muito além do controle do Gabinete, é muito significativa. Não são os niilistas os mais perigosos, mas a impertinência dos que estão em altas posições. Não me surpreende que, para você, tudo aponte para eleições diretas; partidos em todo o mundo compartilham a opinião de que talvez haja algo a ser ganho nesse jogo de azar, e que, de qualquer modo, não há nada a se perder, então, para a frente, a todo vapor! – com uma disposição desesperada.

Há muito ficou claro para mim que o mundo caminha para a alternativa entre a completa democracia e o absoluto despotismo sem lei, e este último estado certamente não seria dirigido por dinastias, que são muito compassivas, mas por comandos militares supostamente republicanos. Ocorre apenas que as pessoas não gostam de imaginar um mundo cujos governantes ignoram inteiramente a lei, a prosperidade, o trabalho enriquecedor e a indústria, o crédito, etc., e que governariam com extrema brutalidade. Mas essas são as pessoas para cujas mãos o mundo está sendo conduzido por causa da competição entre todos os partidos pela participação das massas em todo e qualquer assunto. A *ultima ratio* de muitos conservadores tem sido familiar aqui por muito tempo: "Está fadado a acontecer", como você observa, e "é inútil resistir", referindo-se à completa democratização.

Ao mesmo tempo, a velha camada social de trabalhadores está deveras fora de moda, e pessoas com posições asseguradas são, com uma freqüência cada vez menor, encontradas no serviço público – isso também é um fenômeno com o qual há muito estamos familiarizados, e qualquer um que queira vê-lo em uma escala realmente grande precisa apenas olhar para a França e seus atuais funcionários da administração pública.

Sua posição no governo local, caro senhor, fornece-lhe um vislumbre do verdadeiro etos da nossa época, o que falta para muitos "homens do povo", e o que, em todo caso, eles teriam se proibido. Um dos principais fenômenos que você enfatiza revela-se tão claramente quanto possível na Suíça: uma fuga dos riscos dos negócios para os braços de um Estado pagador de salários manifesta-se no fato de que a agricultura atual está em dificuldades, e o número dos que querem freqüentar as classes para professores aumenta. Mas onde isso vai terminar? O enorme luxo de aprender lado a lado com o de ensinar? Aqui na Basiléia fomos novamente confrontados com gastos de dois milhões para novos prédios de escolas! É uma única cadeia de fatos interligados: ensino gratuito, instrução compulsória, um máximo de trinta por classe, um mínimo de tantos e tantos metros cúbicos por criança, demasiados assuntos ensinados, professores obrigados a ter um conhecimento superficial de demasiados assuntos, etc. E, naturalmente, como resultado: todos insatisfeitos com tudo (como acontece com você), e uma luta por posições mais elevadas, que, é claro, são em número limitado. Sem mencionar a insistência absolutamente insana por erudição que existe nas escolas para moças. Uma cidade é, atualmente, um lugar para o qual pais sem recursos querem se mudar simplesmente porque lá ensina-se a seus filhos todo o tipo de coisas pretensiosas. E como muitas outras falências, as escolas um dia falirão, porque a coisa toda tornar-se-á impossível; mas isso bem poderá ser acompanhado por outros desastres, sobre os quais é melhor não pensar. Pode até mesmo ser que o atual sistema educacional tenha atingido seu ponto culminante, e que esteja se aproximando de seu declínio.

Para Nietzsche
Basiléia, 13 de setembro de 1882

Seu *Fröliche Wissenschaft* [*A Gaia Ciência*] chegou até mim há três dias, e, como você bem pode imaginar, o livro foi o ensejo de uma renovada admiração. Acima de tudo, pelo invulgar e límpido tom goethiano dos poemas, o que ninguém teria esperado de você – e então todo o livro, e a conclusão, "Sanctus Januarius"! Estou enganado ou a última parte é uma homenagem especial a um dos últimos invernos no Sul?[90] É o mesmo clima. Porém, mais uma vez, a questão que é sempre motivo de reflexão para mim é: o que resul-

---

[90] Isso foi escrito em Nápoles, no inverno – daí o título – seguindo sua "revelação" em Sils Maria.

Jacob Burckhardt

taria disso tudo se você ensinasse história? Fundamentalmente, é claro, você está sempre ensinando história, e abriu algumas assombrosas perspectivas históricas nesse livro, mas, eu digo — se você iluminasse a história *ex professo*, com sua luz própria e a partir de seu ângulo particular de visão: em comparação com o atual *consensus populorum*, tudo ficaria de cabeça para baixo da mais esplêndida maneira! Quão feliz eu sou por ter deixado o habitual pensamento ilusório cada vez mais para trás, e por ter me contentado em relatar o que aconteceu sem demasiados elogios ou queixas. Quanto ao resto, muito do que você escreveu (e, temo eu, o melhor disso) está muito além de minha pobre e velha mente; mas, até onde posso acompanhar, regozijo-me com um sentimento de admiração pela imensa riqueza, bem como pela forma concentrada, e posso ver claramente que vantagem seria para nossa ciência se alguém pudesse ver com os seus olhos. Infelizmente, na minha idade, devo contentar-me se posso coletar material novo sem esquecer do velho, e se o velho condutor puder guiar ao longo das ruas conhecidas sem causar nenhum acidente, até que, por fim, a última palavra venha para desatrelá-lo.

Levará algum tempo antes que eu progrida de uma olhadela apressada a uma cuidadosa leitura do volume, como sempre ocorre com os seus livros. A inclinação para a tirania sob certas circunstâncias, que você deixa escapar na pág. 234, § 325, não altera meus sentimentos.[91]

---

[91] No § 325, Nietzsche fala da "força para causar dor" como estando acima da força para suportar a dor, e como um sinal de "grandeza". *Eine Anlage zu eventueller Tyrannei* é a oblíqua expressão de Burckhardt.

Para Max Alioth
Roma, 23 de agosto de 1883. Noite

Eu apenas queria lhe dar um sinal de vida desde Roma. O que vi durante os últimos oito dias é indescritível, mas de que serve isso quando se está sozinho? O que eu não daria para ter você por perto, com seu arrebatamento e sarcasmo, especialmente diante de Guido, Guercino e Caravaggio. Pessoas como nós simplesmente não podem lidar com essas coisas sozinhas, deve-se ter a companhia de um artista atuante, principalmente para Domenichino.

O que nenhum de vocês poderia fazer hoje são as enormes e sedutoras obras venezianas, como, por exemplo, a *Herodias* de Pordenone, na Galeria Doria, que ganha de todos os Ticianos de menor valor. Depois, nessa tarde de um calor escaldante, fiz uma vã tentativa – *par acquit de conscience* – de penetrar na Villa Ludovisi para ver novamente as estátuas. Tudo estava hermeticamente fechado; então, dei umas voltas pela Porta Salaria e Porta Pia, pendurei meu casaco no ombro, fui a Santa Constância e Santa Agnese e, novamente, após trinta anos, fiz com que um velho monge me mostrasse as duas igrejas; e lá estava a gloriosa Campagna, tão característica – o campo de batalha de Tramontana e Scirocco – e caminhei além da Ponte Nomentano e vi Teverone outra vez, como nos dias de minha juventude. No caminho para casa, senti-me restaurado por um delicioso Fiaschetto de Velletri em uma *osteria* no campo. Quão imutável tudo por lá parece, em comparação com a execrável rua, a antiga via Flaminia, saindo da Porta del Popolo, onde o adorável Rococo Casino, à direita, desapareceu; poucas coisas permanecem, e se foi erguendo um horror de quatro andares após o outro!

Jacob Burckhardt

A Roma que permaneceu inalterada ainda é indescritivelmente bela, e nos novos bairros basta fechar-se os olhos. Ao chegar a Porta Pia, você só encontra o que é antigo e magnífico. Eles começaram a construir no Aventine, onde passeei ontem, de forma que fui capaz de desfrutar de sua sublime solidão à medida que chega ao fim...

Rafael, agora, causa-me uma impressão bem diferente, e vejo nele muitos sinais de grandeza que nunca vi antes.

Para Max Alioth
Basiléia, 20 de março de 1885

O jantar na casa de X, onde depois fiquei para beber um pouco mais, foi muito agradável, e, como era sexta-feira, e eu não ensino aos sábados, me permiti estender a noite até as duas da manhã. Em dias comuns estou mais propenso a ficar entre os lençóis por volta das onze e meia.

Nossos assuntos locais ainda estão nas mãos de você sabe quem. Nos últimos dias, tornou-se moda o *Volksfreund* e o *Basler Nachrichten* chutarem a universidade por debaixo da mesa. Mas, a esse respeito, sou um contumaz fatalista: se a universidade está destinada a desaparecer, isso depende de decisões de cima, não de artigos de jornais; e se nós permanecermos, então está claro que esses camaradas não vão nos fazer nenhum mal. Um pequeno sinal de progresso é que os radicais também estão começando a chiar contra as extravagâncias daqui, ou, o que dá no mesmo, contra as perspectivas de impostos.

Ainda tenho um assunto pendente a resolver com você em relação à sua adoração pelas parisienses. Com todo seu charme, elas são, no fim das contas, apenas uma exausta raça de habitantes urbanos, e, se você quiser se convencer quanto a isso, tudo o que tem de fazer é observar a insignificância de suas vozes, e concluir, a partir daí, a total indigência de sua raça. Por enquanto, propositalmente, não estou apelando para seus olhos (que devem revelar-lhe, de imediato, a deficiência dos ombros, etc.). A conclusão disso tudo é: vá e estude onde existam mulheres camponesas em grande número. Estudar os bem-desenvolvidos modelos de todo o mundo que vão até aí de tempos em tempos não é o suficiente para protegê-lo do *culte de la femme Parisienne*. E, depois, pode ser que o respeito que outras nações nutrem por Paris, de uma forma geral, esteja com seus dias contados. Isso é calúnia, eu sei, mas não posso me conter.

21 de março

Tampouco hoje sou capaz de me conter a esse respeito. As pessoas fazem muitas reverências à Paris *chic*. Seria uma estimulante tarefa para uma futura história da arte (se tal coisa for possível na era de barbárie que se aproxima) descrever todo o fenômeno como algo do passado, algo histórico, por meio de palavras descritivas e ilustrações reveladoras.

Durante meses tenho tido reumatismo no tornozelo esquerdo, e agora devo esperar para ver quais são as orientações médicas para as férias. Elas começam para mim na próxima sexta-feira, e duram três semanas, e então a dança retorna novamente.

Para Nietzsche
Basiléia, 26 de setembro de 1886

Antes de tudo, meus mais sinceros agradecimentos por seu último trabalho,[92] que chegou em segurança às minhas mãos; congratulações e os melhores votos para o indestrutível poder que há na obra.

Ai de mim, você superestima demais minha capacidade, como demonstra em sua carta, que acaba de chegar. Nunca fui capaz de perseguir problemas como os seus, e nem mesmo de entender claramente suas premissas. Nunca, em toda minha vida, tive uma mente filosófica, e até a história pregressa da filosofia é mais ou menos um livro fechado para mim. Estou longe até mesmo de ser capaz de fazer as alegações que a descrição da pág. 135 lançou sobre as cabeças de alguns eruditos. Por mais que fatos intelectuais gerais estejam no caminho de uma reflexão da história, sempre fiz, simplesmente, o que é inevitável em relação a isso, e encaminhei as pessoas para as autoridades no assunto. O que acho mais fácil de entender em seu trabalho são seus julgamentos históricos e, em particular, suas opiniões sobre a época atual; sobre a vontade das nações e sua periódica paralisia; sobre a antítese entre a grande segurança dada pela prosperidade e a necessidade de educar-se por meio do perigo; sobre o trabalho árduo como o destruidor dos instintos religiosos; sobre a multidão de homens dos dias atuais, e suas reivindicações; sobre democracia como herdeira do cristianismo; e, em especial, sobre os poderosos da terra no futuro! Nesse ponto você define e descreve sua provável formação e as condições

---
[92] *Além do Bem e do Mal.*

para sua existência de um modo que vem a despertar o maior interesse. Quão perplexos são, em comparação, os pensamentos de gente como nós, quando se voltam para o destino comum do atual homem europeu! O livro vai muito além de minha pobre e velha mente, e sinto-me idiota ante o pensamento de sua assombrosa percepção de todos os movimentos espirituais e intelectuais da atualidade, e quando considero o poder, a arte e as nuanças das suas caracterizações particulares.

Gostaria muito de ter lido a respeito de sua saúde na carta que me escreveu. De minha parte, abandonei minha cadeira de professor de história por causa da idade avançada, e mantenho apenas a de história da arte.

Para Max Alioth
Basiléia, 17 de novembro de 1886

Duas das aulas-performances, graças a Deus, terminaram; simplesmente não posso descrever minha aversão em aparecer diante do público em minha idade avançada. Velhos atores que têm de subir ao palco com o sucesso em constante queda, para que possam ganhar o pão do dia-a-dia, contam com minha mais profunda simpatia, já que, de certa forma, posso me colocar no lugar deles...

Idealismo – Realismo. Como quis começar a refletir sobre essas coisas, descobri que todo meu capital intelectual no que diz respeito à arte existente estava inteiramente enferrujado. Mas ao menos isso eu ainda posso sentir, posso prever a execração de um futuro não muito distante por um realismo assim tão cru, por maior que seja o talento com o qual ele é exibido. A fotografia tem muito mais talento para a reprodução de assuntos desinteressantes ou repulsivos.

Atenha-se à velha linha idealista; apenas uma cena que tenha sido, de uma forma ou de outra, amada por um artista pode, ao longo do tempo, conquistar a afeição das pessoas. Esses são os únicos tipos de trabalhos sobre os quais se pode meditar, enquanto o realismo mata seus leitores por completo. Ninguém pode maravilhar-se por muito tempo ante o *rendu* de temas odiosos, ao passo que a repulsa permanece. Naturalmente, não se tem de pintar anjos com asas para ser um idealista.

Para von Preen
Basiléia, domingo de Pentecostes de 1887

O fato de que demorei tanto tempo para responder-lhe deveu-se, por mais engraçado que pareça, à crise da disputa por cargos públicos na França durante os últimos quinze dias. Eu queria esperar que chegasse ao fim — *avec ou sans Boulanger* — mas ainda não chegou. Enquanto isso, há rumores de sérios desvios financeiros no Ministério da Guerra; mas se esse indivíduo ainda assim for imposto aos franceses, então qualquer coisa pode acontecer, até mesmo uma declaração de guerra. Nós conhecemos muito bem a fraqueza interna da democracia em relação a facções impertinentes. Mas penso que, desta vez, a Alemanha pode, com segurança, deixar a guerra vir, pois nos últimos anos, na França, cuidaram para que não houvesse um homem capaz (tal como Thiers e, de certa forma, Jules Favre) em nenhuma posição de decisiva responsabilidade. Se a obstinação de Boulanger chegar ao fim levando-o ao Ministério da Guerra, com a ajuda das sublevações nas ruas de

Paris, então ele teria de prosseguir com uma declaração de guerra; mas é provável que a enorme confusão que adviria da convocação e mobilização faria com que tudo entrasse em colapso antes que um único passo contra a Alemanha fosse dado.

Para von Preen
Basiléia, 15 de outubro de 1887

Enquanto você desfrutava de suas férias de verão em Baden, passei três semanas maravilhosas e quentes sozinho em Locarno, a partir do fim de julho, e identifiquei-me tanto quanto é possível com a magnífica e bela paisagem e com a vegetação do sul. E agora revelarei o motivo, que, independentemente de minha preferência pelo sul, levou-me para os Alpes. Ao norte dos Alpes, a *table d'hôte* domina tiranicamente todas as estalagens e pousadas, uma instituição que verdadeiramente destrói minha boa saúde e meu bom humor, e tentar comer *à la carte* nas estalagens é caro e ruim, e está fora de questão, seja qual for a duração da estada. Por outro lado, no glorioso norte da Itália, fico inteiramente livre, e qualquer um pede o que gosta e que esteja disponível na cozinha. Comi a mesma coisa quase todos os dias com o maior prazer; em todos os casos minha refeição principal era *fedelini all'asciutto*. Quando você chegar à minha idade, irá, talvez, adotar as mesmas opiniões.

Quando as três semanas acabaram, pessoas amáveis vieram da Basiléia e de Milão e me carregaram em uma viagem por Novarra, Vercelli, Varallo, Milão, Como, etc., e foram outros quinze dias passados de forma muito agradável. Fui uma vez mais ao Sacro Monte, perto de Varese, e de lá vi novamente a planície da

Lombardia, como Moisés sobre o Monte Nebo. Mas no ano que vem, se ainda estiver vivo e com boa saúde, irei mais uma vez me hospedar na mesma estalagem de Locarno, levar um pouco de trabalho comigo e comer *fedelini all'asciutto* todos os dias...

Sempre nos faz bem encontrar o tipo de franceses que você encontra nos assuntos ligados à Cruz Vermelha; um francês de meia-idade, ou de idade avançada, realmente culto e com suas paixões sob controle é, no fim das contas, o mais perfeito produto da humanidade na Europa. Mas eles são apenas uma pequena minoria e, mesmo no que diz respeito ao gosto, estão sendo completamente abafados, o que com certeza não era o caso sob o governo de Luís Felipe. Agora, as massas começam a expressar suas opiniões em assuntos de estética, algo que podia ser visto, por exemplo, no funeral de Victor Hugo! Na política, sem dúvida, as massas querem paz, mas quando tem início a caça aos votos nas ruas, e os chamados para a guerra, todos se sentem envergonhados e agem da mesma forma, a qualquer custo, para não serem considerados covardes, e de modo a não serem vistos como covardes por suas mulheres. Considerando-se tudo, pode-se dizer que a guerra virá a qualquer momento, e a visita de Crispi apenas abriu nossos olhos para o fato de que, simultaneamente à guerra na Lorena e no Vosges, uma grande guerra eclodiria no Mediterrâneo. Crispi é, com certeza, muito popular na Itália agora, simplesmente porque barganhou no Norte, embora nada se saiba a esse respeito; "quando Cavour foi a Plombières em 1858, nós ganhamos a Lombardia; quando Govone foi a Berlim em 1866, nós ganhamos o Vêneto; dessa vez, é certo que ganharemos algo mais". O próximo passo é a luta aberta com Boulanger, pois se ele apenas se retirar rosnando para seu covil, estará acabado para sempre.[93] Entretanto, a maior garantia da Europa contra a guerra — e, tenhamos ainda esperança, de paz — é o exército alemão, e eu o congratulo pela excelente impressão que as manobras de outono causaram. E o mesmo para sua eleição; o fim do *Kulturkampf* fez maravilhas. Nós também acabamos de ser visitados por uma revisão da Constituição, que agora está sendo discutida; até mesmo os radicais a lamentam, mas ainda assim a defendem, por medo dos trabalhadores, etc.. Tenham piedade da velha Basiléia! Nós estamos em uma má situação. É claro que também tento desviar meu olhar de "coisas perturbadoras", mas nem sempre consigo.

PARA VON PREEN
Basiléia, 17 de março de 1888

O que você escreveu sobre o Kaiser Guilherme I, a respeito do qual você possui mais informações e mais impressões pessoais do que muitos dos que igualmente o conheciam, foi, para mim, de grande interesse. A mera existência de um homem como esse é um protesto contra a opinião, que todo mundo tem, segundo a qual podemos nos contentar com homens que, tendo vindo de baixo, ascendem por meio das maiorias, das massas: ele era, como você diz, a exceção. A democracia, com certeza, não compreende a exceção, e, quando não pode negá-la ou removê-la, passa a odiá-la de todo coração. Ela própria produto de mentes medíocres e de sua

---

[93] Ele se retirou sem um rosnado, sendo visto em casa após um banquete do chefe de polícia, que conseguiu garantir a Grévy que não ocorreriam levantes: *"Je l'ai couché"* foram as palavras que marcaram o fim de sua oportunidade.

inveja, a democracia pode apenas usar homens medíocres como ferramentas, e o carreirista comum lhe dá todas as garantias que ela pode desejar de um sentimento comum. Um novo espírito começa então, sem dúvida, a penetrar nas massas, e elas mais uma vez começam a sentir um obscuro impulso de procurar o excepcional, mas podem ser assustadoramente mal aconselhadas em relação a isso, e escolhem um Boulanger. Os acontecimentos paralelos na França poderiam ser infinitamente instrutivos para os alemães, se eles estivessem dispostos a observá-los. Mas as pessoas estão se voltando de um cadáver que é demasiado histórico para outro que está destinado a morrer cedo.[94] Não posso pensar em nenhuma situação similar em toda a história: em todos os outros casos, quando um governante foi sucedido por um homem que estava morrendo, poucas coisas dependiam da mudança, e o mundo não avaliava febrilmente as probabilidades ligadas a isso, como faz agora.

Para Ludwig von Pastor
Basiléia, 12 de maio de 1889

Por muito tempo devo-lhe meus agradecimentos pelo reiterado reconhecimento do meu trabalho que você expressou em seu primeiro volume,[95] e, acima de tudo, pelo competente trabalho e pela agradável perspectiva do lançamento de um segundo volume ao longo deste ano. Você merece grande louvor por combater o preconceito contra o Renascimento que existe dentro de sua Igreja,

---
[94] Isso se refere à morte do supramencionado Guilherme I e de seu filho, Frederico III, que foi sucedido, um ano depois, por Guilherme II.
[95] O primeiro volume de *História dos Papas*, de Pastor.

pelo menos na Alemanha. Sempre me foi penoso ouvir católicos sinceros adotando um tom hostil, e não conseguindo enxergar, dentro do Renascimento artístico e literário na Itália, uma grande e forte corrente que serviu para promover o respeito pela religião e a glorificação do sagrado, não importando para onde a outra corrente se voltasse. Ainda posso me lembrar nitidamente da impressão que esse fenômeno me causou ao longo de meu trabalho, e apenas deploro que não o tivesse perseguido com mais vigor; contudo, há trinta anos estávamos muito sozinhos com tais pensamentos, e a multidão de impressões de tudo o que me era novo era tão grande que se tornava impossível preservar o senso de proporção em relação a tudo. E, ainda assim, quão pouco sei comparado à vasta amplitude que esses estudos desde então alcançaram, principalmente por meio de seu trabalho.

PARA VON PREEN
Basiléia, 5 de junho de 1889

Mais uma vez informo-lhe minha chegada a Baden-Baden este ano, no fim de julho, e sou, ao mesmo tempo, impertinente o suficiente para imaginar o quão agradável seria se você estivesse vivendo nas vizinhanças, ou se aparecesse agora para me alegrar, como fez no ano passado. Ocorre que possuo menos mobilidade do que possuía: pernas e músculos comportam-se como antes, mas, a menos que me mova tão devagar quanto os ponteiros de um relógio, imediatamente começo a ofegar e suar. Meu coração, diz o médico, ainda não foi afetado. Nesse meio tempo, contudo, um enfisema nos pulmões se apresentou, e é apenas uma questão de tempo, como sei perfeitamente bem, para que uma doença cardíaca o siga; duas de minhas irmãs morreram disso, e minha querida irmã que ainda vive está sofrendo disso. Outras doenças da idade surgiram desde então. Elas chegam uma após a outra, muito calmamente, dizendo olá! boa noite, aqui estou. Felizmente ainda posso sair-me razoavelmente bem em minhas cinco aulas semanais de história da arte, e posso falar sem qualquer dificuldade, desde que não tenha de andar ao mesmo tempo.

É claro que estou falando de Baden-Baden como se fosse certo que a fronteira não será fechada dentro de poucas semanas, e como se eventos históricos de uma ordem diferente não fossem aparecer no horizonte antes disso, quando pessoas muito diferentes de nós terão de desistir de suas curas em estações de águas. Nesse meio-tempo, seria gentil de sua parte enviar-me algumas palavras extraídas dos tesouros de seu conhecimento, e acalmar-me com sua tranqüilizante caneta.

Continuo trabalhando sem pausas, mas sem nenhum esforço em particular. Agora este, agora aquele trecho de minhas aulas e anotações são cuidadosamente revisados, não com a idéia de publicá-los, mas tendo em vista um acerto final, para meu próprio bem. Em tudo isso continuo o velho autor que realmente não pode fazer outra coisa, mas que não mais aprecia o fato de que deve se dirigir ao público. Minha contínua aquisição de fotografias e outras reproduções para meu curso de arte fornece-me a prova de que me proponho a continuar vivendo, e é, de fato, o único sintoma de extravagância que me tenho permitido por um longo tempo. Talvez deva também informá-lo de que ontem, mais uma vez, armazenei vinho suficiente para um ano, o mesmo Trentino que seu filho Wolfgang conhece, de forma que estou agindo sob a suposição de que continuarei vivendo. Um *amicus jocosus* disse, é verdade, que se eu não beber o vinho, meus sobrinhos darão um jeito de acabar com ele. As videiras crescem perto de Calliano, entre Trento e Rovereto, sob os auspícios de um conde Martini, que age como se seu vinho fosse muito precioso, e como se ele o vendesse por pura caridade.

Nos domingos agradáveis vou, à tarde, a Rheinfelden ou Frenkendorf e Haltingen, passo uma hora passeando nas redondezas, faço a ceia e retorno. Na maioria das noites, das nove às onze, estou ao piano, em companhia do supracitado Calliano. Se ao menos Paul, ou Wolfgang, ou você pudessem aparecer uma noite dessas! Não tenho visto ou ouvido falar de Kaiser há séculos, nem tampouco tenho ido a Lörrach há um ano inteiro. Embora a hospedeira do "Lerche", a viúva Senn (ex-Bäbeli Richter, de Grenzbach), seja ainda um fator de atração. Se tivesse tanto dinheiro quanto quisesse, eu tiraria Frau Senn de Lörrach e me mudaria para uma bela casa, com ela para tomar conta de mim até o fim de meus dias. Mas isso é apenas entre nós! Esses pensamentos não são nada além de distração, que talvez não agradem nem um pouco a Frau Senn. (Ou não, acho que ela não me levaria a mal.)

Para von Preen
Basiléia, 11 de julho de 1889

Continuo a receber cópias de autores das mais inesperadas vertentes, história da arte, história e, em especial, poesia. Gostaria de saber por que mereço receber esta última. Na suposição de que eu ainda esteja no auge de minha saúde, todo tipo de gente empacota suas coisas e as envia para mim. Criei, agora, uma fórmula para ser usada ao devolvê-las: "Em minha idade avançada, e sendo incapaz de prestar qualquer auxílio a seu admirável livro, etc.". Devolver o material não me causaria nenhum problema, se não tivesse de empacotá-lo e selá-lo com minhas velhas mãos, e andar com minhas velhas pernas até o correio. Além disso, há as pessoas de posição, casos nos quais enviar o livro de volta não seria, de forma alguma, adequado, e cartas de agradecimento têm de ser elaboradas, e há que, ao menos, passar os olhos na obra em questão. Que efeito a crise mundial que se nos apresenta terá sobre a enorme quantidade de livros impressos? Que tipos de literatura terão uma morte serena? Essas são algumas das parentéticas idéias que me ocorrem de tempos em tempos.

PARA VON PREEN
Baden, Aargau. Hotel Verena-Hof, 24 de julho de 1889

Então você também estava destinado a unir-se às fileiras dos que sofrem de doenças cardíacas. Mas, comparado a mim, você tem a vantagem de ser dez anos mais jovem, e irá – desde que tome muito cuidado para não trabalhar demais – desfrutar de uma saúde perfeita. Por outro lado, no que me diz respeito, o inverno da vida chegou em definitivo, canso-me facilmente, e devo ser grato aos olhos e ouvidos, que resistem, e por poder ler com total conforto. Pretendo voltar à Basiléia no dia 20 ou, quando muito, no dia 22, e todas as minhas esperanças estão depositadas na possibilidade de nos encontrarmos novamente em setembro. Deus permita que assim possa ser!

Há razões especiais que me levaram a optar por Aargau-Baden: estou razoavelmente perto de uma velha irmã que me é muito cara; ela tem estado entre a vida e a morte há algum tempo, e posso vê-la em apenas duas horas... *Ma parliamo d'altra cosa!* Após o café, andei muito vagarosamente pelas ruas da cidade – vagarosamente, para não suar – até uma livraria de fato muito boa, onde podemos nos esbaldar sobre uma pilha de livros da coleção "Biblioteca Universal da Reclam". Lá comprei *Rochholz, Lenda de Aargau*, e, aproveitando a ocasião, devo confessar que os mitos me atraem cada vez mais, e me afastam da história. Não foi sem motivo que o único livro que trouxe comigo da Basiléia foi o do grego Pausânias. Pouco a pouco estou adquirindo olhos realmente míticos, quem sabe os de um velho homem mais uma vez aproximando-se da infância? Tenho de rir quando penso que costumava tratar sumariamente de vinte batalhas e guerras, e tais e tais mudanças territoriais, e toda uma série de genealogias em uma única aula. Wolfgang confirmará o que digo.

Velhas lendas não são minha única preocupação; como você, de tempos em tempos recapitulo meu variado passado, e talvez tenha mais motivos para espantar-me do que você, tendo tomado tantas decisões tolas e feito tantas tolices; quem poderia descrever quão cegos fomos em assuntos decisivos, e a importância que se deu ao que não era essencial, e o grau de emoção! De modo geral, não posso queixar-me, tudo poderia ter saído muito pior. O que ambos temos em comum em nossa peregrinação terrena, pelo menos desde uma certa época, tem sido a necessidade de estar satisfeito com o momento por meio do trabalho, e mais, por meio de um trabalho variado e estimulante. O rolo compressor que esmagou tantas pessoas não passou sobre nós.

JACOB BURCKHARDT

Como a geração mais jovem irá sobreviver e construir seu ninho é algo com que, tendo em vista a total inconstância das coisas, não devemos nos preocupar em demasia. Os jovens, em minha família pelo menos, vêem o mundo de forma tão atrevida quanto nós o víamos em nossa época, e um de meus princípios é ocultar-lhes inteiramente meus temores quanto ao futuro. Os que estão na casa dos quarenta começam, é claro, a perceber as coisas por si próprios. A imagem que formei dos *terribles simplificateurs* que irão tomar de assalto a pobre Europa não é agradável; aqui e ali, já posso ver, em minha imaginação, esses camaradas nitidamente diante de mim, e os descreverei para você, ante um copo de vinho, quando nos encontrarmos em setembro. Algumas vezes medito profeticamente sobre como nossas eruditas e ínfimas pesquisas irão se sair quando esses eventos estiverem em seus estágios iniciais e a cultura, nesse intervalo, tiver descido apenas um degrau ou dois. Então, também imagino para mim mesmo algo do lado mais iluminado dessa grande renovação: como o pálido medo da morte virá para todos os carreiristas e alpinistas sociais, porque mais uma vez o poder nu e cru estará no topo, e o *consigne* geral será: "cale-se". Nesse ínterim, qual seria a tarefa mais grata do momento? É óbvio: divertir as pessoas tão intensamente quanto possível. Temos aqui um circo de velocípedes que, apesar de ser só até esta noite, paralisou e esvaziou por completo dois teatros — a opereta no *Kursaal* e a peça no *Teatro* —, para a grande miséria estética dos pasquins locais. Do ponto de vista da história da cultura, ainda não está bem claro para mim até onde esse tipo de exibição irá prejudicar o circo de animais, ou talvez tirá-lo do negócio. Será, talvez, que o espetáculo de homens de fato desperte mais interesse do que a visão dos cavalos?

E então, compare o diminuto capital empregado em rodas de aço com o capital necessário para a aquisição de cavalos, sem contar com sua manutenção, veterinário, feno, palha, aveia. Esses são os pensamentos de meu lazer termal, você diria.

Participo da vida social da estação termal ao ponto de acenar para diversas pessoas, e de conversar com meu vizinho na mesa de refeições, mas tomo o maior cuidado para não assumir, de forma alguma, nenhum compromisso noturno, e para beber minha taça de vinho sozinho. Baden, que fica deserta durante a estação alpina, está razoavelmente cheia no momento.

Em uma tarde dessas devo ir a Zurique, onde pretendo alugar um veículo por algumas horas e dar uma olhada em todas as novas construções, especialmente os cais, as vizinhanças da sala de concertos, e uma ou outra coisa. Esses assuntos estão sendo comentados na Basiléia, e eu devo ser capaz de expressar minha opinião assim como os outros. Mas prefiro pensar em Lucerna, que pretendo visitar no fim de meu tratamento. Oh, se ao menos minha saúde me permitisse passar quinze dias em Locarno! Minhas finanças poderiam bancar isso, e eu não iria me arrepender. Até onde sei, fico em Baden até o dia 12 ou 14 de agosto; em primeiro lugar, tenho de me submeter ao ritual dos vinte e um banhos, e depois, alguns dias de descanso. A propósito, o verdadeiro filho da Basiléia sempre toma vinte e um banhos — "de forma que não haja nada do que se recriminar mais tarde".

Será que, por algum acaso, você conhece "Goldwändler"? Não se trata de um vagabundo ou de um fantasma que vagueia por este distrito, mas de um suave vinho tinto que cresce contra o "muro dourado" das íngremes elevações a oeste dos banhos. É um vinho excelente e razoavelmente inócuo, que os pacientes podem agüentar, e que tem crescido aqui, sem dúvida, desde o tempo dos romanos. O lugar onde estou chamava-se *castellum thermarum*, e é mencionado por Tácito, uma honra da qual Karlsruhe, a bela Karlsruhe, não pode gabar-se. Nós, na Basiléia, ao menos somos mencionados em Amiano Marcelino.

PARA PAUL HEYSE
Basiléia, 13 de janeiro de 1890

Seus "Poetas italianos", acima de tudo os velhos, que li em minha juventude, e depois Leopardi, seguido por Giusti, junto com o suplemento, chegaram, um após o outro, como presentes, e, finalmente, o volume dos *Poetas Líricos e Canções Populares* apareceu com uma amável dedicatória dirigida a mim, e com a passagem de 1860 repetida! Quão pouco mereço qualquer coisa do gênero! Com quase setenta e dois anos de idade, e de certa forma um inválido, gradualmente me desabituei de muitos assuntos e interesses, e, cada vez que uma folha do calendário da universidade é virada, tenho de me perguntar se ainda estarei sobre minhas pernas no próximo semestre. Felizmente, minha visão tem sido até agora preservada, e, com freqüência, li bastante dos três primeiros volumes, e me regozijo com o quarto, que promete tantas coisas que são novas para mim. Mais uma vez aventurei-me, há um ano e quatro meses, a ir tão longe quanto a Itália setentrional – nós, na Basiléia, vivemos em constante comunicação com aquele pedaço do sul; mas não poderia dizer que espero algo de muito bom no que diz respeito ao futuro. Todos os seus heróis, que desde a época de Parini e Alfieri têm sido coroados com louros, esperavam uma Itália muito diferente daquela que, hoje, é, de uma forma ou de outra, explorada, e mesmo o verdadeiro Garibaldi lutou por uma Itália diferente. Há alguma coisa singularmente patética no modo como os poetas acreditavam que as velhas instituições e os homens de tempos passados eram tudo o que se interpunha no caminho da felicidade de seu povo. Agora sabemos quem realmente queria chegar ao topo, e quem realmente chegou lá. Olhando ao redor, não mais nos espantamos com o fato de que um Nievo tenha caído no esquecimento. Você, querido amigo, está fazendo o melhor que pode, da maneira mais charmosa possível, para que a nova Itália exerça uma influência espiritual sobre a Alemanha. Possa Deus recompensá-lo.

Não esqueça de seu deveras enfadonho velho amigo, que tanto daria para ser capaz de vê-lo novamente.

Para von Preen
Basiléia, 25 de março de 1890

Em que tempos vivemos, realmente! Homens, interesses e coisas podem facilmente surgir e aniquilar nossa ínfima existência. Nosso querido século dezenove de tal forma acostumou as pessoas à idéia de que tudo o que é novo, por mais questionável que seja, é justificado, que nada mais pode impedir esse processo. É deveras inacreditável o modo como mesmo as pessoas mais decentes mostram-se vazias e indefesas quando confrontadas com o espírito da época. Os partidos que continuam existindo até agora parecem-se, para mim, com grupos de atores gesticulando em um palco, iluminados por uma forte luz vinda de cima — e que, repentinamente, são pegos em suas várias posturas e iluminados de baixo por uma intensa luz vermelha.

...Todo mundo lê os jornais à sua própria maneira; a agitação em Köpenick, por exemplo, causou-me a impressão de que os agitadores seguiam uma ordem estritamente militar, o que equivale a dizer que um senso de dever associado a um senso de disciplina pode estar começando a se mover para o outro lado. A habitual turbulência, que até então tem sido latente, tornar-se-á cada vez mais proeminente, e cada vez mais difícil de ser reprimida com os métodos até agora empregados. Tivemos um pequeno exemplo disso aqui no último sábado, entre os alemães em idade para o serviço militar, com desafiadoras e ameaçadoras sublevações na parte baixa da cidade, coisa que antes jamais havia ocorrido em tal escala.

Em tempos como esses, elas "esfrangalham"[96] o Chanceler. Não que ele tivesse algum remédio em sua valise contra perigos graves; mas teria sido sensato, ao menos externamente, fazer todo o possível para preservar qualquer coisa que se pareça com autoridade, ou que pelo menos lembre autoridade. Esse artigo pode, um dia, tornar-se uma raridade. Pode-se mandar que um problemático Reichstag faça as malas, e eles provavelmente serão capazes de governar sem ele, mesmo que apenas por algum tempo. E então, sem dúvida, como resultado de um acontecimento ou outro, os partidos forçarão ministérios ao governo, e com isso virá o oportunismo desenfreado, carreiristas e todos que mudam constantemente, tanto nos aspectos pessoais quanto em suas tendências. Nesse meio-tempo, aqueles na Europa que tiveram de esquivar-se, ou que leva-

---

[96] A expressão usada por Guilherme II quando Bismarck foi afastado.

ram uma cotovelada do Reich alemão na garganta, ascenderão a uma relativamente corajosa e despudorada independência. Pode-se ficar, por exemplo, justificadamente curioso para ver como a Itália se comportará quando, em virtude de crises financeiras, a ausência de disciplina e a omissão da autoridade se fizerem sentir.

Tudo isso é muito estranho. Ontem mesmo tivemos o último, ou quase último, sinal de boa sorte: por uma ampla maioria, nosso "povo" (δῆμος) barrou a Lei do Seguro de Saúde que o Conselho Supremo, movido por pura exaustão, já havia aceitado; a lei fora proposta pelos mais turbulentos demagogos e, ao mesmo tempo, foi planejada para promover o despotismo do Estado sobre a vida privada dos indivíduos da forma mais extrema (quer dizer, por meio de um Chefe de Departamento). Em meio à gangue de instigadores, não havia ninguém que fosse nascido na Basiléia de origem, apesar de que um ou outro podem ter nascido aqui. Contudo, os velhos *bâlois* [nascidos na Basiléia] estão deveras acostumados a engolir muitas coisas desse tipo.

PARA VON PREEN
Basiléia, 25 de setembro de 1890

Sim, de fato, a autoridade é um mistério; a forma como nasce é obscura, mas o modo como é perdida é claro o suficiente. O Bund nasceu em 1847, após o *Sonderbundkrieg*, e, enquanto Luís Napoleão governava a França, as pessoas comportavam-se de maneira razoavelmente lícita e objetiva; contudo, desde então, o *Kulturkampf* alemão exerceu sobre nós um efeito completamente desagregador, e agora estamos sendo levados pela onda de um movimento geral mundial. Individualmente, essas ondas são chamadas de ascensão do mundo dos trabalhadores, o crescente perigo da Guerra Mundial, revolução iminente em Portugal e, talvez, também na Espanha, as leis McKinley na América do Norte, etc. E a cada mês o batimento cardíaco é um pouco mais rápido. Que tempo fácil os radicais da década de 1830 tiveram! Sua "superficialidade, combinada com brutal indiferença para com a ordem estabelecida" (endosso inteiramente sua admirável definição) adequava-se perfeitamente à manutenção da situação geral. As coisas são diferentes agora e, como você diz, nossa época atual de inquietação universal irá, no futuro, parecer relativamente calma e imperturbada. "Questões puramente legais", é claro, nunca existiram, desde que povos inteiros são colocados em movimento; mas, desta vez, a julgar pela expressão na face do mundo, não haverá nenhum tipo de Lei ou de processo de lei.

26 de setembro de 1890

Aprovo inteiramente seu apoio ao memorial de Bismarck, por mais detestável que eu sempre tivesse considerado esse indivíduo, e a despeito do mal que suas ações causaram a nós, na Suíça; seu *Kulturkampf* (devo repetir), junto com os feitos dos radicais franceses, teve o efeito de encorajar todas as formas de niilismo e desagregação. Porém, no que concerne à Alemanha, Bismarck foi, de fato, o amparo e o estandarte daquela misteriosa autoridade, e você terá aprendido a apreciar, por inúmeros ângulos, o imenso valor de tal imponderabilidade. Aqueles que apenas estimam e elogiam o elemento acidental de seu poder podem dar-lhe as costas em segurança, agora que ele caiu; por outro lado, o que você valoriza é quem criou e sustentou o próprio Poder, sem o que os poderes individuais, mesmo nas melhores nações, iriam, provavelmente, paralisar-se mutuamente e anular-se uns aos outros. Mas, no que me diz respeito, tenho de implorar-lhe para olhar com indulgência o *Schadenfreud* com o qual tenho anotado as entrevistas concedidas desde então; jamais homem algum "enfureceu-se" contra sua própria fama como Bismarck. Ele desobrigou estudos puramente históricos de tratá-lo até mesmo com o menor vestígio de piedade — e então há aquele *faux grand homme* Boulanger, e as revelações nas *coulisses* que são tão divertidas de se acompanhar! Deve-se dizer, apenas, que a França, de fato, também se opôs a essa crise, e que, como República, poderá criar gradualmente uma pele inteiramente nova, *faire peau neuve*, como dizem por lá; mesmo governos compostos pelos piores carreiristas são tolerados, e talvez o sejam por um longo tempo, até que o capital e o crédito tenham sido totalmente devorados. Mas se esses jacobinos pudessem chegar a algum arranjo tolerável com a Igreja, suas posições estariam garantidas *in secula seculorum*. Tudo depende desses detalhes, e da possibilidade de uma guerra mundial. Exceto por isso, a França iria simplesmente continuar a ser o país que já passou pelo novo molde pelo qual os outros terão de passar. Mas há que se ser medíocre, ou ai de nós! O incrível ódio de Ferry deve-se apenas ao fato de que ele é, de alguma forma — embora não muito —, acima da média.

Para von Geymüller*
Basiléia, 8 de maio de 1891

Muitos agradecimentos por sua carta do dia 1º deste mês, e pela nota que a seguiu! Mas, por muito tempo, uma visita a Paris, cidade à qual você gentilmente me convida a ir, tem estado fora de questão para mim; em minha condição tenho de cuidar-me muito, e ficar agradecido se puder arrastar-me para Oberbaden no fim de julho. Todos aqui me têm por saudável, porque ainda saio por aí e dou aulas cinco vezes por semana, mas a máquina apenas segue em frente e está mostrando uma série de defeitos. A morte não traz para mim, querido amigo, as esperanças que o preenchem; ainda assim, encaro-a sem medo ou horror ou esperança por algo não-merecido.

Nos aspectos que concernem a nós dois, particularmente, as coisas pareciam muito diferentes no tempo em que você era jovem, e mais ainda quando eu era jovem; tinha-se como certo que o objetivo da arte era a beleza, e a harmonia ainda era uma das condições da criação. Mas, desde então, a vida tem sido influenciada a um grau incalculável pela existência nas grandes cidades, e o espírito que antes havia nos pequenos centros de influência desapareceu. Entretanto, nas grandes cidades, os artistas, músicos e poetas ficam nervosos. Uma selvagem, premente competição a tudo infesta, e os jornais do tipo *feuilletons* têm um papel nisso tudo. A quantidade e o nível reais dos talentos são, hoje em dia, muito grande, mas parece-me que, com exceção de um ocasional, e muitas vezes fanático, pequeno círculo de admiradores, ninguém mais realmente aprecia obras individuais.

É verdade que vejo tudo isso à distância, e que depois de algumas experiências me afastei quase que completamente da arte contemporânea, de modo a me aproximar mais ainda do grandioso passado, e desfrutá-lo. Também é verdade que o mesmo nervosismo tenta se instalar nesse campo, por meio de violentas disputas sobre história da arte, especialmente no que diz respeito a autorias, mas isso eu evito, e geralmente digo que nada sei sobre o assunto. Até hoje ainda concordo com meu velho e há muito falecido amigo Gioachino Curti, que costumava dizer: *Purchè la roba sia buona, non dimandar il nome dell'autore.*

A propagação do naturalismo é típica de nosso *fin de siècle*. Mas que tipo de benfeitores e mecenas terá a arte do século vinte, ou talvez irão eles afundar em um grande dilúvio geral? Algumas idéias muito curiosas às vezes me ocorrem sobre a questionável prosperidade que está apenas começando. Na Itália, onde há quarenta ou cinqüenta anos quase tive a ilusão de um modo de vida com séculos de existência, o "dia de hoje" está se impondo sobre as pessoas de uma maneira terrível; carreiristas no topo e, abaixo deles, uma nação que, pouco a pouco, torna-se assustadoramente desiludida.

Vista da França, e refletida no espelho côncavo do ódio, pode parecer que a Itália esteja se comportando muito mal e, exceto pelas pessoas que especulam com antigas pinturas, não há quase nenhum francês estudando a velha Itália.

PARA VON PREEN
Basiléia, 10 de setembro de 1891

Instigado pela citação de Salomão, mais uma vez dei uma olhada naquele pessimista, e então o reli do começo ao fim, e também lembrei-me que há uns cinqüenta e três anos, como estudante de teologia, eu havia começado a lê-lo em hebraico; mas ele era difícil demais para mim, e ainda é, até os dias de hoje, em alguns trechos para acadêmicos. Eu realmente lhe imploro que pegue um dos que foram corretamente traduzidos, o de Dewette, por exemplo, em vez do de Lutero, que está cheio de erros; é um dos livros mais assombrosos e, no fundo, um tanto ateu. Mas se ao menos alguma coisa do modo de pensar do pregador pudesse entrar na cabeça de nossos socialistas; o fato é: eles são terrivelmente perigosos por causa do seu otimismo, e pela combinação de uma mente pequena e uma boca enorme. Não se trata mais de uma questão de *vanitas vanitatum!* – eles vêem tudo *couleur de rose*.

Por quanto tempo os sinos serão tocados, mesmo os da igreja de sua cidade? Mas você sabe, meu caro senhor, que, por ocasião dos toques de sino do sábado, você acrescentou um belo suplemento ao *Glocke* de Schiller? É bem verdade, os sinos não somente acompanham uma única vida na terra, mas ligam os séculos. Schiller aborda apenas ligeiramente a idéia.

Noch dauern wird's in späten Tagen, etc.

Embora o pensamento permitisse um tratamento realmente sublime. O sino é o único som que sobrevive à mudança dos anos, e sempre que algo sério ou solene acontece, ele sempre tem sido, até hoje, chamado para expressá-lo. Infelizmente, ninguém ousaria escrever outro verso alegando ser de Schiller.

Para von Preen
Basiléia, 28 de dezembro de 1891

Infelizmente, perdi a mobilidade, e evito viajar. E isso, apenas, é suficiente para me fazer perceber quão longe estou dos meus verdes anos. Tenho montes de fotografias que me são enviadas da Itália, que ainda amo tão profundamente, mas isso não é a mesma coisa do que a vista da qual certa vez desfrutei tão intensamente.

Ainda ensino cinco vezes por semana, mas meu portfólio de fotografias é agora carregado de cá para lá por um empregado, depois de eu ter sido conhecido por tanto tempo como *ce vieux Monsieur au portefeuille*. Em tais circunstâncias, é bom ter seres que amamos crescendo perto de nós, como você, que tem descendentes na flor da idade, e como eu, com o crescimento de minha família. É claro, pensa-se uma vez ou outra nos curiosos tempos que aguardam a juventude, mas eles próprios saberão como crescer e adaptar-se às novas condições. Um querido e instruído sobrinho, seguido por seu filho mais velho, que está apenas amadurecendo o suficiente para matricular-se, e promete ser um camarada muito capaz — estes serão os herdeiros de meus manuscritos não-publicados, e que não foram, de forma alguma, escritos para publicação; esse ramo de nossa família terá, então, o dever de testemunhar que seu tio, ou tio-avô, conforme for, continuou a trabalhar diligentemente, mesmo quando não mais trabalhava para o público, mas simplesmente para si mesmo, e para organizar uma série de assuntos acadêmicos. Qualquer um que trabalhe oficialmente com história da arte nunca pode escapar dos debates e disputas, e o mesmo vale para a história antiga; mas tenho uma tendência inata para arrumar tudo o que coletei ao longo dos anos.

    O fato de que sua posição oficial o habilita a ajudar os pobres e desafortunados, e que isso é conhecido e reconhecido como trabalho de boa vontade, é caso para congratulações. Posso imaginar toda informação e as decisões que devem ter sido necessárias para que as pessoas ao menos entendessem sua situação. Quão poucos funcionários públicos de qualquer país fazem mais do que o estritamente necessário nessas questões!

Jacob Burckhardt

Para von Preen
Basiléia, 2 de julho de 1892

Não é sem a egoísta esperança de obter um sinal de vida de você que eu pego minha caneta. Mas, à parte qualquer outra coisa, hoje é um dia de *boni ominis*; logo cedo meu médico me fez um exame completo, como é de costume no início das férias, e me deu uma boa nota, considerando-se meus setenta e cinco anos. E agora devo informá-lo a tempo de que estou trocando meus aposentos no início de setembro, e mudando-me para Aeschengraben, a respeito do que, *tempore suo*, lhe direi mais. Você talvez pense que, após vinte e seis anos nos mesmos aposentos, seu velho amigo poderia acabar seus dias no mesmo buraco; ocorre que meus parentes me persuadiram de que era mais do que tempo de cuidar da minha própria casa, e estavam tentando me encontrar uma verdadeira Perpétua,[97] de forma que tomei a decisão e, de todo coração, estou satisfeito por ter, enfim, arrumado tudo de acordo com meu gosto, em vez de me submeter à sagrada rotina. Realmente ainda não sei qual pensamento mais me enche de horror, se o de mover minha mobília ou o de mover meus livros e fotografias!

Para von Preen
Basiléia, Aeschengraben 6, 26 de dezembro de 1892

Meus melhores votos para 1893, que irá testemunhar sua entrada na casa dos setenta anos. Você simplesmente terá de se preparar

---

[97] A empregada de Don Abbondio em *I Promessi Sposi*.

para representar, no dia fatal, o papel de um homenageado de barbas brancas: eu também tive de agir assim, com a maior relutância, no ano de 1888, após implorar em vão, e de joelhos, para que deixassem isso de lado, e apesar de ter proibido qualquer coisa do tipo. Hoje em dia as pessoas estão possuídas por um demônio que as instiga a "celebrar" uma coisa ou outra, não importa o que seja ou quem seja. Por outro lado, poderá lhe trazer algum conforto se lhe disser que tive períodos muito bons nos cinco anos desde então, embora sentisse um perceptível declínio em minha capacidade de trabalhar. E agora, como estou me cuidando para o futuro, talvez o *l'huile à la lampe* ainda dure um pouco mais, e a melhor coisa é não pensar mais sobre isso. Minha casa, e a comida e as atenções de minha Perpétua deram-me renovada coragem. Ontem e anteontem vi os membros mais jovens de nossa família *en résumé*, e havia faces cheias de esperanças e de promessas ao redor da árvore de Natal, e um ou dois excepcionalmente belos rostos de crianças, com uma expressão de absoluta e sincera admiração... Em relação à produção espiritual dos dias de hoje, na qual você, meu querido amigo, sente falta dos grandes indivíduos do passado, o século vinte provavelmente mostrará que, uma vez que a era de empobrecimento e simplificação tenha chegado, e que a produção tenha cessado de ser orientada inteiramente de acordo com o desejo das grandes cidades e de sua imprensa, poderão existir poderes realmente originais e grandiosos, capazes de evitar e de sobreviver à falsificação universal! Esses, então, são meus não-autorizados consolos.

    No dito século vinte, essas assombrosas caricaturas dos chamados clérigos liberais e professores, que até hoje ainda têm permissão de se impor à frente da cena, junto com as mais prementes questões da existência, simplesmente deixarão de existir. Num belo dia, as duas figuras acima mencionadas irão, de repente, olhar com espanto uma para a outra, quando não houver ninguém ali para nomeá-los e pagar-lhes. Eles nunca existiram, é claro, por sua própria força, mas foram apenas postos para ocupar o púlpito e sentar-se no assento dos crentes. Nunca houve tão falsa posição, e, quando seu tempo acabar, isso irá desabar. Pode ser que, de forma geral, a situação realmente esteja funcionando para os católicos romanos, e que a questão tenha sido colocada diante deles com freqüência; há vinte anos disse o mesmo para um bom amigo, que tomou parte nisso, e ele respondeu: Sei perfeitamente bem. Nós, na Basiléia, temos tido essa chamada "Reforma" há décadas, e seu partido mais ou menos coincide com o do radicalismo político, só que a resistência do verdadeiro crente é muito mais enérgica e aberta do que a resistência dos conservadores no Estado, embora eles sejam, em sua maior parte, as mesmas pessoas. A Doutrina dos Apóstolos foi posta de lado aqui, *florente ecclesia*, há cerca de trinta anos, porque a grande alma de um certo Parson Horler (que era um hegeliano e não acreditava em nada) sentiu-se constrangida por ela. Mas não tema, tudo isso irá virar pó no momento em que os homens se confrontarem com uma genuína necessidade...

PARA VON GEYMÜLLER
Basiléia, quinta-feira, 13 de abril de 1893

Não posso negar que, de fato, pedi demissão na semana passada, mas, infelizmente, isso aconteceu por justas razões. Há quase três semanas fui atacado por uma terrível dor do nervo ciático no lado esquerdo, e por uma asma ainda mais séria, que foi a gota d'água; embora ainda possa falar com coerência, os mínimos movimentos (a menos que sejam feitos muito devagar) me fazem ofegar e suar, e nessas condições não se pode mais prometer ministrar um curso. Além disso, tenho três quartos de século em minhas costas.

Você nunca acreditaria quão distinto um velho se sente quando fica livre de todas as obrigações e responsabilidades para com o futuro. Imediatamente me incumbi de trabalhar em algumas poucas coisas, e comecei a me ocupar com elas; pequenas coisas que podem ser facilmente deixadas de lado. Mas nada importante ou de longo alcance novamente! Apenas pensar nisso me faz suar.

O médico tem até agora me dado gotas de Strophanthus contra a conspiração do coração e dos pulmões, e sou diariamente massageado (com sucesso) para minha dor ciática, mas o problema é que a máquina toda está velha, e três de meus familiares morreram de doenças cardíacas, e *il faut bien qu'on meurt de quelque chose*. Eu não me queixaria muito se, no fim que agora se aproxima, tanto os olhos quanto os ouvidos permanecessem em boas condições.

Para Georg Klebs
Basiléia, 2 de maio de 1893

Já que poderemos não nos encontrar no Clube de Leitura pelos próximos dias, escrevo-lhe confidencialmente.

Se qualquer coisa — seja da parte da universidade, ou da faculdade, ou de alguma escola em particular — for proposta em minha homenagem por ocasião de minha aposentadoria ou de meu aniversário — seja o que for —, eu lhe pediria, como Rector Magnificus e velho amigo, que a recusasse em meu nome, com firmeza e em definitivo, e para esse propósito dou-lhe inteira autoridade. Meu desejo de total silêncio em relação à minha aposentadoria é incondicional.

Estou certo de que você será bondoso o suficiente para, como amigo, me ajudar nesse assunto.

Para Arnold von Salis
Basiléia, segunda-feira de Pentecostes de 1893

Durante os últimos dias tive muitas provas de inesperada afeição por parte de várias gerações de alunos e ouvintes, mas suas linhas comoveram-me e agradaram-me de forma especial. Devo na verdade confessar que você descreve meu trabalho do modo como deveria ter sido, e como eu gostaria que tivesse sido; mas você também relembra o relacionamento pessoal que nos foi concedido de forma tão amigável, e eu também me lembro de algumas noites realmente encantadoras que passamos juntos. Agora que tudo acabou, sinto que, no fim das contas, devo ter significado algo mais para muitos outros estudantes fora de meu tempo de aula; mas isso sempre foi difícil de fazer, como você bem pode imaginar. E agora a vida passou, e várias enfermidades me informam que entrei numa idade extremamente avançada.

Meus sinceros agradecimentos por sua bondade e por esse sinal de sua amizade.

Para von Preen
Basiléia, 2 de junho de 1893

Eu prossigo arrumando minhas anotações, não como se algo fosse resultar disso, mas porque não posso suportar a mera leitura sem objetivo, isto é, a completa inatividade. A bela posição de meus aposentos e meus confortáveis ajustes são um grande consolo, pelo qual sou constantemente grato à minha irmã; se não fosse por ela eu nunca teria sido capaz de ter me decidido no ano passado, nem teria conseguido lidar com o grande êxodo. Nas árvores escuras que vejo lá embaixo, os pássaros mais audaciosos, os melros, executam a mais pura das canções.

E agora penso novamente em você, caminhando na calçada da Karl-Friedrichstrasse, ou em um passeio ou outro, e diariamente reunindo novas forças, e o que é mais, não para sua escrivaninha, mas para um feliz e confortável descanso, como o que os asmáticos têm. É um bom sinal o fato de que você durma por oito horas, embora não possa queixar-me, já que ainda sou capaz de dormir por seis ou sete horas. Crianças e velhos realmente deveriam ser capazes de dormir, e mais, deveriam ter permissão para dormir quando querem. A taça extra de vinho que você pretende beber à minha liberação será respondida esta noite com um trago especial, quando tiver minha bebida perto de mim em meu piano aberto.

Meu sucessor, Wölfflin, que é daqui, foi, felizmente, trazido de volta de Munique para assumir o posto de imediato, de forma que não houve interrupção no curso de história da arte. Se semanas e meses tivessem se passado em discussões e correspondência, todo mundo teria se envolvido nisso, e o diabo teria enfiado seu dedo na torta.

Jacob Burckhardt

Para um estudante de teologia
Basiléia, 26 de maio de 1895

Ainda não respondi à sua gentil carta de 20 de janeiro, e só o faço após ter me certificado, por intermédio de meu sobrinho, que você ainda está em Berlim.

Estou agora entrando em meu septuagésimo oitavo ano de vida, e não apenas estou velho mas extremamente cansado, e auxilio de forma objetiva a campanha que meu excelente e valoroso médico (que também é meu sobrinho) move contra minha doença, com a ajuda de exames freqüentes e três medicamentos alternados. Contudo, ainda disponho de meus olhos e meus ouvidos, meu sono é razoável, e não irei me queixar.

Seja leal à arte "em todas as suas ramificações", à música, à poesia e à pintura, e continue acreditando que não é sem motivo que é concedida a alguém uma vida exaltada por essas coisas gloriosas. Há, é claro, pessoas admiráveis que passam muito bem sem tudo isso, e a elas será concedido um *Ersatz*, mas é melhor ter do que não ter. E quão mais bem posicionada a juventude de hoje está em comparação com a de meus dias, quando não havia edições baratas de música e de livros, fotografias e nem tampouco trens para tornar as viagens mais fáceis. Mas uma das bênçãos da juventude é uma maravilhosa memória para tudo o que é visto e ouvido, e também para as coisas das quais se desfrutou apenas uma vez.

A arte de hoje há muito desapareceu quase que completamente de meu horizonte, e mal sei, ou não sei de todo, quais são suas palavras-chave. Em idade muito avançada, quer-se apenas a paz, e ela é mais facilmente encontrada quando não mais se ouve coisa alguma sobre as disputas na arte e na literatura. Isso serve apenas para as pessoas demasiado velhas; na juventude deve-se saber sobre esses assuntos e ser capaz de assumir uma posição, pois o mesmo fazem os contemporâneos e amigos.

Mas Berlim, mesmo na minha época (em 1839, sob Frederico Guilherme III), era um lugar muito importante, porque era o melhor lugar para se aprender história e história das artes. Todo o *Museu Altes* foi planejado com essa percepção e espírito; trata-se do único lugar onde recebi uma indelével impressão das óperas de Gluck e (em um coro privado) de antiga música sacra — pelo menos até o ponto de atingir um princípio de compreensão. Desde então, uma incalculável quantidade de coisas foi acrescentada, posta em uso e empregada como em nenhum outro lugar no mundo.

Há em Berlim tesouros que não são encontrados em nenhuma outra parte do mundo: entre as esculturas, o Altar Pergamon, e, entre as pinturas, o Altar de Van Eyck, em Gand. Assim, no novo museu, moldes tirados de tudo o que é importante em todo o mundo. Agora, é possível que, como um pároco do interior, um dia você seja jogado de volta às profundas lembranças e impressões que tais coisas lhe causaram, o que, penso eu, não será de forma alguma prejudicial a seu ofício espiritual. Se você vier novamente para casa, e eu ainda estiver na terra dos vivos, gostaria muito de agradecer-lhe, em alguma ocasião, o ingresso que deixou para mim, para o último concerto a que fui capaz de assistir na Basiléia. E, na oportunidade, também gostaria de falar com você sobre arte e todo tipo de coisas.

JACOB BURCKHARDT

PARA HEINRICH WÖLFFLIN
Basiléia, 18 de setembro de 1895

...Bem posso crer que *Arte Clássica na Itália*[98] não é um tema fácil; é, contudo, o tipo de questão, senhor, que se espera ser respondida por pessoas como você. E agora que o clima está mais fresco, você dispõe das condições certas para isso.

Mas, nesse meio tempo: quem na verdade somos nós para exigirmos, da Itália do *Cinquecento*, um imutável idealismo, constante *in secula seculorum*? Nosso atual culto das cores nos transforma, *a priori*, sem mais discussões, em tolos consideravelmente limitados...

Além disso, quer você goste ou não, seu livro ou brochura terá um caráter histórico; você terá de perceber um certo número de transições em termos bem genéricos (de forma que uma pitada de genuíno fatalismo é bem recomendada). E no Renascimento há, acima de tudo, a existência da beleza, que por si própria é necessariamente frágil, mas que no fundo era apenas um raio de sol, mais brilhante do que o habitual, que na terra combinou-se com uma simplificada, ou com uma mais elevada, economia de pensamentos, em resultado da qual o individualismo realista do *Quattrocento* – entre outras coisas –, foi evitado. Era inevitável, nesse estado das coisas, que o elemento que você chama de formal, esquemático, aparecesse em todos os outros grandes mestres de segunda linha, e mesmo entre aqueles de primeira linha, em momentos de fadiga. Então, o segundo estágio foi quando o formal começou a gesticular, e o que era supostamente clássico muitas vezes mostrava ser fanfarronice...

---
[98] Tradução inglesa, Londres (Phaidon Press), 1953.

Mas através de todo o *Cinquecento* você terá de manter em mente a nação apoiando e encorajando os artistas, e encorajando-os a se gabar e a se jactar.

Mas já chega de minhas inoportunas interrupções. Seja paciente e gentil e aceite isso como prova de meu interesse.

Para Ludwig von Pastor
Basiléia, 13 de janeiro de 1896

...Muitos agradecimentos por sua benevolente oferta de corrigir as palavras que aparecem no *Historisch-Politischen Blättern*,[99] Penso que, ainda assim, será melhor não fazer caso disso.

Pessoas velhas e doentes estão, acima de tudo, ansiosas para se afastar da agitação do dia-a-dia, ficar em paz com todo mundo, e se preparar para coisas bem diferentes.

E, depois, o nome de Nietzsche não é apenas, por si só, uma espécie de poder hoje em dia, mas um golpe de publicidade que pede nada menos que discussões e explicações, a favor e contra. Mas alguém que, como eu, começou seus estudos quando Hegel ainda estava em plena evidência pode observar calmamente a ascensão e queda de várias reputações, e até mesmo aprender a lidar com a fragilidade dos grandes.

Além disso, uma vez que me falta por completo a veia filosófica, percebi, na época de sua indicação para cá, que meu relacionamento com ele não lhe seria de qualquer valia, e por isso permaneceu ocasional, apesar das sérias e amigáveis discussões.

---

[99] *Geistesentwickung und Geistesphilosophie*, de Friedrich Nietzsche (vol. 116, Munique, 1895, p. 823 e seg.).

Nunca tive com ele qualquer diálogo no que diz respeito ao *Gewaltmenschen*, os maníacos por poder, e nem mesmo sei se ele abraçou essa idéia na época em que ainda o via com razoável freqüência;[100] quando sua doença começou, o via apenas raramente.

De minha parte, nunca fui um admirador dos *Gewaltmenschen* e dos *outlaws* na história, e, ao contrário, considero-os *Flagella Dei*, e estou disposto a deixar a sua construção psicológica para outros, sendo este um ponto em que podemos ser espantosamente enganados. Na verdade, interesso-me mais pelo aspecto criativo das coisas e pelo que faz as pessoas felizes, o aspecto vivificante, que, pensei, poderia encontrar em outro lugar. Nesse meio tempo, estou lendo vários trechos de seu rico volume, e fico cada vez mais em dívida para com você pela plenitude da luz que a obra irradia.

PARA VON GEYMÜLLER
Basiléia, 6 de abril de 1897

Infelizmente, só posso responder a seu duplo despacho com alguma dor, pois meu estado de saúde está declinando visivelmente. Dormir e outras coisas ainda são razoavelmente boas, mas tenho muita dificuldade para respirar; e trabalhar há muito está fora de questão, de forma que estou inteiramente incapacitado de apreciar a grande discussão sobre os dois estilos a respeito da qual você fala. Os velhos tempos há muito se foram, e, embora uma série de coisas ainda me interesse bastante, há tempos que não posso expressar-me com coerência. Assim, triste-

---

[100] Ver na página 375 a reação de Burckhardt a *Além do Bem e do Mal*.

mente devolvo-lhe seu manuscrito; pois estaria fraco demais para discutir as coisas intensamente, e até mesmo para procurar as fotografias que ainda possuo.[101]

Fiquei muito satisfeito em saber que Sua Alteza Real teve tão amável recordação da pintura; minha participação no episódio foi muito pequena. Tratava-se, além disso, não de um Garofalo, mas de um Guido Reni de início de carreira, no tempo em que ele pintava sob influência de Albrecht Dürer, o que, nesse caso, seria difícil de suspeitar. O quadro pertence à grã-duquesa em pessoa, e na ocasião recebi uma magnífica fotografia dele.

E agora adeus, e continue bem-disposto em relação a seu velho "Cicerone", nossas vidas tendo se cruzado e recruzado tantas vezes, e de maneira tão afetuosa; e, após minha morte, me tome apenas um pouco (não demais) sob seus cuidados; dizem que é um trabalho meritório!

---

[101] Cedeu sua coleção a Wölfflin.

Notas biográficas
dos principais correspondentes, em ordem de aparição

RIGGENBACH, CHRISTOPH JOHANNES, 1818-1890, depois de estudar medicina na Basiléia, freqüentou aulas de teologia em Berlim, onde dividiu alojamento com Alois Biedermann (ver abaixo). Em Berlim, ambos foram influenciados por Marheinecke e, através deste, por Hegel. Foram ordenados em 1842 e casaram-se com duas irmãs. Depois de aderir aos pontos de vista teológicos de Biedermann e sua "Igreja do Futuro", Riggenbach retornou a uma atitude mais conservadora e tornou-se catedrático em Teologia Dogmática na Universidade da Basiléia. Escreveu uma série de artigos sobre questões teológicas. Ver a Introdução, p. 56.

BIEDERMANN, ALOIS EMANUEL, 1819-1885, para quem não há nenhuma carta restante. Biedermann, que nasceu em Winterthur, foi enviado para estudar na Basiléia, que era considerada menos liberal em termos teológicos do que Zurique, onde seu pai trabalhava. Dono de uma mente independente que influenciava todos que se aproximavam dele, Biedermann assumiu uma paróquia na Basiléia depois de seu retorno de Berlim, mas logo mudou-se para Zurique, onde se tornou líder da chamada *Reformtheologie* e ficou conhecido como professor de teologia. Seus trabalhos sobre teologia dogmática foram profundamente influenciados por Hegel e Strauss.

VON TSCHUDI, FRIEDRICH, 1820-1886, veio de uma família há muito estabelecida em Glarus. Estudou teologia na Basiléia, Bonn e Berlim e, como Rieggenbach, sofreu a influência de Biedermann e a atração por Hegel. Por um curto período de tempo manteve um cargo em Toggenburg, mas cedo afastou-se da Igreja e voltou sua atenção para a política. Depois de aposentado, nos arredores de St. Gallen, publicou inúmeros artigos e panfletos durante a Sonderbundkrieg, que chamaram muito a atenção, e continuou exercendo alguma influência na política. O seu *Vida Animal nos Alpes* foi reeditado várias vezes, e continua a ser lido.

SCHREIBER, HEINRICH, ver Introdução, p. 60.

ZWICKI, CASPAR, 1820-1906, estudou em Zurique e Berlim, onde conheceu Burckhardt através de Von Tschudi. Estudou teologia e ordenou-se.

MEYER-MERIAN, 1818-1867, de uma antiga família da Basiléia, estudou medicina em Berlim e desde então exerceu sua profissão na Basiléia, onde fez muito para organizar e melhorar o sistema hospitalar.

SCHAUENBURG, EDUARD, 1821-1901, o mais jovem dos dois irmãos que foram parte fundamental da vida de B. na Alemanha.

Nascido em Herford, na Westfália, de uma família oriunda de Oldenburg, Schauenburg estudou filologia em Bonn e Berlim, onde B. conheceu-o através de outro westfaliano, Siegfried Nagel, mencionado nas cartas. Ele se tornou um mestre-escola, e de 1866 até sua aposentadoria foi o diretor do Ginásio de Krefeld.

KINKEL, GOTTFRIED, ver Introdução, p. 64.

BEYSCHLAG, WILLIBALD, 1823-1900, estudou teologia sob a influência dos trabalhos de Schleiermacher e Neander, e ordenou-se. Sua violenta oposição aos católicos romanos de Trier originou uma ação judicial, e ele se mudou para Halle, onde tornou-se professor de teologia até sua aposentadoria, em 1860.

FRESENIUS, KARL, 1819-1876, estudou ciência e filosofia. Ensinou primeiro em Weinheim e subseqüentemente em Eisenach. Um amigo de Kinkel a quem conheceu em Bonn.

WOLTERS, ALBRECHT, 1822-1876, um amigo de Beyschlag, através de cuja influência ele foi nomeado conferencista de teologia em Halle.

SCHAUENBURG, HERMANN, 1819-1876, irmão de Eduard. Hermann Schauenburg estudou medicina em Bonn e Berlim, mas logo envolveu-se com a política. Suas posições liberais levaram-no a enfrentar problemas com às autoridades, e foi somente depois de 1848 que se acomodou em sua profissão e passou a exercer a medicina. Entre os amigos de Burckhardt na Alemanha, Hermann Schauenburg foi o mais inclinado à política. Alguns de seus trabalhos médicos foram bem considerados e continuaram sendo reeditados por longo tempo.

HEYSE, PAUL, 1830-1914, poeta, dramaturgo e romancista, nascido em Berlim, cunhado de Bernhard Kugler, filho de Franz Kugler (ver Introdução, p. 62), em cuja casa ele veio a conhecer Burckhardt em 1849. De 1854 até o fim de sua vida ele morou em Munique, e fazia parte do grupo de escritores que se reunia em torno de Maximiliano da Baviera. Suas traduções de poesia italiana foram dedicadas a Burckhardt. Ganhou o Prêmio Nobel de Literatura em 1910.

MÜNDLER, OTTO, sete anos mais moço que Burckhardt, foi um historiador de arte que passou a maior parte da vida em Paris, e trabalhou como assistente de Von Zahn na revisão da segunda edição de *Cicerone*, de Burckhardt.

VON PREEN, FRIEDRICH, 1823-1894, nascido em Mannheim, filho de um oficial a serviço do Grão-Duque de Baden. Estudou direito em Heidelberg, onde se tornou um amigo de vida inteira de Wolf Goethe, neto de Goethe. Ingressou no serviço civil e, enquanto comissionado em Lörrach, perto da Basiléia, conheceu Burckhardt, através do Dr. Kaiser, mencionado em algumas cartas. Logo depois Preen foi transferido para Bruchsal, e mais tarde para a capital, Stuttgart, onde morreu. Ver Introdução, p. 80.

ALIOTH, MAX, 1842-1892, nascido numa próspera família da Basiléia. Estudou arquitetura e exerceu a profissão durante algum tempo em Paris e na Basiléia. Apesar de seu enorme talento, não obteve êxito, e durante um período tentou sua sorte com a pintura. Depois de alguns anos em Paris, retomou sua profissão e ingressou num escritório de arquitetura em Frankfurt. Um ano ou pouco mais antes de sua morte, voltou para a Basiléia, em más condições de saúde. Até o fim, Burckhardt demonstrou real interesse e simpatia por todos os seus projetos. Ver Introdução, p. 80.

VON GEYMÜLLER, HEINRICH, 1839-1909, austríaco, primo de Alioth. Geymüller tornou-se conhecido como historiador da arquitetura com seu trabalho sobre a basílica de São Pedro. Apesar de sua amizade ter-se iniciado nos mesmos anos da correspondência com Preen e Alioth, as cartas para Geymüller apresentam um outro tipo de interesse do que aquelas para os outros dois correspondentes. Isso explica por que uma amizade de vida inteira é representada por apenas três cartas.

Principais edições das cartas de Burckhardt

Jacob Burckhardt: Briefe, vol. I, 1818-1843. Editado por Max Burckhardt. Benno Schwabe: Basiléia, 1949. (Esta edição será completada em 10 volumes.) [Esta nota advém da edição de 1955.]

Burckhardt-Wölfflin Briefwechsel, und andere Dokumente ihrer Begegnung, 1882-1897. Editado por Joseph Gantner. Benno Schwabe: Basiléia, 1948.

Briefe Jacob Burckhardts an Gottfried und Johanna Kinkel. Editado por R. Meyer-Kraemer. Benno Schwabe: Basiléia, 1921.

Jacob Burckhardt, Briefwechsel mit Heinrich von Geymüller. Editado por Carl Neumann. Georg Müller: Munique, 1914.

Jacob Burckhardt, Briefe an einen Architekten, 1870-1889. Editado por Hans Trog. Georg Müller: Munique, 1912.

Jacob Burckhardt, Briefe an seinen Freund Friedrich von Preen, 1864-1893. Editado por Emil Strauss. Deutsche Verlags-Anstalt, 1922.

Jacob Burckhardt, Briefe und Gedichte an die Brüder Schauenburg. Editado por Julius Schwabe. Benno Schwabe: Basiléia, 1923.

Índice Remissivo

Fotografias estão indicadas em itálico. As iniciais JB referem-se a Jacob Burckhardt. Todos os nomes germanos estão indexados pelo nome principal e não pelo prefixo. Nomes seguidos por um traço, por ex., Beck, ____, indicam que o prenome não foi identificado.

A

Aargau-Baden, carta, 386-89
Abadia de Westminster, 343, 351
Academia de Arte de Berlim, 72, 203
Acton, Lord, 49, 51-52
Aeschengraben, mudança, 399-401
Agostinho, Santo, 86
Agulha de Cleópatra, 340, 342, 350
Aída, 309, 321
Alboni, Marietta, 267
Aldronvaldi, conde, 333
Além do Bem e do Mal (Nietzsche), 376, 375 n92, 409 n100
Alexandre II, 273, 279 n70
Alfieri, Vittorio, 363, 389
Alioth, Max, 80; biografia, 81, 415; cartas para, 304, 310, 311, 318, 319, 321, 324, 327, 328, 330, 335, 339, 341, 342, 361, 365, 366, 372, 373, 376
Alsácia, 265 n62, 274, 275, 289
Altar Pergamon (escultura), 406
Ancona, Itália, 330
Andromaque (Racine), 175
Animais na Itália, 310
Aquário Real, 352
Architectural Journal, 113
Armide, 61, 358
Arnim, Achim von, 152
Arnim, Bettina von, 65, 152-156
Arnim, despacho sobre o caso, 302 n78
Arte Clássica na Itália (Wölfflin), 407
A Arte do Renascimento (Burckhardt), 247, 253
Ásia Menor, decisões de pesquisa, 125, 126, 130

Asma, de JB, 358-402
Assim Falou Zaratustra
 (Nietzsche), 82, 84

B

Baden, 264, 267, 274, 378, 382-83, 388, 414; carta de, 385
Baldung, Hans Grien, 121-28
Balfe, _____, 184-85
Basiléia, 9, 11, 14-15, 22, 46, 50, 53-56, 58, 60, 61, 68-78, 80-84, 86, 87, 103, 110, 112, 116-17, 129, 137, 156, 169-70, 179-80, 183-86, 189-93, 195, 197-98, 204, 213, 215-16, 219, 222-25, 241-45, 247-49, 253-58, 260, 264, 254 n61, 267, 271-73, 275, 278-79, 281, 283, 285, 287-89, 291-93, 295, 297, 299-302, 305, 313-17, 322-24, 336, 338, 343, 353, 355, 358-62, 365-67, 369-70, 373, 375-78, 380-82, 384-86, 388-89, 401, 406, 411, 414-15, 417; cartas da, 107, 119, 389, 390, 392, 394, 396, 397, 399, 401, 402, 403, 404, 405, 407, 408, 409; círculo fechado da, 10
Basilides, 160
Basler Zeitung, 14, 69, 70, 71, 191
Batalha de Leipzig, 142

Bauer, Bruno, 187, 187n38
Beaumarchais, Pierre Augustin Caron de, 175
Beck, _____, 115, 317
Beethoven, Ludwig von, 113
"Beiträge zum Ciccerone", 258
Bélgica, 136, 147 n27, 150, 171, 354
Bellini, Vincenzo, 184, 331, 364
Berlim, 9, 61, 62, 64, 73, 98, 107, 115, 119, 120-21, 123, 128-29, 136, 139, 144, 151, 156-57, 161-62, 167-68, 175-76, 178-79, 204, 222, 266, 278, 286-90, 358, 379, 405-06, 412; cartas de, 122, 124, 129, 131, 132, 136, 137, 156, 157, 159, 161, 163, 166, 168, 170, 172, 205, 210, 212; impressões de JB, 130, 207
Berri, Melchior, 117 n14
Beyschlag, Willibald, 195 n39, biografia, 413; cartas para, 161, 176, 186
Biblioteca Nacional de Paris, 14
Biedermann, Alois Emanuel, 56, 103 n2, 107, 125 n18; biografia, 411; cartas para, 59; relação com JB, 118
Bismarck, 269 n64, 285, 289, 294, 302 n78, 316 n80, 391 n96, 393, 394

Böcklin, Arnold, 76, 248 n53
Bode, Wilhelm, 79, 301, 308, 311
Bolonha: cartas de, 327, 328, 330
Botânica, 317
Boulanger, Georges, 377, 379-81, 394
Bourbaki, general, 341, 341 n85
Bourgraves (Hugo), 175
Brenner, Albert, 75, 109 n7, 125 n18; cartas para, 225, 230, 232, 234, 239
Brenner-Kron, Emma, carta para, 219
Brentano, Clemens, 153 n28, 154 n29
Brunelleschi, Filippo, 340
Burckhardt, Jacob: conservadorismo de, 11; curtas viagens e pesquisas, 9; decepção com Paris, 17; e a cultura, 28; e a reativação constante da História, 11; e as agitações políticas, 12; e o "cristianismo estético", 22; e o desenvolvimento do italiano para o homem moderno, 19; e o Estado, 27; e o papel do Estado, da religião e da cultura para a História, 26; fracasso amoroso, 17; opção pela vida reclusa, 17; pesquisa sobre o "espírito grego", 18; professor regular da Universidade da Basiléia, 14; realismo de, 12; receio da dominação alemã, 10; recusa cátedras na Alemanha, 9; redator do *Basler Zeitung*, 14; sobre o Renascimento, 21; vida na Basiléia, 9; visão da História, 13
Burckhardt, Louise, 17, 57, 59, 61, 75, 108 n6, 147 n26, 155; cartas para, 132, 137, 139, 147, 151
Burckhardt, Max, editor, 17, 45
Burke, Edmund, 38

C

Camposanto (Pisa), 108
Camuph (Johannes Jakob Oeri), 108, 108 n6, 109, 116, 119 n5, 130
Caracci, Ludovico, 330
Caravaggio, 372
Carlos VIII, 320
Casas do Parlamento (Inglaterra), 343, 350, 354
Catalogue Raisonné, 344
Catedral de Amiens, 341
Catedral de Bamberg, 127
Catedral de Colônia, 147, 341
Catedral de Milão, 113
Catedral de Saint Martin, 146
Catedral de São Miguel (Munique), 319
Catedral de São Paulo (Roma), 307

Catedral de São Pedro, 81, 201,
  225, 307, 330, 415
Caterina Cornaro (Lachner), 321
Cavour, Camillo Benso,
  conde de, 379
Centauros (esculturas), 306
Cerveja inglesa, 352
César Augusto, 329
Chalard, _____, 321
Chambéry (fonte de), 311
Le Chapeau de Paille (Rubens), 346
Charutos (variedades), 348
Ciática, de JB, 402
O Cicerone. Guia para a Apreciação das Obras de Arte na Itália (Burckhardt), 15, 50, 74, 80, 247, 301, 308 n79, 414
A Cultura do Renascimento na Itália (Burckhardt), 15, 16, 18, 20, 21, 41, 49, 82, 90, 244, 246, 255, 298
Clough, Sra. A. H., 248 n52
Clube dos Westfalianos, 140
Colônia, 64-66, 136, 171, 194, 209, 360; Constituição de, 170
Conrado de Colônia, arcebispo, 156, 163, 170
Considerações sobre a História Universal (Burckhardt), 18, 24
Cornelius, _____, 318, 318 n81
Corregio, 152, 353

Cresilas, 354
Creuzer, de Heidelberg, 153 n28
Crippa, 311
Crispi, Francesco, 379
Cristandade, 85
Cristo, 56-57, 88, 104, 135, 161, 188
Cristo no Monte das Oliveiras (Beethoven), 112
Curti, Gioachino, 396
Curtius, Ernst, 128, 287, 287 n72

D

La Dame Blanche, 183
Dante, 23
Decameron, 270
Delacroix, Eugène, 362
Della Robbia, 340
Devrient, Ludwig, 175
Dewette, Wilhelm Martin, 56-57, 104-06, 115-16, 396
Dilthey, Wilhelm, 76, 86, 255, 255 n57, 256
Domenichino (Domenico Zampieri, dito *il*), 372
Donizetti, Gaetano, 184
Dostoiévski, Fiodor, 38
"Dos Usos e Desvantagens da História", 295
Doutrina dos Apóstolos, 401
Doze Apóstolos, Ravena, 205

Dresden, 61, 128, 157, 167-68, 311, 351, 364; cartas de, 167, 311
Droysen, Gustav, 14, 31, 62, 125-26, 129, 131, 136
Dürer, Albrecht, 128, 410

E

E Hämpfeli Lieder (Burckhardt), 74
Educação Sentimental (Flaubert), 266
Enciclopédia Brockhaus, 14, 69
Ense, Varnhagen von, 139, 139 n25
Epoca, 333
Erlkönigs Mutter, 359
Eróstrato, 279 n70
Estilo gótico, opinião de JB, 265

F

Fallersleben, Hoffmann von, 180
Falsi Monetari (Rossi), 309
Fausto, 109, 109 n7, 230-32, 358
Favre, Jules, 377
Felipe II, 302
Fídias, 367
Filiberto (estátua de), 311
Filosofia da História (Hegel), 25
Filosofia do Inconsciente (Hartmann), 281
Flaubert, Gustave, 266
A Flauta Mágica, 113
Florença, 73, 109, 112, 114, 204-05, 327, 340

Focke, Auguste, 145, 150, 152
Förster-Nietzsche, Elisabeth, 82-83
Fotografia, 264, 306, 311, 351
Fourment, Hélène, 346
Frankfurt, 64, 144, 150, 154, 171, 202 n40, 209, 312, 364, 415; carta de, 139
Frantz, Konstantin, 283, 283 n71
Frederico III, 381 n94
Frederico Guilherme III, 406
Frederico Guilherme IV, 172
Fresenius, Karl, 87, 161 n33; biografia, 413; cartas para, 163, 201
Fröliche Wissenschaft (Nietzsche), 370

G

Galeria Bridgewater, 353
Galeria Duque de Wellington, 353
Galeria Grosvenor, 353-54
Galeria Lord Dudley-Ward, 353
Galeria Lord Northbrook, 354
Galli, cardeal Tolomeo, 325
Gare du Nord (Paris), 310
Garibaldi, Giuseppe, 390
Garofalo (Benvenuto Tisi, dito *il*), 410
Geersdorff, _____ von, 83
Geibel (poeta), 167, 208-09, 211, 256
Gelzer, Dr., 120

Gênova, 110, 112, 114, 303-04, 333, 362, 363; carta de, 362
Geymüller, Heinrich von, 81, 85; biografia, 81, 415; cartas para, 80, 394, 401, 409
Gibbon, Edward, 38
Gilbert, Felix, 18
Gluck, Christoph, 406
Godet, Fritz, 110, 110 n8
Goethe, Johann Wolfgang von, 65, 87, 103, 103 n1, 111 n9, 152
Goethe, Wolf, 414
Goldwändler (vinho), 388
Gravedona, carta de, 324
Green, Hans Baldung, 127, 128
Griechische Kulturgeschichte (Burckhardt), 18, 50, 85, 92
Grillparzer, _____, 293
Grüninger, Robert: cartas para, 303, 307
Gsell, _____, 116
Guia dos Tesouros Artísticos da Bélgica (Burckhardt), 156-57
Guilherme I, 272 n66, 380, 381 n94
Guilherme II, 381 n94, 391 n96
Guercino (Giovanni Francesco Barbieri, dito *il*), 372
Guido (Guido Reni, dito *il*), ver Reni, Guido
Guizot, François, 181
Günderode, Karoline, 65, 153

H

Habicht, _____, 170
Hagenbach, _____, 116
Handbuch der Kunstgeschichte (Ebner), 242 n46
Hartmann, Eduard von, 281, 290
Hebel, Johann Peter, 290, 322
Hegel, Georg Wilhelm Friedrich: dialética, 29
Heger-Étienvre, M. J., 9
Heródoto, 126
Herzen, _____, 68
Heusler, Andreas, 70-71
Heyse, Paul, 16, 73, 76; biografia, 414; cartas para, 222, 224, 242, 245, 245 n49, 248, 253, 254, 389
Hildescheim, visita a, 64, 136
História Alemã na Era da Reforma (Ranke), 301
História da Arquitetura (Kugler), 126, 242 n46, 255
História da Cultura Grega (Burckhardt), 18
História dos Papas (Von Pastor), 381 n95
História Francesa (Ranke), 301
História Inglesa (Ranke), 301
História Prussiana (Ranke), 302
Hobbema, Meindert, 354
Holbein, Hans, 128

Horler, Parson, 401
Hufeland, Ernst Ludwig, 133-34, 137
Hugo, Victor, 175
Huizinga, Johan, 16, 20, 21
Humano, Demasiado Humano (Nietzsche), 338, 338 n84
Humboldt, Wilhelm von, 13

I

Igreja Frauenkirche (Munique), 319
Império Romano, 38, 94, 129
Isteiner (vinho), 317
Italienische Liederbuch (Heyse), 245 n49

J

Johann Parricida, 158
Judeus, 209, 289, 312

K

Kaegi, Werner (professor), 45
Kaiser, Dr., 287, 287 n72, 414
Karlsruhe, 297, 389; nomeação de Von Preen, 297, 297 n77
Karr, Alphons, 211
Kassel (galeria de arte), 313
Kaufmann, Angelica, 317
Kaulbach (afrescos de), 311
Kiel, 14, 62, 131, 136, 255
Kierkegaard, Sören, 58, 160 n31
Kindermann, _____, 321

Kinkel, Gottfried, 65, 67-70, 72, 188, 214; acidente de barco, 66; biografia, 64, 66, 68, 215, 413; cartas para, 157, 159, 167, 168, 170, 172, 175, 180, 184, 190, 191, 193, 195, 197, 203, 204, 205; relação com JB, 67, 73, 77
Kinkel, Johanna Matthieux, 69, 150, 160; cartas para, 183, 189, 201
Klebs, Georg, carta para, 402
Köbi, _____, 124 n18
Kölnische Zeitung, 69, 211
Köpenick, inquietação social em, 391
Krefeld, 257; ginásio de, convite para palestra, 256, 413
Kritische Gänge, 269
Kugler, Bernhard Heyse, 248, 249 n54; cartas para, 260, 291, 292, 299, 300
Kugler, Franz, 62, 69, 72-73, 121, 126, 129, 141, 148, 151 n37, 205-07, 242 n46, 245 n49, 246, 254, 254 n55; carta para JB, 181; coloca JB na *Brockhaus*, 185; e as construções bizantinas, 130; relação com JB, 130, 135, 156
Kugler, Frau: carta para, 242
Kunst der Renaissance (Burckhardt), ver *Cultura do Renascimento na Itália*

L

La Bruyère, Jean de, 338
Lachmann, _____, 137

Lachner, _____, 321
Lago Constança, período de JB, 60
Lago de Como: carta de, 324
Lambert, _____, 366
Lansdowne, conde de, 354
La Rochefoucauld, 338, 339
Lei do Seguro de Saúde, 392
Leipzig, 63, 64, 140, 144, 253, 287; viagem a, 64, 141, 143
Leipziger Zeitung, 185
Lenau, _____, 240
Leopardi, Giacomo, 389
Lépido, 329
Liège, 176 n58
Liel, 317
Liszt, Franz, 155
Locarno, 378
Londres, 9, 80, 342, 344, 351; café em, 346; cartas de, 93, 339, 340, 341, 342, 344, 353; impressões de JB, 348, 353, 356
Loreto, 330
Lörrach, 81, 264, 266, 283, 287 n72, 384, 414
Lorrain, Claude, 354
Lübke, _____, 243, 244, 247, 249, 255, 255 n56, 265, 265 n63, 268, 287, 293, 312
Ludovico I, 318, 319
Luís Felipe, 177, 351, 351 n87, 379
Lutero, 396

M

Macbeth (Chalard), 321
Männerlied (Kinkel), 206, 209
Manzer, _____, 130
Marcelino, Amiano, 389
Marco Antônio, 329
Maria Antonieta, 177
Martel, Carlos, 156
Martha, 337
Martini, conde, 384
Maximiliane, Fräulein, 154
Maximiliano da Bávaria, 414
Merlin (Immermann), 232
Meyerbeer, Giacomo, 184
Meyer-Merian, Theodor, 124 n18; biografia, 412; cartas para, 129
Miaskowski (professor), 366
Michelangelo, 339
Milão, 112, 202, 378; carta de, 335
Missa phostuma (Rossini), 267
Montanhas Harz (viagem às), 135
Monte Imperiali, Itália, 333
Montez, Lola, 320
Mörike, Eduard, 267
Morte, reflexões de JB sobre, 85
Mulheres, opinião de JB sobre, 96, 220, 238
Müller, Johannes von, 183
Mündler, Otto, 258 n59, 265-66, 301, 308; biografia, 414; cartas para, 247, 258

Munique, 34, 61, 120, 161, 225, 322, 351, 404; arquitetura de, 127; cartas de, 318, 319, 321; impressões de JB, 318

Murillo, 197

Museu Capitolino, 306

Museu de Arte de Berlim, 354

Museu de História Natural (Londres), 340

Museu Novo (*Neues*), Berlim, 406

Museu South Kensington, 339, 345, 353, 355

Museu Velho (*Altes*), Berlim, 406

Música para dançar, 314

N

Nachbauer, _____, 321

Nagel, Siegfried, 63, 140, 171, 413

Napoleão, 168, 177, 256, 269 n65, 302

National Gallery (Londres), 344, 349

Neuchâtel, França, 56, 110 n8

Nicolini, _____, 309

Nietzsche, Friedrich Wilhelm, 11, 33, 52, 53, 75, 83 n3, 84, 85 n5, 86, 93, 275 n68, 284, 338, 371 n91, 408 n99; caráter de, 57; cartas para, 295, 338, 370, 375, 408 n99; opinião de JB, 52; opinião sobre JB, 76, 99; relação com JB, 82, 83

Norma, 327

Novi (ao norte dos Apeninos), 105, 105 n5

O

Odes Olímpicas (Píndaro), 271

As Origens da França Contemporânea (Taine), 316, 317

Oeri, Johannes Jakob (Camuph), 50, 108, 108 n6, 109, 116, 119 n5, 124 n18, 130, 147 n26

Offenbach, Jacques, 314

Ofionide (Picchioni), 246, 246 n51

Ollivier, _____, 269, 269 n65

Ortega y gasset, José, 38

Oser, Maria, 59, 133 n20, 137

Otto der Schütz (Kinkel), 157, 206, 215

P

Pädagogium, da Basiléia, 16

Padre Gabriel (o caso do), 289

Palácio do Bispo (Bruchsal), 264, 264 n60

Palácio Lambeth, 343

Palazzo del Magnifico, 305

Palazzo Farnese, 204

Palazzo Publico, 307

Palazzo Sauli, 110

Palazzo Zucchini, 334

Papas (Ranke), 301

Paris, 9, 11, 17, 34, 69, 167-71, 176, 177, 178-81, 183-84, 202, 256,

258, 265, 267, 274, 298, 302,
305, 310, 316, 339, 341, 345,
354, 362, 374, 378, 394, 414,
415; cartas de, 175, 176, 178;
impressões de JB, 177
Pastor, Ludwig von, 381 n95; cartas
para, 381, 408; comparação Renascença/Zaratustra, 82
Pedro, o Grande, 357
Pensamentos Intempestivos
(Nietzsche), 295
Pero, _____ (advogado), 326
Perponcher, conde
(JB tutor da família), 166
Petrarca, 23
Piazza della Signoria, Florença, 114
Piazza di Spagna, Roma, 308
Pinacoteca de Munique, 127
Píndaro, 271
Piombo, Sebastiano del, 349, 354
Pisa, 108, 112, 114, 307
Platen, _____, 114, 202, 207
Podesti (afrescos de), 310
Poemas (Mörike), 267
Poetas Líricos e Canções Populares
(Heyse), 389
Ponte de Londres, 344
Ponte Lagoscuro, 259
Ponte Molle, Roma, 205
Ponte Nomentano, 372
Ponte Rotto, Roma, 176

Ponte Waterloo, 343
Pordenone (Giovanni de
Sacchis, dito *il*)), 354
Porta del Popolo, Roma, 205
Produção de seda, 326
Propriedade Dornach, 191
Prússia, 22, 65, 142, 159, 172, 179,
275, 289
Prutz, Robert, 222
Puits d'Amour (Balfe), 184

R

Rafael, 231, 271, 303, 339, 349,
353-54, 373
Ranke, Leopold von, 9, 14, 62, 64-65, 121, 126, 135 n22, 136,
138-39, 156-58, 287 n72, 301;
caráter, 179; fama em Berlim, 62;
JB convidado para substituir, 50;
JB trabalha sob supervisão de, 61;
palestras de, 125; relação com JB,
17, 178
Raumer, _____, 136, 138
Ravena, Itália, 205
Recollections of Rubens (Burckhardt), 49
Reflexões sobre a História Universal
(Burckhardt), 12, 47, 49, 50, 77,
83 n4, 86, 87, 88, 89, 91, 94 n11
Rembrandt, 362
Renan, Ernest, 275
Renânia, 144, 182, 196, 209

Renascimento, 15, 17-18, 20-24, 29, 33, 41, 49, 50-51, 75, 78, 82, 86, 89-91, 177, 180, 243-44, 246-47, 253, 292, 298, 305, 312, 381-82, 407
Reni, Guido, 372, 410
Reno (banhos), 329
Ribbeck, Otto: carta para, 255; palestra sobre Hybris, 256 n58; residência em Kiel, 255 n57
Ricordi, _____, 309
Riggenbach, Christoph Johannes, 58; biografia, 411; cartas para, 56, 103, 107, 110; relação com JB, 59
Rimini, Itália, 330
Roepke, Wilhelm, 38
Roma, 46, 60, 72-73, 75-76, 126, 197, 198, 204-05, 207, 259, 302, 304, 307, 309-11, 336, 362, 372; 215; 224; alemães em, 306; cartas de, 201, 203, 303, 304, 307, 310, 372; impressões de JB, 72, 201-03, 305, 373; JB e os romanos, 203
Rossi, _____, 309
Rossini, Gioacchino, 331
Rubens, 97, 122, 346, 354
Rubini, 155
Rubinstein, Anton, 358
Rüsen, J., 28

Rússia, 11, 85 n5, 361, 368
Ruysdael, Jacob van, 354

S

Saint-Denis (igreja), 176
Sala de Concertos da Basiléia, 316
Salis, Arnold von, cartas para, 80, 283, 403
Salomão, 396
Salome, Margarethe, 117, 117 n14
San Salvatore (igreja), Bolonha, 328
Sancta Colônia, carta de, 143
Sankt Jacob (igreja), arredores da Basiléia, 183
Santa Catarina (igreja), Siena, 305
Sarasate, _____, 358
Sarasin, Felix, 248 n53
Savigny, Frau von, 65, 154, 154 n29
Schauenburg, Anna, 359, 359 n89
Schauenburg, Eduard, 63, 68, 140, 171, 178; biografia, 412; cartas para, 143, 158, 185, 190, 198, 216, 256, 359
Schauenburg, Hermann, 63, 64, 141; biografia, 413; cartas para, 210, 212, 213, 215, 215 n42
Schelling, Friedrich Wilhelm Joseph von, 160, 161
Schiller, Friedrich von, 397
Schleiermacher, _____, 189

Schliemann, _____, 339
Schlosser, _____, 158
Schnaase, Karl, 181, 181 n37, 296
Schopenhauer, Arthur, 11, 83, 84, 97, 275 n67, 279 n70, 334
Schorndorff, ramo de família da mãe de JB, 53
Schorske, Carl, 9; sobre Burckhardt, 13
Schreiber, Heinrich, 62, 74, 130, 412; biografia, 61; cartas para, 60, 119, 124, 136, 156, 166, 223, 244
Schütz, Carl, 68
Seemann, _____, 292, 292 n75, 293
Senn, Frau, 384
Sévigné, Madame de, 52
Siena, 282, 305, 307
South Kensington, bairro de Londres, 340
Spohr, _____, 321
Stähelin, J. J., 104 n3, 116, 353
La Stella, 329
Strauss, David Friedrich, 58-59, 412
Strauss, Emil, 417
Suíça, 70, 73, 92, 129, 150-51, 193-94, 211, 259, 277, 305, 361, 369, 393; história da Contra-Reforma da, 156, 167; passeio nos bosques e montanhas da, 37

T

Taine, Hippolyte, 316
Talleyrand, 337
Tartaruga em Bolonha, 334
O Tempo de Constantino, o Grande (Burckhardt), 15, 18, 49, 73, 90, 91 n8
Thann, 265
Theatinerkirche, 319
Thiers, Adolphe, 179
Tibaldi, Pellegrino, 325
Ticiano, 353, 354
Torre Vitória, 350
Treitschke, _____, 50, 287
Trentino (vinho), 383
"Três Pobres Diabos", 158
Trublet, Abbé, 330
Tschudi, Friedrich von, 125 n18; biografia, 412; cartas para, 116, 122, 131; relação com JB, 57
Tübingen: nomeação de B. Kugler, 291
Tunísia, 364
Turim, 303, 311

V

Van Eyck, Jan, 122, 128, 354, 406
Varnhagen von Ense, 139
Vasari, Giorgio, 271
Vauvenargues, Luc de Clapiers, marquês de, 338

Verdi, Giuseppe, 321, 331
Vico, Giambattista, 86 n6
Vida Animal nos Alpes (Tschudi), 412
Viena, viagem a, 73
Vinet, Alexandre, 56
Vischer, Wilhelm, 263
Vitória da Samotrácia (escultura), 367
Vogel, _____, 358
Vögelin, Friedrich Salomon, carta para, 249
Voltaire, 330

Winterfeld, Frau von, 135 n22
Winterfeld, Karl August von, 135 n22
Wölfflin, Heinrich, 50, 79, 83, 88, 95-97, 404, 410 n101; cartas para, 407
Wolter, Ferdinand, 64, 136, 136 n23
Wolters, Albrecht, 195; biografia, 413; carta para, 178

W

Waagen, _____, 266
Wackernagel, Wilhelm, 112, 112 n10, 180, 190
Wagner, Richard, 81, 84, 278, 294, 312, 321, 331
Walpole, Horace, 52
Werity, _____, 347
Westminster, marquês de, 345
Wilken, _____, 136

Z

Zahn, Herrn von, 258, 265, 301, 308, 414
Zurique, 15, 58, 60, 75, 78 n2, 120, 224-25, 230, 232, 239, 243-44, 249, 255, 259, 265, 298, 327, 388, 411; inquietação social em, 318; vida de JB em, 75
Zwicki, Caspar Lebrecht, 17, 123, 131, 135; biografia, 412

markgraph
Rua Aguiar Moreira, 386 - Bonsucesso
Tel.: (21) 3868-5802   Fax: (21) 270-9656
e-mail: markgraph@domain.com.br
Rio de Janeiro - RJ